うかる！

一種

証券外務員

2021-2022年版

必修問題集

フィナンシャル バンク インスティチュート 編

日本経済新聞出版

はじめに

　外務員資格は、証券会社や銀行などの金融機関で金融商品を扱う人に必須の専門資格です。

　外務員資格には一種外務員、二種外務員、特別会員一種外務員、特別会員二種外務員、特別会員四種外務員、信用取引外務員の6種類があります。本書は、一種外務員試験の出題内容すべてをカバーした問題集です。

　本書には、証券会社や銀行などの金融機関の研修・受験指導を長年にわたり行ってきた弊社のノウハウを盛り込みました。短期間の学習で一種外務員試験を突破するためには、良質な練習問題を繰り返し解く必要があります。正解できなかった問題については、本書に記載されたページリンクを活用し、同時発売の『うかる！ 証券外務員一種 必修テキスト 2021-2022年版』の該当ページを参照して理解を深めてください。

　また、科目別問題を解いた後は、模擬試験に挑戦してみましょう。本書の巻末に収録したもの以外に、弊社ホームページ（http://www.f-bank.co.jp/）上に無料のWEB模擬試験を公開しています。テストセンター受験の予行演習としても活用できます。

　読者の皆様が、本書を最大限に活用して、短期間で合格を勝ち取られることを心からお祈りしております。

2021年9月

　　　　　フィナンシャル バンク インスティチュート株式会社

　　　　　　　　　　　　　　　　CEO　山田 明

目　次

第 1 部　　科目別問題

第2部　模擬試験

◎本書は『2021年版　外務員必携』に基づいて作成した、「一種外務員資格試験」用の問題集です。
◎本書は2021年7月現在の法令に基づいて作成しています。法改正等により、刊行後に修正すべき箇所が生じた場合は、随時最新情報を日本経済新聞出版ホームページに掲載します。試験では、関連法令・諸規則等に制度変更があった場合は新制度に基づいて出題されます。改正情報にご注意ください。

本書の特長と使い方

◇**第1部**◇ 第1部は、本試験同様に、「○×問題」と「5肢選択問題」で構成されています。

○ × 問 題

1 厳選された問題

学習者が独学でも短期間で合格できるよう、重要問題を厳選しました。

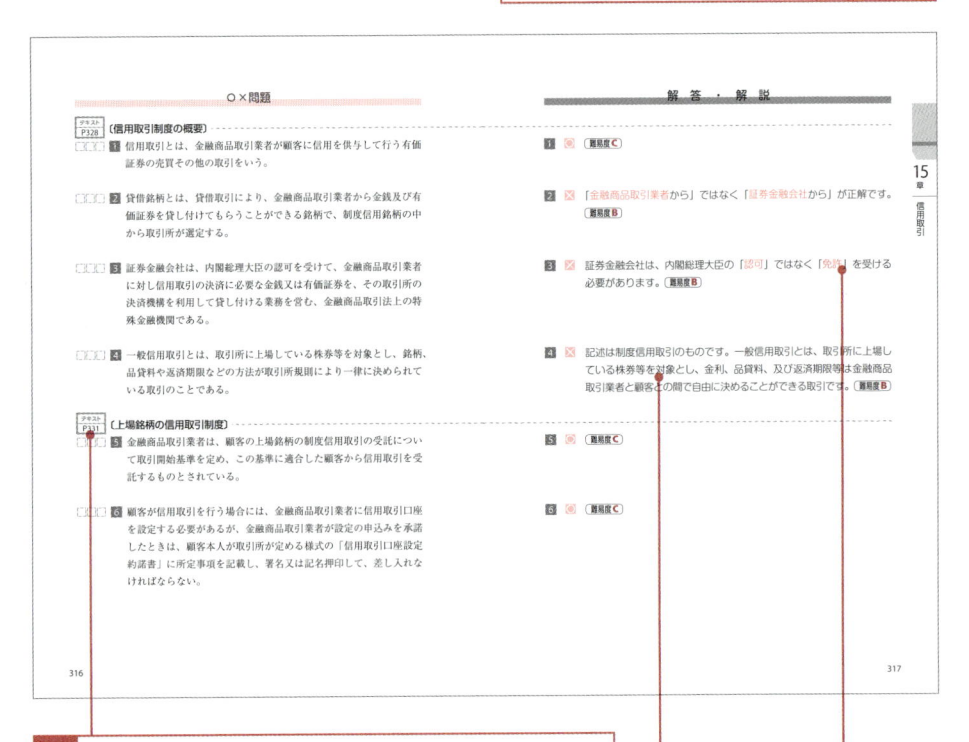

2 テキストへのリンク

同時発売の『うかる！ 証券外務員一種 必修テキスト 2021-2022年版』の関連ページを明記。正解できなかった問題は、テキストでしっかり確認しましょう。

3 ポイント解説

必ず押さえておきたいポイントを的確かつ簡潔に説明しています。

4 赤字は重要用語

重要用語は赤で表記。付属の赤シートで隠せば、問題演習に早変わり。

5肢選択問題

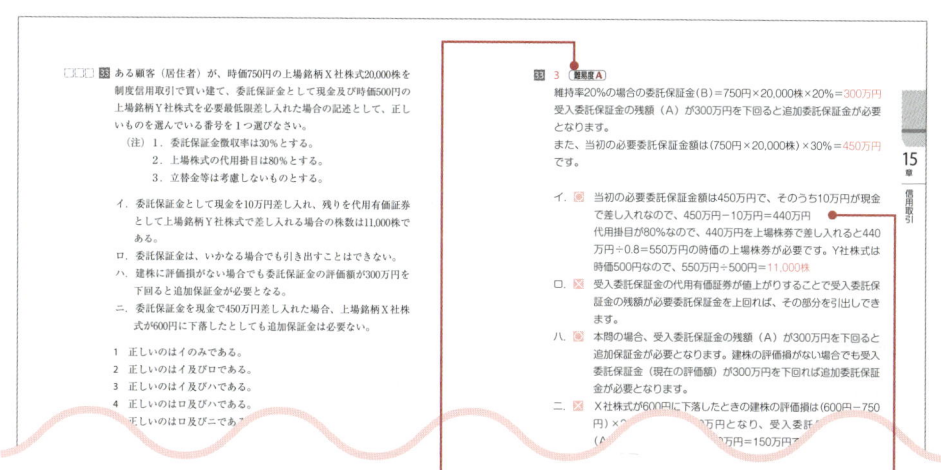

ある顧客（居住者）が、時価750円の上場銘柄X社株式20,000株を制度信用取引で買い建て、委託保証金として現金及び時価500円の上場銘柄Y社株式を必要最低限差し入れた場合の記述として、正しいものを選んでいる番号を1つ選びなさい。

（注）1．委託保証金徴収率は30%とする。
2．上場株式の代用掛目は80%とする。
3．立替金等は考慮しないものとする。

イ．委託保証金として現金を10万円差し入れ、残りを代用有価証券として上場銘柄Y社株式で差し入れる場合の株数は11,000株である。

ロ．委託保証金は、いかなる場合でも引き出すことはできない。

ハ．建株に評価損がない場合でも委託保証金の評価額が300万円を下回ると追加保証金が必要となる。

ニ．委託保証で現金で450万円差し入れた場合、上場銘柄X社株式が600円に下落したとしても追加保証金は必要ない。

1　正しいのはイのみである。
2　正しいのはイ及びロである。
3　正しいのはイ及びハである。
4　正しいのはロ及びハである。
5　正しいのはロ及びニである。

33　3　難易度A

維持率20%の場合の委託保証金（B）＝750円×20,000株×20%＝300万円
受入委託保証金の残額（A）が300万円を下回ると追加委託保証金が必要となります。
また、当初の必要委託保証金額は（750円×20,000株）×30%＝450万円です。

イ．当初の必要委託保証金額は450万円で、そのうち10万円が現金で差し入れるので、450万円－10万円＝440万円
代用掛目が80%なので、440万円を上場株券で差し入れると440万円×0.8＝550万円の時価の上場株券が必要です。Y社株式は時価500円なので、550万円÷500円＝11,000株

ロ．× 受入委託保証金の代用有価証券が値上がりすることで受入委託保証金の残額が必要委託保証金を上回れば、その部分を引出しできます。

ハ．本問の場合、受入委託保証金の残額（A）が300万円を下回ると追加保証金が必要となります。建株の評価損がない場合でも受入委託保証金（現在の評価額）が300万円を下回れば追加委託保証金が必要となります。

ニ．× X社株式が600円に下落したときの建株の評価損は（600円－750円）×　　　　　万円となり、受入委託　　　万円＝150万円で

15章　信用取引

5　一目でわかる難易度

難易度Aが最も難しい問題です。

6　計算問題は過程を重視

公式はもちろん、計算過程も徹底解説。

◇第2部◇ 第2部には、模擬試験と解答・解説を掲載しています。

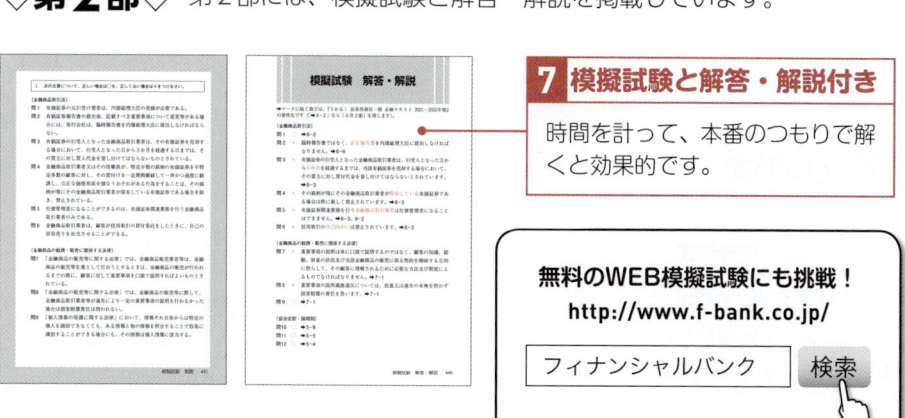

7　模擬試験と解答・解説付き

時間を計って、本番のつもりで解くと効果的です。

無料のWEB模擬試験にも挑戦！
http://www.f-bank.co.jp/

フィナンシャルバンク　　検索

資格・試験制度の概要

1 証券外務員とは

　証券外務員とは、金融商品取引業者等（証券会社・金融機関等）で金融商品取引業務を行う者です。外務員になるには、試験に合格後、いずれかの金融機関等に所属し、氏名等を登録しなければなりません。

2 一種外務員資格試験について

　日本証券業協会は2012年（平成24年）１月より、一種外務員資格試験（以下、一種試験）を一般に開放し、誰でも受けられる制度に変更しました。

　一種試験は、日本証券業協会が主催しており、プロメトリック（株）が試験の申込受付をしています。詳細は実施機関のホームページ等をご確認ください。

受験資格	誰でも
試験実施日	原則として、月曜日から金曜日（祝日・年末年始等を除く）
試験会場	全国の主要都市に設置されている試験会場
試験時間	160分
試験の方法	出題・解答等は試験会場に備え付けられたパソコンで行う（マウス使用）
合否判定	440点満点のうち、７割（308点）以上の得点で合格
合格発表	試験終了後、試験会場にて「外務員試験受験結果通知」が渡される
試験申込期間	申込日の翌日を１日目として、５日目（土日祝日、年末年始を除く）の日から１か月間に行われる試験の受験を申し込める
申込先	プロメトリック（株） (1)オンライン　http://pf.prometric-jp.com/testlist/jsda/jp/ (2)電話　03−6204−9728　受付：土日・祝日・年末年始を除く９時〜18時

3 出題形式

問題形式	問題数	配点
○×方式	70問	１問２点
５肢選択方式 （５つのうち正解を１つあるいは２つ選ぶ）	30問	１問10点 （５肢択二は各５点）

4 出題科目と本書の該当箇所

　本書は学習のしやすさを重視した構成となっています。外務員試験の出題科目との対応は以下のとおりです。

一種出題科目		本書の該当箇所
法令・諸規則	金融商品取引法	6章　金融商品取引法
	金融商品の勧誘・販売に関係する法律	7章　金融商品の勧誘・販売に関係する法律
	協会定款・諸規則	5章　協会定款・諸規則
	取引所定款・諸規則	4章　取引所定款・諸規則
商品業務	株式業務	3章　株式業務 15章　信用取引
	債券業務	9章　債券業務
	投資信託及び投資法人に関する業務	10章　投資信託及び投資法人に関する業務
	付随業務	8章　付随業務
関連科目	証券市場の基礎知識	13章　証券市場の基礎知識
	株式会社法概論	1章　株式会社法概論
	経済・金融・財政の常識	12章　経済・金融・財政の常識
	財務諸表と企業分析	2章　財務諸表と企業分析
	証券税制	11章　証券税制
	セールス業務	14章　セールス業務
デリバティブ取引		16章　先物取引
		17章　オプション取引
		18章　特定店頭デリバティブ取引等

5 配点・出題形式について（推定）

　配点・出題形式についてはフィナンシャル バンク インスティチュートの推定によります。

	一種出題科目	配点	○×問題	5肢選択問題
1	金融商品取引法	32点	6問（12点分）	2問（20点分）
2	金融商品の勧誘・販売に関係する法律	6点	3問（6点分）	0問（0点分）
3	協会定款・諸規則	46点	8問（16点分）	3問（30点分）
4	取引所定款・諸規則	12点	6問（12点分）	0問（0点分）
5	株式業務※	52点	6問（12点分）	4問（40点分）
6	債券業務	40点	5問（10点分）	3問（30点分）
7	投資信託及び投資法人に関する業務	34点	7問（14点分）	2問（20点分）
8	付随業務	10点	0問（0点分）	1問（10点分）
9	証券市場の基礎知識	10点	0問（0点分）	1問（10点分）
10	株式会社法概論	20点	5問（10点分）	1問（10点分）
11	経済・金融・財政の常識	20点	0問（0点分）	2問（20点分）
12	財務諸表と企業分析	20点	5問（10点分）	1問（10点分）
13	証券税制	22点	6問（12点分）	1問（10点分）
14	セールス業務	10点	5問（10点分）	0問（0点分）
15	先物取引	42点	1問（2点分）	4問（40点分）
16	オプション取引	34点	2問（4点分）	3問（30点分）
17	特定店頭デリバティブ取引等	30点	5問（10点分）	2問（20点分）
	合計	440点	70問（140点分）	30問（300点分）

※株式業務には信用取引（○×問題は1問：2点分、5肢選択問題は2問：20点分で合計22点分）
　を含みます。

第**1**部

科目別問題

1 章

株式会社法概論

試 験 対 策

株式会社の特色、設立の手続き、株式の発行、株主の権利、株式会社の機関など幅広く出題されます。中でも、必ず狙われるのは会社の機関。それぞれの役割、特に株主総会と取締役会の決議事項は必出です。また、会社の再編における合併・分割について、新株予約権や新株予約権付社債についても出題されます。

推定配点&出題形式

○×問題：5問（10点）

5肢選択問題：1問（10点）

計**20**点／440点満点中

※配点・出題形式についてはフィナンシャル バンク インスティチュートの推定です。

<h1 style="text-align:center">○×問題</h1>

テキスト P12 〔会社〕 -

☐☐☐ **1** 会社の形態として、会社法は株式会社、合名会社、合資会社、合同会社の4種類を規定している。

☐☐☐ **2** 株式会社において、社員は会社の債務について何の責任も負わないが、合名会社において、社員は会社に対して出資義務を負うだけでなく、会社の債務につき、債権者に対して直接・連帯・無限の責任を負う。

☐☐☐ **3** 合資会社には、無限責任社員が最低1名必要で、他に有限責任社員が1名以上いる。

テキスト P13 〔株式会社の特色と設立〕 -

☐☐☐ **4** 株式会社を設立するには、資本金として1,000万円以上必要である。

☐☐☐ **5** 定款に記載しておけば、土地・建物や特許権など、金銭以外の物を対価に株式を発行する現物出資が認められる。

☐☐☐ **6** 株式の払込金額が1株10万円である場合には、払込金額の2分の1の5万円を資本金に組み入れれば足りる。

☐☐☐ **7** 会社法で定める大会社は、資本金の額が5億円以上で、かつ負債総額が200億円以上の株式会社とされる。

☐☐☐ **8** 大会社でなくても公開会社であれば、必ず取締役会を置かなければならない。

1 ◎ 〔難易度 **B**〕

2 ◎ 〔難易度 **A**〕

3 ◎ 〔難易度 **A**〕

---

4 ✕ 最低資本金制度は廃止されたので、資本金１円の株式会社の設立も可能です。〔難易度 **C**〕

5 ◎ 会社の成立時に、それらの財産を譲り受けることをあらかじめ約束しておく「財産引受け」も、定款への記載が必要です。〔難易度 **C**〕

6 ◎ 資本金の額は「株式の払込金額×発行株式数」が原則ですが、発行時に決めれば、払込金額の２分の１以内は資本金に入れなくてよいとされています。〔難易度 **B**〕

7 ✕ 株式会社の分類において、大会社とは、資本金の額が５億円以上又は負債総額が200億円以上とされています。〔難易度 **A**〕

> 試験では「又は」を「かつ」に変えて出題される場合に注意しましょう。

8 ◎ 〔難易度 **B**〕

□□□ 9 株式会社設立に際し、事前に株主間相互の同意を得れば、定款の作成を省略することができる。

□□□ 10 株式会社を設立するには、2名以上の発起人が定款を作成し、署名をしなければならない。

□□□ 11 定款に記載しなければならない事項に「会社の目的」は含まれない。

□□□ 12 株式会社の発起人は1人でもよいことから、株主数が1人だけの株式会社を設立することも可能である。

□□□ 13 発起設立とは、株式会社の設立において発行する株式の全部を発起人だけで引き受けて設立することをいう。

□□□ 14 株式会社の設立に際して選任される取締役は、当該設立が適正に行われたかどうかを調査する必要はない。

□□□ 15 会社の目的については、定款変更の手続きを履行しても変更できない。

□□□ 16 株式会社の設立の無効は、当該株式会社の取締役がその設立登記の日から1年以内に裁判所へ訴えることによってしか主張できない。

テキスト P16 〔株式と株主の権利〕 -

□□□ 17 株式を分割すると発行済株式が増え、1株当たりの実質的価値は大きくなる。

□□□ 18 株式の分割、株式の併合、株式無償割当て及び株式の消却にあたっては、取締役会設置会社では取締役会の決議で定める。

9 ✕ 株式会社の設立に際し、いかなる理由があっても、定款の作成を省略することはできません。 (難易度 B)

10 ✕ 株式会社を設立する際、発起人は1人でも可能です。また、発起人は法人でも可能です。 (難易度 B)

11 ✕ 定款には、「会社の目的」「商号」「本店所在地」などの事項を記載しなければなりません（絶対的記載事項）。 (難易度 B)

12 ◯ 株主が1人だけの会社を「一人会社」といいます。 (難易度 B)

13 ◯ なお、発起人が一部を引き受け、残りを株主募集によって引き受けてもらう会社設立は募集設立といいます。 (難易度 C)

14 ✕ 株式会社の設立に際して選任される取締役は、当該設立が適正に行われたかどうかを調査する必要があります。 (難易度 B)

15 ✕ 会社の目的は、定款変更の手続きをして変更することができます。 (難易度 B)

16 ✕ 株式会社の設立の無効は、株式会社の株主と取締役がその設立登記の日から2年以内に裁判所へ訴えることによってしか主張できません。 (難易度 A)

17 ✕ 株式を分割すると発行済株式が増え、1株当たりの実質的価値は小さくなります。 (難易度 B)

18 ✕ 取締役会設置会社では、株式の分割、株式無償割当て、株式の消却は取締役会決議で定めますが、株式の併合は株主総会の特別決議で定めます。 (難易度 A)

□□□ 19 株式の消却とは、発行されている株式をなくしてしまうことであり、消却により発行済株式数は減少する。

□□□ 20 株式の消却は、会社が所有する自己株式の消却のほかに、株主が持っている株式についても消却を行うことができる。

□□□ 21 単元株は最大1,000株とされている。

□□□ 22 定款に定めることにより、単元未満株主に株主総会の議決権を与えることができる。

□□□ 23 株式会社は一部の株式について異なる権利内容を有する旨を、定款をもって定めることができる。

□□□ 24 ある種類の株式にまず一定率の配当をし、残った剰余金から他の株式に配当するような場合、その前者のような株式を劣後株という。

□□□ 25 公開会社においては、議決権制限株式の発行数が発行済株式総数の2分の1を超えたときは、2分の1以下にするための措置をとらなければならない。

□□□ 26 株式会社は一部の株式について、譲渡に会社の承認が必要な株式を発行することができる。

□□□ 27 共益権とは、その権利の行使が株主全体の利害に影響を及ぼすものをいい、具体的には剰余金や残余財産の分配を受ける権利が挙げられる。

□□□ 28 自益権とは、個々の株主の利益のみに関係する権利のことをいい、具体例の1つとして議決権が挙げられる。

19 ⚪ （難易度 **B**）

20 ✕ 株式の消却は、すべて会社がいったん株式を取得してから行います。
（難易度 **B**）

21 ⚪ （難易度 **B**）

22 ✕ 単元未満株主には株主総会の議決権を与えることはできません。
（難易度 **B**）

23 ⚪ ２種類以上の株式が併存する会社を種類株式発行会社といいます。
（難易度 **B**）

24 ✕ ある種類の株式にまず一定率の配当をし、残った剰余金から他の株式
に配当するような場合、前者のような株式を（配当）優先株といい、
後者のような株式を後配株（劣後株）といいます。（難易度 **B**）

25 ⚪ 「議決権が全くない」「株主総会決議事項の一部についてだけ議決権が
ある」など、完全な議決権のある株式以外はすべて議決権制限株式で
す。（難易度 **B**）

26 ⚪ （難易度 **B**）

27 ✕ 剰余金や残余財産の分配を受ける権利は自益権です。（難易度 **C**）

28 ✕ 議決権は共益権の１つです。（難易度 **C**）

□□□ 29 少数株主権とは、1株しか持たない株主でも行使できる権利のことをいう。

テキスト P19 〔株式の譲渡〕---

□□□ 30 会社が自社の発行する株式を取得すると、出資の払戻しと同じ結果となるなど、株主間に不平等をもたらす可能性があることから、自己株式（金庫株）の取得はいかなる場合も禁止されている。

□□□ 31 自己株式を会社が保有する際は会社が株主となるが、議決権や剰余金の配当を受ける権利はない。

□□□ 32 新株発行の効力発生前のように、株式が発行されていない段階で株式引受人の地位（権利株）を譲渡した場合、当事者間でも、又会社との間でも、その効力はともに無効である。

□□□ 33 独占禁止法上、金融会社がある会社の株式の3％超を持つことは、原則として禁止されている。

□□□ 34 子会社が親会社の株式を取得することは原則禁止されている。

テキスト P21 〔株券と株主名簿〕---

□□□ 35 会社法においては、株式会社が株券を発行することは、定款にそのことを定めれば可能である。

□□□ 36 株券には、会社の商号や株式数などを記載し、代表取締役が署名又は記名押印しなければならない。

□□□ 37 株式会社は、権利を行使できる株主を確定するため、一定の日（基準日）に株主名簿に載っている株主に権利行使させることができるが、基準日と権利行使日との間は3か月以内でなければならない。

29 ✕ 少数株主権とは、一定割合以上の株式を持った株主だけが行使できる権利のことです。〔難易度 **B**〕

30 ✕ 一定の要件を満たせば、自己株式の取得は可能です。〔難易度 **C**〕

31 ◎ 〔難易度 **B**〕

32 ✕ 新株発行の効力発生前のように、株式が発行されていない段階で株式引受人の地位（権利株）を譲渡した場合、その効力は当事者間では有効ですが、会社との間では無効です。〔難易度 **A**〕

33 ✕ 独占禁止法上、金融会社がある会社の株式の5％超を持つことは、原則として禁止されています。〔難易度 **B**〕

34 ◎ 会社の合併や分割などで取得した場合でも、相当の時期に処分しなければなりません。〔難易度 **C**〕

35 ◎ 会社法は、株券のない会社を原則としているので、株券を発行しようとする会社（株券発行会社）は定款にそのことを定める必要があります。〔難易度 **B**〕

36 ◎ 〔難易度 **B**〕

37 ◎ 〔難易度 **B**〕

〔株式会社の機関〕-------------------------------------

□□□ 38 株主総会には定時総会と臨時総会があり、このうち定時総会とは、毎決算期に1回その年度の会社の成果を確認するために開催されるものをいう。

□□□ 39 取締役会を置く会社の株主総会においては、その招集通知に議題として掲げられていない事項について決議することは認められていない。

□□□ 40 公開会社では議決権総数の3％以上の株式を引き続き6か月以上保有している株主は、取締役に株主総会の招集を請求することができる。

□□□ 41 株主の提案権は、取締役会のある公開会社の場合、議決権総数の1％以上又は300個以上の議決権を引き続き6か月以上持っている株主に与えられる。

□□□ 42 株主総会では株主1人につき1個の議決権が与えられる。

□□□ 43 A社がB社の議決権総数の4分の1以上を持つとき、B社がA社株を保有していてもそれには議決権がない。

□□□ 44 株主総会には、株主本人が出席して議決権を行使する必要があることから、代理人による議決権の行使は認められていない。

□□□ 45 株主総会の特別決議においては、議決権総数の3分の2以上に当たる株式を持つ株主が出席し、出席株主の議決権の過半数の賛成を得ることが求められる。

38 ◎　(難易度 C)

	定時総会	臨時総会
開催	毎決算期に1回、その年度の成果を確認するために開催。	必要に応じて開催。
決議	招集通知に議題として掲げていない事項について決議するのは違法。ただし、取締役会を置かない会社では、株主総会で決議できる事項は無限定。	
少数株主	議決権総数の3％以上を（公開会社では引き続き6か月以上）持つ少数株主は、取締役に株主総会の招集を請求し、拒否されれば裁判所の許可を得て自分で株主総会を招集することができる。	

39 ◎　(難易度 C)

40 ◎　(難易度 B)

41 ◎　(難易度 B)

42 ✕　株主総会では、株主の頭数ではなく、投下した資本の額に比例して議決権が与えられます。(難易度 C)

43 ◎　(難易度 A)

44 ✕　株主総会の議決権の行使は、株主本人が株主総会に出席し議決権を行使する必要はなく、代理人に議決権を行使させてもよいとされています。(難易度 B)

45 ✕　株主総会の特別決議においては、議決権総数の過半数を持つ株主が出席し、出席株主の議決権の3分の2以上の賛成を得ることが求められています。(難易度 B)

□□□ 46 株主総会の議事録は、本店に10年間（支店があるときは支店に写しを5年間）備え置かれ、株主及び会社債権者の閲覧に供される。

□□□ 47 取締役会を置く会社には、取締役は3名以上必要であり、その選任は株主総会の決議事項である。

□□□ 48 公開会社の取締役の任期は、株主総会で承認を得れば、4年以内とすることができる。

□□□ 49 公開会社において不正行為をした取締役の解任が否決されたとき、引き続き6か月以上、議決権又は発行済株式の3％以上を持つ少数株主は、裁判所にその取締役の解任を請求することができる。

□□□ 50 取締役に欠員が出た場合には、新取締役が就任するまでの間、退任取締役が職務を続けることも、その会社の監査役に取締役を兼任させることもできる。

□□□ 51 取締役の報酬は、定款又は監査役会で定められる。

□□□ 52 過去10年内に子会社の従業員であった人は、社外取締役になることができない。

□□□ 53 取締役が任務を怠って会社に損害を与えたときは、当該損害に対して賠償責任を負うものとされているが、原則として株主総会で議決権の過半数による同意を得た場合には、この責任を免除することができる。

□□□ 54 取締役がその株式会社と取引するときは、監査役会（設置しない会社では監査役）の承認を受ける必要がある。

□□□ 55 取締役会の決議は頭数の多数によるが、代理人による投票も認められている。

46 ◎ 〔難易度 C〕

47 ◎ 取締役会を置かない会社では、取締役は 1 人いれば足ります。
〔難易度 B〕

48 ✕ 公開会社の取締役の任期は、原則 2 年以内です。期間は短くすること
ができますが、長くすることはできません。〔難易度 B〕

49 ◎ 〔難易度 B〕

50 ✕ 取締役に欠員が出た場合は、新取締役が就任するまでの間、退任取締
役が職務を続けることとなります。監査役は取締役を兼任できません。
〔難易度 B〕

51 ✕ 取締役の報酬は、定款又は株主総会決議で定められます。〔難易度 B〕

52 ◎ 〔難易度 B〕

53 ✕ 責任免除のためには、原則として株主全員の同意が必要です。
〔難易度 B〕

54 ✕ 取締役がその株式会社と取引するときは、取締役会（設置しない会社
では株主総会）の承認を受ける必要があります。〔難易度 A〕

55 ✕ 取締役会の決議は頭数の多数によります。代理人による投票は認めら
れていません。〔難易度 B〕

□□□ 56 取締役会の議事録は10年間本店に備え置くこととされている。

□□□ 57 取締役会設置会社においては、代表取締役を選定する必要はない。

□□□ 58 公開会社の監査役の任期は2年である。

□□□ 59 大会社にはすべて会計監査人を置かなくてはならない。

□□□ 60 大会社においては、会計監査人の任期は監査役と同様に4年とされ
ている。

□□□ 61 大会社においては、会計監査人の選任・解任は取締役会の決議事項
である。

□□□ 62 大会社においては、会計監査人を任期満了後に再任する場合、その
都度、定時株主総会の再任決議を行わなければならない。

□□□ 63 指名委員会等設置会社には、監査役を置かなくてはならない。

□□□ 64 指名委員会等設置会社における委員会のメンバーは、取締役会が選
ぶ3名以上の取締役であり、過半数は社外取締役でなければならな
い。

テキスト P32 〔会社の計算〕- -

□□□ 65 公開会社である大会社においては、貸借対照表や損益計算書につい
ては、会計監査人及び監査役会の監査を受けなければならない。

□□□ 66 大会社は定時株主総会終了後、貸借対照表及び損益計算書のほか、
事業報告についても公告しなければならない。

56 ◯ （難易度 **B**）

57 ✕ 取締役会設置会社には代表取締役が1名以上必要です。（難易度 **B**）

58 ✕ 公開会社の監査役の任期は4年です。（難易度 **A**）

59 ◯ 監査等委員会設置会社と指名委員会等設置会社にも会計監査人が必要です。（難易度 **B**）

60 ✕ 会計監査人の任期は、1年とされています。（難易度 **B**）

61 ✕ 会計監査人の選任・解任は、株主総会の決議事項（普通決議）です。（難易度 **B**）

62 ✕ 会計監査人の任期は1年ですが、定時株主総会が特に不再任を決議しない限り、自動的に更新されるので、その都度、定時株主総会の再任決議を行う必要はありません。（難易度 **A**）

63 ✕ 指名委員会等設置会社には監査委員会があるので、監査役を置くことはできません。（難易度 **A**）

64 ◯ （難易度 **A**）

- -

65 ◯ （難易度 **C**）

66 ✕ 事業報告については公告の必要はありません。（難易度 **B**）

□□□ 67 定時株主総会が終わると、貸借対照表（大会社は損益計算書と両方）を公告するが、ホームページなどを使う方法でもよく、官報や日刊新聞紙を使う会社は要旨を公告すれば足りる。

□□□ 68 法定準備金には、資本準備金と配当準備金の2種類がある。

□□□ 69 株式会社は、利益準備金として、配当などを剰余金から支出するたびに、その10分の1以上を積み立てなければならないが、資本準備金との合計が資本金の4分の1に達した後は積み立てなくてもよいとされている。

□□□ 70 資本金と準備金の合計額に相当する資産を留保した上でなければ、剰余金の配当や自己株式の買受けはできない。

□□□ 71 剰余金の配当における分配可能額は、純資産額から資本金の額と法定準備金その他法令で定める額を差し引くことによって求められる。

□□□ 72 分配可能額がないのに行われた配当は無効であり、監査役は株主に対してこれを返還するよう要求できる。

□□□ 73 剰余金の配当は、株主総会で承認されれば年に何回でも行うことができるが、必ず金銭で支給されなければならない。

□□□ 74 中間配当は、定款に定めることにより、取締役会の決議をもって行うことができる。

| テキスト P35 | 〔新株発行・社債〕 |

□□□ 75 会社設立時に発行する株式数は、原則として定款に定めた発行可能株式総数の10分の1以上でよいとされている。

□□□ 76 会社は、新株予約権者が新株予約権を行使した場合、必ずその者に新株を発行しなければならない。

67 ◯ 〔難易度 B〕

68 ✕ 法定準備金は、資本準備金と利益準備金からなっています。〔難易度 C〕

69 ◯ 〔難易度 B〕

70 ◯ 〔難易度 B〕

71 ◯ 〔難易度 B〕

72 ✕ 分配可能額がないのに行われた配当（たこ配当）は無効であり、会社債権者は株主に対してこれを返還するよう要求できます。〔難易度 C〕

73 ✕ 剰余金の配当は、株主総会で承認されれば年に何度でも行えます。また、配当の方法は金銭以外の財産の支給でも可能です。〔難易度 B〕

74 ◯ 〔難易度 B〕

75 ✕ 会社設立時に発行する株式数は、原則として定款に定めた発行可能株式総数の4分の1以上でよいとされています。〔難易度 B〕

76 ✕ 新株を発行しなくとも、手持ちの自己株式で対応することができます。〔難易度 B〕

□□□ 77 新株予約権付社債は、新株予約権と社債のどちらかが消滅するまでは、両方を一体としてしか譲渡できない。

テキスト P37 〔組織の再編〕---

□□□ 78 会社の合併の方法は吸収合併の1つしかない。

□□□ 79 会社が合併する場合、新設会社又は存続会社は解散する会社の資産を引き継ぐが、債務を引き継ぐ必要はない。

□□□ 80 会社が合併する場合、解散する会社の株主は、その保有する株式と交換に新設会社又は存続会社の株式あるいは金銭その他の財産を交付される。

□□□ 81 会社の分割には、事業の1部門を切り離して別会社として独立させる吸収分割と、切り離した部門を既存の別会社にくっつける新設分割がある。

□□□ 82 会社の分割は、事業譲渡と同様に、分割の対象となる部門を構成する権利義務が個別に別会社に移転される。

□□□ 83 株式会社が新設分割をするに際し、新設される会社が発行する株式を分割会社の株主に割り当てることは認められていない。

□□□ 84 新設分割を実施する場合、原則として、株主総会の普通決議でそれを承認する必要がある。

77 ◯ （難易度 **B**）

---

78 ✕ 会社の合併には、当事会社の全部が解散して新会社を設立する方法（新設合併）と、当事会社の１つが存続して他の会社を吸収する方法（吸収合併）とがあります。（難易度 **A**）

79 ✕ 解散する会社の資産や債務といった権利義務が、包括的に新設会社又は存続会社に移転します。（難易度 **A**）

80 ◯ （難易度 **A**）

81 ✕ 吸収分割と新設分割の説明が逆です。新設分割は会社の事業の１部門を切り離して別会社として独立させる方法で、吸収分割は切り離した部門を既存の別会社にくっつける方法です。（難易度 **A**）

82 ✕ 会社の分割は、事業譲渡と異なり、その部門を構成する権利義務が分割の対象となる部門ごと一括して承継されます。（難易度 **A**）

83 ✕ 株式会社が新設分割をするに際し、新設される会社が発行する株式を分割会社（元の会社）の株主に割り当てることは認められています。（難易度 **B**）

84 ✕ 新設分割を実施する場合、株主総会の特別決議でそれを承認する必要があります。（難易度 **B**）

□□□ 85 A社がB社の発行済株式全部を取得しようとするとき、両者の間で株式交換契約を結び、B社の株主が持つB社株をそっくりA社が発行する新株又は保有中の自己株式と交換した場合には、A社は完全子会社となり、B社は完全親会社となる。

□□□ 86 事業譲渡により、事業全部を譲渡した場合、会社は当然に解散する。

□□□ 87 一度株式会社を設立すると、組織を変更して合名会社、合資会社又は合同会社とすることはできない。

□□□ 88 組織変更することで、合資会社を株式会社にすることができる。

□□□ 89 会社は、合併や破産、定款に定めた存続期間の満了などのほか、株主総会の特別決議によっても解散する。

85 ☒ A社が完全親会社であり、B社が完全子会社となります。 難易度 B

86 ☒ 事業譲渡をしても、対価で別の事業をすることが可能であり、会社は当然には解散しません。 難易度 B

87 ☒ 株式会社は一定の手続きを行えば、合名会社、合資会社又は合同会社にすることができます。 難易度 A

88 ◯ 難易度 B

89 ◯ 難易度 B

□□□ 90 次のうち、取締役会設置会社における株主総会の普通決議による決議事項を2つ選びなさい。

1　取締役の選任	4　定款の変更
2　代表取締役の選定	5　会計監査人の選任
3　社債の発行	

□□□ 91 次のうち、取締役会設置会社における株主総会の特別決議による決議事項を2つ選びなさい。

1　取締役の解任	4　定款の変更
2　代表取締役の選定	5　株式会社の解散
3　社債の発行	

□□□ 92 次のうち、取締役会設置会社における取締役会の決議事項を2つ選びなさい。

1　会計監査人の選任	4　募集株式の発行
2　代表取締役の選定	5　会計参与の選任
3　取締役の解任	

90　1、5　（難易度 B）

91　4、5　（難易度 B）

株主総会の普通決議、特別決議及び取締役会における決議事項の判別は、必ずできるようにしておきましょう。

92　2、4　（難易度 B）

株主総会の普通決議、特別決議及び取締役会の決議事項は、以下のとおりです。

株主総会	普通決議	・取締役・監査役・会計参与・会計監査人の選任 ・取締役・会計参与・会計監査人の解任 ・取締役の報酬（取締役の報酬は、株主総会又は定款で定めるものとされる） ・計算書類の承認
	特別決議	・特定の株主からの自己株式の取得 ・株式併合 ・取締役会がない会社の新株発行 ・監査役の解任 ・取締役・監査役・会計参与・会計監査人・執行役の責任の軽減 ・資本金の額の減少 ・金銭以外の財産による配当 ・定款変更・事業譲渡・解散・清算 ・組織変更・合併・会社分割・株式交換・株式移転　など
取締役会		・重要財産の処分や譲受け・多額の借財・重要な人事・支店の変更・内部統制システムの整備 ・社債の発行 ・募集株式の発行 ・新株予約権の発行 ・株主総会の招集 ・代表取締役の選定・解職 ・株式の分割 ・準備金の資本組入れ

2章

財務諸表と企業分析

試 験 対 策

まずは貸借対照表と損益計算書の仕組みを理解し、これらを構成する各勘定の内訳を覚える必要があります。企業分析については必ず出題されます。特に収益性分析と安全性分析は、公式を覚えて計算できるようにしてください。損益分岐点分析の出題も増えてきています。5肢選択問題は計算問題が中心で、財務諸表や企業分析が出題されます。

推定配点&出題形式

○×問題：5問（10点）

5肢選択問題：1問（20点）

計**20**点／440点満点中

※配点・出題形式についてはフィナンシャル バンク インスティチュートの推定です。

○×問題

テキスト
P40

〔財務諸表〕- -

□□□ **1** 貸借対照表は、一定期間における企業の経営成績を明らかにする報告書であり、損益計算書は、一定時点における企業の財政状態の一覧表である。

□□□ **2** 資産は営業循環基準と1年基準によって流動資産又は固定資産に分類される。

□□□ **3** 営業循環基準とは、企業の本来の事業活動により現金が商品（製品）になり、また現金として戻ってくるような循環過程内において発生したものを固定項目とし、それ以外を流動項目とする基準である。

□□□ **4** 貸借対照表において、当座資産とは、販売過程を経ることなく比較的容易に現金化できる資産をいい、具体的には、現金、預金、一時所有の有価証券、支払手形、買掛金がある。

□□□ **5** 貸借対照表において、棚卸資産とは、①通常の営業過程において販売する目的で保有される資産、②販売資産となるために生産過程の途中にある資産、③販売資産の生産のために漸次消費される資産をいい、製品・商品が該当するが、仕掛品、原材料などは棚卸資産に該当しない。

□□□ **6** 貸借対照表において、有形固定資産とは、生産準備手段として役立つ実体価値を有する資産をいい、土地、建物、機械装置のほか、のれんや特許権もこれに含まれる。

□□□ **7** 貸借対照表において、売掛金は当座資産に分類される。

□□□ **8** 貸借対照表において、退職給付に係る負債は流動負債に分類される。

1 ✕ 貸借対照表は一定時点における企業の財政状態の一覧表、損益計算書は一定期間における企業の経営成績を明らかにする報告書です。
(難易度 **B**)

2 ○ (難易度 **C**)

3 ✕ 営業循環基準においては、循環過程内において発生したものを流動項目とし、それ以外を固定項目とします。(難易度 **B**)

4 ✕ 支払手形、買掛金は流動負債です。(難易度 **B**)

5 ✕ 棚卸資産には、仕掛品、原材料なども含まれます。(難易度 **B**)

6 ✕ のれんや特許権は無形固定資産です。(難易度 **B**)

7 ○ 現金、預金、受取手形なども当座資産です。(難易度 **C**)

8 ✕ 貸借対照表において、退職給付に係る負債は固定負債に分類されます。
(難易度 **C**)

□□□ **9** 貸借対照表において、棚卸資産は流動資産に分類される。

□□□ **10** 貸借対照表において、支払手形は流動負債に分類される。

□□□ **11** 法定準備金には、資本準備金と利益準備金がある。

□□□ **12** 損益計算書とは、一定期間（1年、四半期）における収益と費用とを対応表示することによって、一定期間における企業の経営成績を明らかにする報告書である。

□□□ **13** 損益計算書において、営業利益は、経常利益に営業外収益を加算し、営業外費用を減算して求められる。

□□□ **14** 損益計算書において、経常利益とは、営業利益に営業外費用を加えた利益をいう。

□□□ **15** 損益計算書において、受取利息や受取配当金は営業外収益に分類される。

□□□ **16** 損益計算書において、支払利息は営業外費用に分類される。

□□□ **17** 販売費及び一般管理費とは、商品を販売するのにかかる費用や会社全体の業務の管理にかかる費用である。

□□□ **18** キャッシュ・フロー計算書における「キャッシュ概念」は、「現金及び現金同等物」を意味する。

9 ◎ 棚卸資産や当座資産は、流動資産です。 難易度 C

> 財務諸表の学習にあたっては、まず貸借対照表と損益計算書の仕組みを理解し、形を覚えることです。その上で、より細かなところを押さえていきましょう。

10 ◎ 流動負債には、支払手形、買掛金、短期借入金、返品調整引当金、前受金、預り金、未払費用などがあります。 難易度 B

11 ◎ 法定準備金とは、資本剰余金の中の資本準備金と利益剰余金の中の利益準備金のことをいいます。 難易度 B

12 ◎ 難易度 C

13 ✕ 損益計算書において営業利益は、売上総利益から販売費及び一般管理費を減算して求めます。 難易度 B

14 ✕ 損益計算書において、経常利益とは、営業利益に営業外収益を加え、営業外費用を引いて求めた利益をいいます。 難易度 B

15 ◎ 難易度 C

16 ◎ 難易度 C

17 ◎ 難易度 B

販売費及び一般管理費	商品を販売するのにかかる費用や会社全般の業務の管理にかかる費用。〈例〉人件費、賃借料　等
営業外収益	企業本来の営業活動以外（財務活動等）によって生じた収益。〈例〉受取利息、受取配当金　等
営業外費用	企業本来の営業活動以外（財務活動等）によって生じた費用。〈例〉支払利息　等
特別利益	臨時的な収益。〈例〉土地や不動産の売却益　等
特別損失	臨時的な損失。〈例〉土地や不動産の売却損　等

18 ◎ 難易度 B

□□□ 19 キャッシュ・フロー計算書におけるキャッシュには株式が含まれる。

□□□ 20 キャッシュ・フロー計算書は、企業活動の状況を、①営業活動、②投資活動、③財務活動という3領域に区分し、そこでのキャッシュ・フローの状況から、企業活動の全般の動きをとらえようとするものである。

テキスト P46 〔連結財務諸表〕 -

□□□ 21 連結財務諸表に含まれる企業の範囲として、わが国では支配力基準で判定しているが、議決権の所有割合が50%以下である場合は連結対象にはならない。

□□□ 22 非支配株主持分とは、子会社の資本のうち、親会社に帰属する部分をいう。

□□□ 23 連結貸借対照表は、親会社が他の会社を支配するに至った日において作成するものとされている。

□□□ 24 連単倍率とは、連結財務諸表の売上高や利益、資産等の規模が、親会社単独の場合の何倍あるかを示すものである。

テキスト P48 〔景気の動向と収益率・配当性向・配当率〕 -

□□□ 25 配当性向は「配当金÷経常利益×100」で求められる。

19 ✕ キャッシュ・フロー計算書におけるキャッシュは、現金及び現金同等物であり、株式は含まれません。 難易度 **B**

20 ◯ 難易度 **B**

---

21 ✕ 議決権の所有割合が50%以下であっても、連結対象となる場合もあります。 難易度 **B**

22 ✕ 非支配株主持分とは、子会社の資本のうち、親会社に帰属しない部分をいいます。 難易度 **B**

23 ◯ 支配獲得日に作成されるのは連結貸借対照表のみで、他の連結財務諸表は後日作成されます。 難易度 **B**

24 ◯ 難易度 **B**

---

25 ✕ 配当性向は「配当金÷当期（純）利益×100」で求められます。 難易度 **B**

□□□ 26 配当性向は、当期（純）利益に対する配当金の割合を示すもので
あって、配当性向が低いということは、内部留保率が低いことを意
味する。

テキスト
P49
〔企業分析〕- -

□□□ 27 収益性分析に用いられるのは、資本利益率と流動比率である。

□□□ 28 資本構成が一定であるとすれば、総資本利益率が高い場合には、自
己資本利益率（ROE）は低くなる。

□□□ 29 総資本利益率が低いにもかかわらず、自己資本利益率が高いときは、
資本構成において、総資本の中に占める他人資本（負債）の割合が
低い。

□□□ 30 当期利益が同額の企業間では、資本金の額の少ない企業のほうが資
本金（純）利益率は高くなる。

□□□ 31 売上原価率が上昇すれば、売上高総利益率は低下することになる。

□□□ 32 流動比率は「流動負債÷流動資産×100」で求められる。

□□□ 33 一般に流動比率は100％以下が望ましい。

□□□ 34 一般に当座比率は100％以下が望ましい。

□□□ 35 当座比率は小さいほうがよい。

□□□ 36 一般に固定比率は100％以下が望ましい。

26 ☒ 配当性向が低いということは、内部留保率が高いことを意味します。
難易度A

---

27 ☒ 収益性分析に用いられるのは、資本利益率と売上高利益率です。
難易度B

28 ☒ 資本構成が一定であるとすれば、総資本利益率が高い場合には、自己資本利益率（ROE）も高くなります。難易度A

29 ☒ 総資本利益率が低いにもかかわらず、自己資本利益率が高いときは、資本構成において、総資本の中に占める他人資本（負債）の割合が高いといえます。難易度A

30 ◯ 難易度B

31 ◯ 売上高総利益率＝1－売上原価率 難易度A

32 ☒ 流動比率は「流動資産÷流動負債×100」で求められます。難易度B

33 ☒ 流動比率は200%以上が望ましいとされています。難易度B

34 ☒ 当座比率は100%以上が望ましいとされています。難易度B

35 ☒ 当座比率＝$\dfrac{当座資産}{流動負債}$×100より、当座比率は大きいほうがよいといえます。難易度B

36 ◯ 固定比率は、固定資産が返済の必要のない自己資本でまかなわれているかどうかを見る指標です。難易度B

□□□ 37 固定比率は大きいほうがよい。

□□□ 38 一般に固定長期適合率は100%以下が望ましい。

□□□ 39 一般に負債比率は低いほどよく、100%以下が望ましい。

□□□ 40 自己資本比率とは、総資本に占める自己資本の割合を示すものであり、一般にその比率が低ければ低いほどよいものと考えられる。

□□□ 41 自己資本比率の高い企業とは、一般に、不況に対する抵抗力が強く、長期的観点から健全な発展が期待できる企業といえる。

□□□ 42 一般に総資本回転率が低ければ低いほど資本効率は高いことになる。

□□□ 43 総資本回転率が0.96回（1年決算）の場合の総資本回転期間は、12.5か月である。

□□□ 44 売上高（純）利益率が一定である場合、総資本回転率を高めると総資本（純）利益率は低下する。

37 ✕ $固定比率 = \dfrac{固定資産}{自己資本} \times 100$ より、固定比率は小さいほうがよいといえます。〔難易度 **B**〕

38 ◯ 〔難易度 **B**〕

39 ◯ 負債比率は、返済の必要のない自己資本に対して負債の総額がいくらあるかを示す指標。低いほど財務の安定性は高くなります。〔難易度 **B**〕

40 ✕ 自己資本比率は、一般にその比率が高ければ高いほどよいものと考えられます。〔難易度 **B**〕

41 ◯ 〔難易度 **B**〕

42 ✕ 一般に総資本回転率が低ければ低いほど、資本効率は低いことになります。〔難易度 **B**〕

43 ◯ 〔難易度 **A**〕

$$総資本回転期間 = \dfrac{12}{総資本回転率} = \dfrac{12}{0.96} = 12.5 \,（月）$$

44 ✕ 売上高（純）利益率が一定である場合、総資本回転率を高めると総資本（純）利益率は高くなります。〔難易度 **A**〕

□□□ **45** ある会社（年1回決算）の期末現在の損益計算書から抜粋した科目及び金額（単位：百万円）は次のとおりである。（　　　）内にあてはまる数字として正しいものの番号を2つ選びなさい。

科　目	金額
営業損益	
売上高	50,000
売上原価	35,000
販売費及び一般管理費	8,000
営業利益	（　イ　）
営業外損益	
営業外収益	700
営業外費用	850
経常利益	（　ロ　）
特別利益	250
特別損失	1,520
税引前当期利益	（　ハ　）
法人税、住民税及び事業税	2,700
当期利益	（　ニ　）

1　イは15,000

2　ロは6,150

3　ロは6,850

4　ハは5,580

5　ニは2,560

45 3、4 （難易度 **B**）

イ：7,000、ロ：6,850、ハ：5,580、ニ：2,880

営業利益＝売上高－売上原価－販売費及び一般管理費
$$=50,000-35,000-8,000$$
$$=7,000……イ$$

経常利益＝営業利益＋営業外損益
$$=7,000+700-850$$
$$=6,850……ロ$$

税引前当期利益＝経常利益＋特別損益
$$=6,850+250-1,520=5,580……ハ$$

当期利益＝税引前当期利益－法人税、住民税及び事業税
$$=5,580-2,700=2,880……ニ$$

損益計算書の仕組みを覚えていれば解ける問題です。お金が入ってくる科目はプラス、お金が出ていく科目はマイナスとします。

□□□ 46 以下の会社（年1回決算）の配当性向及び配当率として正しいもの
の番号を1つ選びなさい。前期と当期で資本金の増減はないものと
する。

資本金	800億円
発行済株式総数	10億株
株価（時価）	1,500円
中間配当	9円
期末配当	11円

（当期の損益計算書）　（単位：億円）

売上高	3,000
売上原価	1,900
販売費及び一般管理費	500
営業外損益	200
特別損益	▲100
法人税、住民税及び事業税	200

1　配当性向は20％、配当率は10％
2　配当性向は30％、配当率は15％
3　配当性向は40％、配当率は25％
4　配当性向は50％、配当率は30％
5　配当性向は60％、配当率は35％

3 （難易度 **B**）

まず、損益計算書より当期純利益を求めます。

当期純利益＝売上高−売上原価−販売費及び一般管理費＋営業外損益

$\qquad$＋特別損益−法人税、住民税及び事業税

$\qquad$＝3,000−1,900−500＋200＋▲100−200

$\qquad$＝500（億円）

次に配当性向及び配当率を求めます。

年間の配当金は中間配当と期末配当を合計して求めます。

$$配当性向＝\frac{配当金（年額）}{当期純利益}\times100$$

$$\qquad＝\frac{（9円＋11円）\times10億株}{500億円}\times100＝40\%$$

$$配\ 当\ 率＝\frac{配当金（年額）}{資本金（期中平均）}\times100$$

$$\qquad＝\frac{（9円＋11円）\times10億株}{800億円}\times100＝25\%$$

2
章

財務諸表と企業分析

□□□ **47** ある会社の連結貸借対照表の一部を示すと次のとおりであった。この会社の負債比率を200%としたとき、自己資本及び固定資産の額として正しいものの番号を1つ選びなさい。

（注）単位は百万円。

流動資産	7,000
流動負債	6,000
固定負債	4,000

1　自己資本は5,000百万円、固定資産は8,000百万円

2　自己資本は4,000百万円、固定資産は7,000百万円

3　自己資本は3,000百万円、固定資産は6,000百万円

4　自己資本は2,000百万円、固定資産は5,000百万円

5　自己資本は1,000百万円、固定資産は4,000百万円

$$負債比率（\%）=\frac{流動負債＋固定負債}{自己資本}\times100=200$$

$$\frac{6,000＋4,000}{自己資本}\times100=200$$

$$\frac{10,000}{自己資本}=2$$

$$\therefore\quad 自己資本＝5,000百万円$$

固定資産＝総資本－流動資産

　　　　＝（流動負債＋固定負債＋自己資本）－流動資産

＝6,000＋4,000＋5,000－7,000

＝8,000

$$\therefore\quad 固定資産＝8,000百万円$$

2 章

財務諸表と企業分析

□□□ 48 ある会社（年1回決算）の今期末現在の連結貸借対照表上の数字を示すと次のとおりであった。この会社の当該年度の（純）売上高が90,000百万円であった場合に、下の1〜5の数値として正しいものを1つ選びなさい。

（注）比率は、小数点第2位以下は切り捨てること。なお、総資本の金額は前期末と同額とする。

（単位：百万円）

（資産の部）		（負債の部）	
流動資産	24,000	流動負債	40,000
固定資産	72,000	固定負債	40,000
		（純資産の部）	
		自己資本	16,000
資産合計	96,000	負債・資本合計	96,000

1 流動比率は75％
2 固定長期適合率は128.5％
3 負債比率は600％
4 自己資本比率は22.4％
5 総資本回転期間は15.6か月

1　流動比率（%）$= \dfrac{\text{流動資産}}{\text{流動負債}} \times 100$

$$= \dfrac{24,000}{40,000} \times 100 = 60\%$$

2　固定長期適合率（%）$= \dfrac{\text{固定資産}}{\text{自己資本＋非支配株主持分＋固定負債}} \times 100$

$$= \dfrac{72,000}{16,000 + 0 + 40,000} \times 100$$

$$= 128.57\cdots \fallingdotseq 128.5\%$$

3　負債比率（%）$= \dfrac{\text{流動負債＋固定負債}}{\text{自己資本}} \times 100$

$$= \dfrac{40,000 + 40,000}{16,000} \times 100 = 500\%$$

4　自己資本比率（%）$= \dfrac{\text{自己資本}}{\text{総資本}} \times 100$

$$= \dfrac{16,000}{96,000} \times 100 = 16.66\cdots \fallingdotseq 16.6\%$$

5　総資本回転期間（月）$= \dfrac{\text{総資本}}{\text{年間の売上高} \div 12}$

$$= \dfrac{96,000}{90,000 \div 12} = 12.8 \text{か月}$$

□□□ **49** 連結貸借対照表及び損益計算書より抜粋した金額（単位：百万円）が次のとおりである上場会社に関する記述として、誤っているものの番号を2つ選びなさい。なお、純資産と自己資本は同額とする。

（注）小数点第3位以下は切り捨てること。

貸借対照表より

	前期	当期
流動資産	2,000	※2,500
固定資産	4,500	4,500
流動負債	1,500	1,750
固定負債	3,000	3,000
純資産	2,000	2,250

※当期の流動資産2,500のうち当座資産は1,850である。

損益計算書より

	前期	当期
売上高	25,000	26,000
売上原価	18,000	19,000
販売費及び一般管理費	6,000	6,000
営業外損益	50	0
特別損益	75	▲150
法人税、住民税及び事業税	600	450

1　当期の自己資本利益率は、18.82％である。

2　当期の売上高経常利益率は、2.35％である。

3　当期の固定長期適合率は、85.71％である。

4　当期の総資本回転率は、2.65回である。

5　当期の利益成長率は、76.19％である。

2、4 〔難易度 **A**〕

損益計算書より、当期の各段階の利益を計算します。

売上総利益＝売上高－売上原価＝26,000－19,000＝7,000

営業利益＝売上総利益－販売費及び一般管理費＝7,000－6,000＝1,000

経常利益＝営業利益＋営業外損益＝1,000＋0＝1,000

（税引後）当期純利益＝経常利益＋特別損益－法人税、住民税及び事業税

$$=1,000＋▲150－450＝400$$

1 　当期の自己資本利益率＝$\dfrac{\text{当期（純）利益}}{\text{自己資本（期首・期末平均）}}\times100$

$$=\frac{400}{(2,000＋2,250)÷2}\times100＝18.823\cdots\%$$

2 　当期の売上高経常利益率＝$\dfrac{\text{当期の経常利益}}{\text{（純）売上高}}\times100$

$$=\frac{1,000}{26,000}\times100＝3.846\cdots\%$$

3 　当期の固定長期適合率＝$\dfrac{\text{固定資産}}{\text{自己資本＋非支配株主持分＋固定負債}}\times100$

$$=\frac{4,500}{2,250＋0＋3,000}\times100＝85.714\cdots\%$$

4 　当期の総資本回転率＝$\dfrac{\text{（純）売上高}}{\text{総資本（期首・期末平均）}}$

$$=\frac{26,000}{(6,500＋7,000)÷2}＝3.851\cdots回$$

5 　損益計算書より前期の（税引後）純利益を計算します。

前期の（税引後）純利益＝25,000－18,000－6,000＋50＋75－600

$$=525$$

当期の利益成長率＝$\dfrac{\text{当期利益}}{\text{前期利益}}\times100＝\dfrac{400}{525}\times100＝76.190\cdots\%$

2

章

財務諸表と企業分析

□□□ 50 損益分岐点分析に関する次の記述のうち正しいものはどれか。イロハの中から正しく選んでいるものの番号を1つ選びなさい。

（注）答は小数点第3位以下を切り捨ててある。

（単位：百万円）

売上高	20,000
変動費	12,000
固定費	（ X ）
利益	2,000

イ 限界利益率　　　　　　40%
ロ 損益分岐点売上高　16,000百万円
ハ 損益分岐点比率　　　　75%

1 イのみ
2 イ及びロ
3 イ及びハ
4 ロ及びハ
5 イ、ロ及びハ

3 【難易度 A】

表より、まず固定費（X）を求めておきます。

売上高－費用＝利益　　なので

20,000－12,000－X＝2,000

∴　X＝6,000百万円

イ　限界利益率＝1－変動費率＝1－$\dfrac{変動費}{売上高}$

＝1－$\dfrac{12,000}{20,000}$＝0.4　　　　　　∴　40%

ロ　損益分岐点売上高＝$\dfrac{固定費}{1-\dfrac{変動費}{売上高}}$＝$\dfrac{6,000}{1-\dfrac{12,000}{20,000}}$＝15,000百万円

ハ　損益分岐点比率＝$\dfrac{損益分岐点}{売上高}$×100＝$\dfrac{15,000}{20,000}$×100＝75%

損益分岐点分析の公式は、以下のとおりです。

損益分岐点売上高＝$\dfrac{固定費}{1-\dfrac{変動費}{売上高}}$

損益分岐点比率（%）＝$\dfrac{損益分岐点}{売上高}$×100

変動費率＝$\dfrac{変動費}{売上高}$

限界利益率＝1－変動費率

💡確認POINT

株式業務

実際の株式取引の業務に関する分野です。まずは株式と証券会社の全体像をつかんでおきましょう。5肢選択問題は、株式分割、株価指標及び受渡金額といった投資計算の問題が中心です。考え方をしっかりと理解した上で解き方を覚えてください。投資計算は、特にPER、PBR及びROEといった株価指標計算が点取り問題なので、必ず正解できるようにしましょう。

推定配点&出題形式

○×問題：5問（10点）

5肢選択問題：2問（20点）

計**30**点／440点満点中

※配点・出題形式についてはフィナンシャル バンク インスティチュートの推定です。

○×問題

〔テキスト P66〕〔取引の種類・売買の形態〕------------------------------------

□□□ **1** 我が国では、有価証券の現物の売買を行う場所として、東京証券取引所・名古屋証券取引所・福岡証券取引所・札幌証券取引所があり、それぞれの取引所において取引所金融商品市場が開設されている。

□□□ **2** 株式の売買の取次ぎとは、顧客からの売買注文を、顧客の計算において金融商品取引業者の名をもって行う取引で、売買を委託されて執行することから委託取引といわれる。

〔テキスト P68〕〔売買の受託〕--

□□□ **3** 有価証券の募集又は売出しの発表日からその申込最終日までを一般にファイナンス期間といい、その間の取引に際しては、受注・執行の管理に注意を払う必要がある。

□□□ **4** 元引受けを行う金融商品取引業者は、安定操作期間中、当該銘柄の株券等に関し、株式ミニ投資を含めて自己の計算による買付けが禁止されている。

□□□ **5** 安定操作取引又はその受託をした金融商品取引業者は、当該銘柄の株券等に関し、安定操作期間中、顧客に対して、安定操作取引が行われた旨を表示しないで買付けを受託すること、又は有価証券関連デリバティブ取引等を受託することは禁止されている。

□□□ **6** 金融商品取引業者は、顧客から有価証券売買の売付けの注文を受けるときには、当該売付けが空売りであるか否かの別を確認しなければならない。

□□□ **7** 金融商品取引業者は、自己の計算による売付け、顧客から受託する売付けが空売りに該当する場合、市場で行う空売りは取引所に明示しなければならない。

1 ◯ 〔難易度 **C**〕

2 ◯ 〔難易度 **C**〕

3 ✕ ファイナンス期間とは、有価証券の募集又は売出しの発表日の翌日から払込日までの期間をいいます。〔難易度 **B**〕

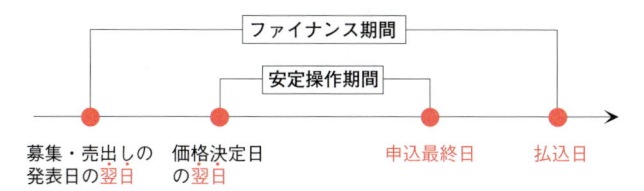

4 ✕ 株式累積投資及び株式ミニ投資に伴う買付けは認められています。〔難易度 **B**〕

5 ◯ 〔難易度 **B**〕

6 ◯ 〔難易度 **B**〕

7 ◯ 〔難易度 **B**〕

3章　株式業務

□□□ 8 顧客が東京証券取引所の立会内売買に係る上場株式の委託注文を行う際に、金融商品取引業者に指示すべき事項の一つに「委託注文の有効期間」がある。

□□□ 9 金融商品取引業者は、顧客から売指値注文を受託した場合には、指値を下回る値段で約定させてはならない。

□□□ 10 金融商品取引業者が注文伝票を作成するのは、顧客から株式の売買注文を受託し、当該注文に係る売買が成立した場合に限られる。

□□□ 11 「自己又は委託の別」は、「注文伝票」に記載すべき事項である。

□□□ 12 顧客から株式の売買注文を受託した場合に、金融商品取引業者は、当該注文に係る売買が成立したかどうかにかかわらず、当該顧客に契約締結時交付書面を交付しなければならない。

□□□ 13 金融商品取引業者は、契約締結時交付書面の交付方法について、顧客から書面又は電磁的方法による承諾を得て、書面に記載すべき事項について電子情報処理組織を使用する方法その他の情報通信の技術を利用する方法により提供することができる。

□□□ 14 東京証券所取引における上場株式の普通取引について、金曜日に約定が成立した場合には、原則として翌週の月曜日に決済を行うこととされている。

□□□ 15 株式の売買に係る委託手数料は、取引所の定める受託契約準則により売買代金に応じて規定されている。

8 ◎ 取引所では、受託契約準則で、「売買の種類」「銘柄」「売付け・買付けの区別」「数量」「値段の限度」「委託注文の有効期間」「現物・信用取引の別」など、顧客が金融商品取引業者に有価証券の売買の委託の都度、指示すべき事項を定めています。(難易度**B**)

9 ◎ (難易度**B**)

10 ✕ 顧客から株式の売買注文を受託した場合は、売買成立にかかわらず必ず注文伝票を作成しなければなりません。(難易度**B**)

11 ◎ (難易度**B**)

12 ✕ 契約締結時交付書面は、売買が成立した場合に、遅滞なく、顧客に交付しなければならないとされています。(難易度**B**)

13 ◎ (難易度**C**)

14 ✕ 普通取引による上場株式の受渡しは、約定日（売買成立日）から起算して3営業日目の日です。金曜日が約定日であれば、受渡日は翌週の火曜日となります。(難易度**B**)

> カウントは土曜、日曜及び祝日を含まないことに注意してください。
>
> | 金 | 土 | 日 | 月 | 火 | 水 | 木 | 金 |
> |---|---|---|---|---|---|---|---|
> | ○ | | | ○ | ○ | | | |
>
> 💡確認POINT

15 ✕ 委託手数料の額については自由化されています。(難易度**C**)

テキスト
P74 〔金融商品取引所における株式の売買〕-----------------------------------

□□□ 16 金融商品取引所の内国株式の売買の種類は、決済日の違いによる区分として、当日決済取引、普通取引、信用取引及び発行日決済取引の4種類がある。

□□□ 17 東京証券取引所における金融商品取引業者間の決済において、資金と証券の同時又は同日中の引渡しを行う決済のことをDVP決済といい、取引相手の決済不履行から生じる元本リスク（資金又は証券を交付した後、その対価を受け取れないリスク）を排除することができる。

□□□ 18 信用取引とは、金融商品取引業者が顧客に信用を供与して行う有価証券の売買その他の取引のことをいう。

□□□ 19 立会外売買の取引対象銘柄にETFやJ-REITは含まれない。

□□□ 20 東京証券取引所において株式の立会外バスケット取引が利用できるのは、15銘柄以上で構成され、かつ、総額5,000万円以上のポートフォリオについてである。

テキスト
P76 〔株式の店頭取引〕---

□□□ 21 株式投資型クラウドファンディング業務とは、会員等が店頭有価証券のうち株券又は新株予約権証券について行う第一種少額電子募集取扱業務をいう。

テキスト
P78 〔上場株券等の取引所金融商品市場外での売買〕--------------------

□□□ 22 金融商品取引所に上場されている転換社債型新株予約権付社債券及び投資信託受益証券については、いずれも取引所外で取引を行うことはできない。

16 ✕ 当日決済取引、普通取引及び発行日決済取引の3種類に区分されます。(難易度 **B**)

17 ◯ (難易度 **A**)

18 ◯ (難易度 **C**)

19 ✕ 立会外売買には上場株式(内国株式及び外国株式)だけでなく、新株予約権付社債、ETF、J-REIT等についても取引対象となります。(難易度 **A**)

20 ✕ 立会外のバスケット取引は、15銘柄以上かつ売買代金合計が1億円以上のポートフォリオから利用することができます。(難易度 **A**)

21 ◯ (難易度 **B**)

22 ✕ いずれも取引所外での取引は可能です。(難易度 **B**)

□□□ 23 PTSは、「私設取引システム」ともいわれる電子取引の場であり、開設できるのは、金融商品取引業者である。

□□□ 24 PTSは上場株式しか取り扱えない。

□□□ 25 PTSでの価格決定は、取引所市場における売買価格を用いる方法のほか、競売買（オークション）の方法についても認められているが、顧客の間の交渉に基づく価格を用いる方法では価格を決定することができない。

テキスト P80 〔外国株式の取引〕- -

□□□ 26 金融商品取引業者が顧客から外国証券の売買を受託するときには、あらかじめ各金融商品取引業者が定める様式の「外国証券取引口座に関する約款」を交付するとともに、「外国証券取引口座設定に関する申込書」を徴収しなければならない。

□□□ 27 一般投資家が行う外国証券取引は、国内委託取引のみである。

□□□ 28 顧客から外国証券の委託注文を受け、外国の金融商品市場に取次ぐ取引を、国内委託取引という。

□□□ 29 外国取引において、金融商品取引業者が顧客に対し、勧誘を行うことができる銘柄は、適格外国金融商品取引市場で取引が行われている外国証券又は取引が予定されている外国証券で一定の要件を満たすものとされている。

23 ◯ 取引所外取引の一形態であるPTS（私設取引システム）は、内閣総理大臣の認可を受けた金融商品取引業者の開設する「電子取引の場」であり、このPTSに対して投資家や金融商品取引業者が注文を出し、取引が行われます。難易度 C

24 ✕ PTSでは上場株式だけでなく、店頭売買有価証券も売買されます。難易度 B

25 ✕ 顧客の間の交渉に基づく価格を用いる方法（顧客間交渉方式）でも価格を決定することができます。難易度 B

26 ◯ 難易度 B

27 ✕ 一般投資家が行う外国証券取引は、その取引形態により、国内委託取引、外国取引及び国内店頭取引に区分されます。難易度 B

28 ✕ 問題文の記述は、外国取引のものです。難易度 B

29 ◯ 難易度 A

〔株式ミニ投資〕 ---

□□□ 30 株式ミニ投資とは、投資者から少額の資金を預かり、その金銭を対価として、毎月一定日に特定の銘柄の株式等を買い付ける制度をいう。

□□□ 31 株式ミニ投資は、任意の時に単元未満株のまま機動的に任意の銘柄の買付けを行い、また、買付けた単元未満株を単元未満株のまま売り付けることができる制度である。

□□□ 32 顧客の株式ミニ投資による買付けは、1売買単位の10分の1単位の株式の持分を取引単位とする一定金額分の株式を毎月一定日に買い付ける方法により行われる。

□□□ 33 株式ミニ投資の取扱対象は、金融商品取引所に上場されている株券のみである。

□□□ 34 株式ミニ投資に係る取引において、約定日は金融商品取引業者が顧客から注文を受託した日の翌営業日とされている。

〔株式の上場〕 --

□□□ 35 一般的に、株式公開のメリットとして期待されるものに、公開会社の社会的信用の向上や資金調達力の拡大等がある。

□□□ 36 株券の新規上場における公開価格の決定方式には、ブック・ビルディング方式と競争入札による公募等の2種類がある。

□□□ 37 ブックビルディング方式では、上場前の公開株式数の50％以上の株式を一般投資家の参加する入札に付し、これにより公開価格が決定される。

30 ✕ 株式ミニ投資とは、金融商品取引業者と顧客との間で行う取引所の定める1売買単位に満たない株式を、株式等振替制度を利用して定型的な方法で行う売買取引です。問題文は株式ミニ投資ではなく株式累積投資のものです。 難易度 B

31 ◯ 難易度 B

32 ✕ 株式ミニ投資は任意のときに単元未満株のまま、機動的に任意の銘柄の買付け（売付け）を行うことができる制度で、一定金額分の株式を毎月一定日に買い付けるものではありません。 難易度 B

33 ◯ 難易度 B

34 ◯ 難易度 C

35 ◯ 問題文のメリットの他に、企業のPR、財産保全機能の拡大、経営管理体制の確立などが挙げられます。 難易度 C

36 ◯ 難易度 C

37 ✕ 問題文は、競争入札方式のことです。ブックビルディング方式とは、市場に新規上場する際の上場前の株式の公募価格を決める際に、投資家の需要状況に応じて公募価格を決定する方式のことをいいます。 難易度 B

〔証券投資計算〕----------------------------

□□□ 38 株価収益率（PER）は、1株当たり当期純利益を株価で除して求められる。

□□□ 39 株価純資産倍率（PBR）は、株価を1株当たり純資産で除して求められる。

□□□ 40 株価キャッシュ・フロー倍率（PCFR）とは、株価を1株当たりのキャッシュ・フローで除した数値であり、PCFRが高ければ株価は割安、PCFRが低ければ株価は割高である。

□□□ 41 EBITDAは、「金利・税金・償却前利益」の略で、経済のグローバル化により国際的な収益力の比較をするために考えられた利益指標である。

□□□ 42 EV/EBITDA倍率が低ければ、株価は割安である。

□□□ 43 東証株価指数（TOPIX）とは、東京証券取引所第一部上場銘柄のうち流動性が高く代表的な225銘柄の株価を平均し、かつ連続性を失わせないため、株式分割などの権利落ちを修正したものである。

38 ✕　難易度 **C**

$$株価収益率（PER）＝\frac{株価}{1株当たり当期純利益}$$

39 ◯　難易度 **C**

$$株価純資産倍率（PBR）＝\frac{株価}{1株当たり純資産}$$

40 ✕　株価キャッシュ・フロー倍率が高ければ株価は割高、低ければ割安になります。難易度 **B**

$$株価キャッシュ・フロー倍率＝\frac{株価}{1株当たりキャッシュ・フロー}$$

41 ◯　EBITDA＝税引前利益＋支払利息＋減価償却費　難易度 **A**

42 ◯　難易度 **B**

43 ✕　問題文は日経平均株価のことです。TOPIXは、東証市場第一部全銘柄の時価総額を基準時の時価総額と比較して、市場全体の動きを表すものです。難易度 **B**

□□□ 44 次のうち、「注文伝票」の記載事項に該当しないものの番号を１つ
選びなさい。

1　顧客の氏名又は名称

2　受注日時

3　約定日時

4　売付け又は買付けの別

5　手数料の金額

□□□ 45 次のうち、「契約締結時交付書面」の記載事項に該当するものの番
号を２つ選びなさい。

1　売付け又は買付けの別

2　営業所の名称

3　受注日時

4　指値又は成行の別

5　委託注文の有効期間

44 5 　難易度 **B**

1 　◯

2 　◯

3 　◯

4 　◯

5 　✕ 　手数料の金額は契約締結時交付書面の記載事項です。

45 1、2 　難易度 **B**

1 　◯

2 　◯

3 　✕ 　受注日時は注文伝票の記載事項です。

4 　✕ 　指値又は成行の別は注文伝票の記載事項です。

5 　✕ 　委託注文の有効期間は、顧客が委託注文を出す際に金融商品取引
　　　　業者に指示すべき事項として、受託契約準則に定められています。

> 「注文伝票」と「契約締結時交付書
> 面」の記載事項は頻繁に出題されます。
> しっかり押さえておきましょう。

□□□ 46 1：1.5の株式分割を行う上場銘柄Ａ社株式の権利付相場は900円であった。権利落後の値段が560円になったとすれば、権利付相場の900円に対していくら値下がりしたことになるか。正しいものの番号を1つ選びなさい。

（注）答は円単位未満を切り捨ててある。

1　40円
2　60円
3　80円
4　100円
5　120円

□□□ 47 以下の会社の決算期（年1回決算）における2021年3月期の自己資本利益率（ROE）として正しいものの番号を1つ選びなさい。

（単位：百万円）

	総資本	自己資本（期末）	売上高	当期純利益（税引後）
2021年3月期	2,380	1,700	4,240	400
2020年3月期	2,100	1,500	3,270	300

1　5％
2　10％
3　15％
4　20％
5　25％

2 （難易度 **A**）

実際の権利落後の値段から算出される権利付相場を求め、その値段と元々の権利付相場の値段（この場合900円）との比較をします。

まず、権利落後の値段から算出される権利付相場を求めます。

$$権利落相場＝\frac{権利付相場}{分割比率}$$

∴ 権利付相場＝権利落相場×分割比率

$$＝560円×1.5$$

$$＝840円$$

権利落価格560円は、1：1.5の分割比率であれば権利付価格は840円の計算になります。

∴ 840円－900円＝－60円

5 （難易度 **B**）

$$自己資本（期首・期末平均）＝\frac{1,500百万円＋1,700百万円}{2}$$

$$＝1,600百万円$$

$$自己資本利益率（ROE）＝\frac{当期純利益（年換算）}{自己資本（期首・期末平均）}×100$$

$$＝\frac{400百万円}{1,600百万円}×100＝25\%$$

3
章

株式業務

□□□ 48 以下の会社（年1回決算）の株価純資産倍率（PBR）及び株価収益率（PER）の組合せとして正しいものの番号を1つ選びなさい。

（注）答は小数点第2位以下を切り捨てること。

発行済株式総数　400万株	総資産　50億円
総負債　20億円	株価（時価）1,200円
当期（純）利益　3億6,000万円	

	（PBR）	（PER）
1	1.6倍	11.2倍
2	1.6倍	12.6倍
3	1.6倍	13.3倍
4	2.1倍	15.2倍
5	2.1倍	16.7倍

純資産額＝総資産－総負債＝50億円－20億円＝30億円

$$1株当たり純資産 = \frac{純資産}{発行済株式総数} = \frac{30億円}{400万株} = 750円$$

$$PBR = \frac{株価}{1株当たり純資産} = \frac{1,200円}{750円} = 1.6倍$$

$$1株当たり当期純利益 = \frac{当期純利益}{発行済株式総数} = \frac{3億6,000万円}{400万株} = 90円$$

$$PER = \frac{株価}{1株当たり当期純利益} = \frac{1,200円}{90円} = 13.333\cdots ≒ 13.3倍$$

3 章 株式業務

次の会社（年1回決算）の当期における株価キャッシュ・フロー倍率（PCFR）として正しいものの番号を1つ選びなさい。

(注) 簡便的にキャッシュ・フローは当期純利益（税引後）に減価償却費を加えたものとして計算すること。又、答は小数点第2位を四捨五入してある。

資本金　300億円	発行済株式数　5億株
当期純利益（税引後）130億円	減価償却費　20億円
株価　1,350円	

1　15.4倍
2　35.7倍
3　45.0倍
4　58.5倍
5　62.2倍

まずは１株当たりキャッシュ・フローを求めます。

$$１株当たりキャッシュ・フロー ＝ \frac{税引後当期純利益＋減価償却費}{発行済株式総数}$$

$$＝\frac{130億円＋20億円}{５億株}$$

$$＝30円$$

$$株価キャッシュ・フロー倍率 ＝ \frac{株価}{１株当たりキャッシュ・フロー}$$

$$＝\frac{1,350円}{30円}$$

$$＝45.0倍$$

□□□ 50 資本金600億円、時価総額1,900億円、利益剰余金800億円、保有現金預金（短期有価証券を含む）250億円、有利子負債820億円、EBITDA480億円の場合のEV/EBITDA倍率として正しいものの番号を1つ選びなさい。

　　　（注）答は小数点第3位以下を切り捨ててある。

　　1　5.14倍
　　2　6.27倍
　　3　7.21倍
　　4　8.35倍
　　5　9.68倍

□□□ 51 ある個人（居住者）が、取引所取引で現物取引により、上場銘柄A社株式10,000株を成行注文で売り委託したところ、同一日に896円で8,000株、895円で2,000株の約定が成立した。この場合の受渡金額として正しいものの番号を1つ選びなさい。

　　　（注）株式委託手数料は、下表に基づき計算すること。なお、株式の譲渡に係る所得税については、考慮しないものとする。

株式委託手数料額算出表	
約定代金	委託手数料額
100万円超　500万円以下の場合	約定代金×0.900％＋2,500円
500万円超　1,000万円以下の場合	約定代金×0.700％＋12,500円
・上式による算出額に10％の消費税相当額が加算される。	

　　1　6,624,386円
　　2　7,268,521円
　　3　8,875,274円
　　4　9,127,045円
　　5　10,035,621円

50 1 （難易度 **A**）

EV＝時価総額＋有利子負債－現金預金－短期有価証券
　＝1,900億円＋820億円－250億円＝2,470億円

$$EV/EBITDA倍率＝\frac{2,470億円}{480億円}＝5.145\cdots≒5.14倍$$

EBITDA（Earnings Before Interest, Taxes, Depreciation and Amortization）は「金利・税金・償却前利益」の略で、経済のグローバル化により国際的な収益力の比較をするために考えられた利益指標です。各国の金利水準や税率、減価償却方法など会計基準の違いを最小限に抑えた利益が「EBITDA」です。

51 3 （難易度 **B**）

A社株式の約定代金＝
（896円×8,000株）＋（895円×2,000株）＝8,958,000円……Ⓐ
委託手数料＝8,958,000円×0.700％＋12,500円＝75,206円……Ⓑ
消費税＝75,206円×10％≒7,520円（消費税額は円単位未満切捨て）……Ⓒ
受渡金額＝Ⓐ－（Ⓑ＋Ⓒ）＝8,958,000円－（75,206円＋7,520円）
　　　　　＝8,875,274円

売り注文のときの受渡金額は、投資家が金融商品取引業者から受け取ります。その際、売却にかかった委託手数料（消費税込み）を受け取り額から減算します。

3 章 ｜ 株式業務

取引所定款・諸規則

4章

試 験 対 策

東京証券取引所の上場規程、業務規程、受託契約準則について問われます。上場規程では、上場手続、審査基準、第一部指定基準・第二部指定替え基準、上場廃止基準など、細かく出題されます。業務規定では、有価証券の売買の種類や配当落ち、権利落ちの売買を確実に覚えましょう。また、板寄せによる価格決定方法は、仕組みを理解して得点できるようにしましょう。

推定配点&出題形式

○×問題：6問（12点）

5肢選択問題：0問　（0点）

計**12**点／440点満点中

※配点・出題形式についてはフィナンシャル バンク インスティチュートの推定です。

○×問題

テキスト P92 〔定款・取引参加者規程〕 ------------------------------------

□□□ **1** 東京証券取引所及び大阪取引所（OSE）は、会社法上の株式会社である。

□□□ **2** 東京証券取引所の取引参加者は、有価証券の売買を行うことができる総合取引参加者の1種類である。

□□□ **3** 大阪取引所の国債先物等取引参加者には金融商品取引業者しかなることができない。

□□□ **4** 金融商品取引所の取引参加者である金融商品取引業者は、顧客から金融商品取引所における有価証券の売買等の委託を受けるときに、あらかじめ当該顧客の住所、氏名等を調査する義務はない。

テキスト P94 〔有価証券上場規程〕 ------------------------------------

□□□ **5** ある金融商品取引所に上場されている有価証券であれば、国内の他のすべての金融商品取引所の市場において売買を行うことができる。

□□□ **6** 上場の対象となる有価証券は、金融商品取引法上の有価証券に限られる。

□□□ **7** 上場の対象となる有価証券には、株券や国債証券のほか、小切手や約束手形も含まれる。

□□□ **8** 外国国債証券及び外国地方債証券の上場にあたっては、発行者からの上場申請は不要とされている。

□□□ **9** 国債証券、地方債証券については、発行者からの上場申請がなくても上場できる。

解 答 ・ 解 説

---

1 ◯ 〔難易度 **C**〕

2 ◯ 取引参加者となるためには、取引資格の取得の申請を取引所に行い、これを取引所が承認したときに取引資格が付与されます。〔難易度 **C**〕

3 ✕ 大阪取引所の国債先物等取引参加者には、金融商品取引業者だけでなく、取引所取引許可業者や登録金融機関もなることができます。〔難易度 **B**〕

4 ✕ 取引参加者は、取引所市場における有価証券の売買等の委託を受けるときは、あらかじめ顧客の住所、氏名その他の事項を調査しなければなりません。〔難易度 **C**〕

---

5 ✕ 取引所において売買の対象となる有価証券は、その取引所に上場されている有価証券だけです。〔難易度 **B**〕

6 ◯ 〔難易度 **B**〕

7 ✕ 上場の対象となる有価証券は、金融商品取引法上の有価証券に限られます。小切手や約束手形は含まれません。〔難易度 **B**〕

8 ✕ 外国国債証券及び外国地方債証券の上場にあたっては、発行者からの上場申請が必要です。〔難易度 **B**〕

9 ✕ 国債証券については、発行者からの上場申請がなくても上場できますが、地方債証券については、発行者からの上場申請が必要です。〔難易度 **C**〕

□□□ 10 国債証券の上場は、財務省からの上場申請のあったものに限り取引所が上場審査を行い、上場を決定している。

□□□ 11 株券等の上場審査においては、株主数、時価総額、事業継続年数、純資産の額、単元株式数、株式の譲渡制限などのいずれかが形式基準に適合するものを対象としている。

□□□ 12 東京証券取引所における外国株券の上場審査は、内国株券と全く同じ審査基準である。

□□□ 13 東証は、東証に既に上場されている株券等の発行者が同一種類の株券等を新たに発行する場合は、原則として上場を承認するものとしている。

□□□ 14 いったん市場第一部銘柄になった株券は、いかなる場合も市場第二部へ指定替えされることはない。

□□□ 15 市場第一部銘柄が、第二部指定替えとなる基準に該当する項目には、株主数、流通株式は含まれているが、売買高や債務超過は含まれていない。

□□□ 16 東京証券取引所は、市場第一部の業種別銘柄数を一定に保つため、市場第二部銘柄を市場第一部に指定したときは、当該指定した銘柄と同業種の市場第一部銘柄を市場第二部へ指定替えすることとしている。

□□□ 17 マザーズ又はJASDAQの上場会社が市場第一部に上場を変更する場合は、新たに新規上場申請し、審査を受けなければならない。

□□□ 18 東京証券取引所は、上場株券等が上場廃止基準に該当するおそれがある場合には、その事実を投資者に周知させるため、一定期間、当該株券等を整理銘柄に指定することができる。

10 ✕ 国債証券については財務省（発行者）からの上場申請がなくても上場できます。（難易度 C）

11 ✕ 「いずれか」ではなく「すべて」が形式基準に適合する必要があります。（難易度 C）

12 ✕ 外国株券の上場審査は、本国等における法制度、実務慣行等を勘案して行われます。（難易度 B）

13 ◯ （難易度 C）

14 ✕ 市場第一部銘柄が、第二部指定替え基準のいずれかにでも該当すれば、市場第二部に指定替えされます。（難易度 C）

15 ✕ 第二部指定替えとなる基準に該当する項目には、売買高や債務超過も含まれます。（難易度 C）

16 ✕ このようなルールはありません。第一部指定基準、第二部指定替え基準に基づき決定されます。（難易度 C）

17 ◯ （難易度 B）

18 ✕ 「整理銘柄」ではなく「監理銘柄」です。（難易度 B）

□□□ 19 東京証券取引所は、上場株券等の上場廃止が決定された場合には、その事実を投資者に周知させるため、上場廃止日の前日までの間、監理銘柄に指定してその株券等の売買取引を行わせることができる。

□□□ 20 非参加型優先株及び子会社連動配当株（優先株等）の上場にあたり、上場審査及び上場廃止については、普通株と同じ基準で行っている。

□□□ 21 優先株等の上場審査基準の1つに、当該上場申請銘柄の発行会社が、その取引所の上場会社であることは含まれない。

□□□ 22 上場している普通株について、上場廃止基準に該当することとなった場合には、その発行者が発行する優先株等についても同様に上場が廃止される。

□□□ 23 転換社債型新株予約権付社債券については、国債証券と同様、当該転換社債型新株予約権付社債券の発行者からの上場申請がなくても上場できることとされている。

□□□ 24 転換社債型新株予約権付社債券の上場審査基準は、発行者に対する基準と上場申請銘柄に対する基準がある。

□□□ 25 東京証券取引所は、転換社債型新株予約権付社債券の上場に際して、その発行者の発行する株券が上場されていれば、当該転換社債型新株予約権付社債券の上場審査を行わずに上場を決定することとなっている。

19 ✕ 「監理銘柄」ではなく「整理銘柄」です。 （難易度 **B**）

> 「監理銘柄」とは、上場廃止基準に該当するおそれがある場合や、上場廃止申請の審査期間中である場合に、その事実を投資者に周知させるために指定される当該株券のことです。一方、「整理銘柄」とは、上場廃止が決定された場合に、その事実を投資者に周知させるために指定される当該株券のことです。

20 ✕ 非参加型優先株及び子会社連動配当株（優先株等）の上場は、その上場申請については、普通株とほぼ同様な手続きにより行うこととしていますが、上場審査及び上場廃止については、優先株等の特異性を考慮し、普通株とは異なった基準を設けています。 （難易度 **A**）

21 ✕ 優先株等の上場審査基準の１つに、「その発行者が普通株を上場していること」があります。 （難易度 **B**）

22 ◯ （難易度 **B**）

23 ✕ 国債の場合等を除き、発行者から取引所への申請がない限り、有価証券は上場できないこととなっています。 （難易度 **B**）

24 ◯ （難易度 **B**）

25 ✕ 転換社債型新株予約権付社債券については、その上場審査基準に基づき上場を決定することになっています。 （難易度 **B**）

□□□ 26 東京証券取引所に上場されている転換社債型新株予約権付社債券の上場が廃止されるのは、当該上場転換社債型新株予約権付社債券が上場額面総額等所定の事項について定められた上場廃止基準のすべてに該当する場合である。

□□□ 27 上場株券等が上場廃止となった場合であっても、当該株券等の発行会社が発行する上場転換社債型新株予約権付社債券は上場廃止されない。

□□□ 28 上場転換社債型新株予約権付社債券の上場廃止基準の1つに、新株予約権の行使期間の満了がある。

□□□ 29 内国ETF上場に際しての上場申請者は投資信託委託会社に限られている。

テキスト P100 〔業務規程〕- -

□□□ 30 東京証券取引所における株券の普通取引においては、配当金（中間配当を含む）交付株主の確定期日又は新株予約権その他の権利確定期日の前日から、配当落ち又は権利落ちとして売買が行われる。

□□□ 31 証券金融会社と金融商品取引業者との間で行われる資金や株券の貸借関係を貸借取引という。

□□□ 32 東京証券取引所の売買立会による売買において、1単元の株式の数を定めていない会社の発行する上場株券は、1株を売買単位として取引を行うこととされている。

□□□ 33 国債証券の売買単位は、額面5万円である。

□□□ 34 指値による呼値は、成行呼値に値段的に優先する。

26 ✕ 上場廃止基準のいずれかに該当すれば、その銘柄の上場は廃止されます。(難易度 C)

27 ✕ 上場株券等が上場廃止となった場合、当該株券等の発行者が発行する上場転換社債型新株予約権付社債券は全銘柄が上場廃止されます。(難易度 B)

28 ◯ (難易度 B)

29 ✕ 内国ETFの上場については、投資信託委託会社等及びその受託者である信託会社等からの上場申請があったものについて、上場審査基準に基づき審査が行われています。(難易度 B)

30 ◯ (難易度 B)

31 ◯ (難易度 B)

32 ◯ (難易度 B)

33 ◯ (難易度 C)

34 ✕ 成行呼値は、指値による呼値に値段的に優先します。(難易度 C)

□□□ 35 売呼値においては、高い値段の売呼値が低い値段の売呼値に優先する。

□□□ 36 価格優先の原則とは、売呼値においては、低い値段の売呼値が高い値段の売呼値に優先し、買呼値においては、高い値段の買呼値が低い値段の買呼値に優先することである。

□□□ 37 ザラ場とは、売買立会の始値の決定方法のことをいう。

□□□ 38 売買立会の始値を定める場合には、板寄せの方法が用いられる。

□□□ 39 債券（転換社債型新株予約権付社債券などを除く）の呼値の制限値幅は1円であり、いかなる場合においても制限値幅を変更することはない。

□□□ 40 東京証券取引所は、過誤のある注文により売買が成立した場合において、その決済が極めて困難であり、取引所市場が混乱するおそれがあると認めたとき等は、一度成立した売買を取り消すことができる。

□□□ 41 東京証券取引所における有価証券の売買の清算は、「株式会社日本証券クリアリング機構」で行われる。

□□□ 42 有価証券等清算取次ぎは、清算参加者に清算機関との間で清算を行わせるために、名義上清算参加者の名によって売買を成立させるための行為である。

35 ✕ 売呼値においては、低い値段の売呼値が高い値段の売呼値に優先します。難易度**B**

36 ◯ 難易度**B**

> 取引所市場における売買立会による売買は、売買注文を売り・買い別に市場に委託し、すべて価格優先・時間優先の原則に従い、競争売買によって行われます。

37 ✕ ザラ場とは、始値と終値との間に行われる継続売買のことです。始値決定後の値段の決定方法のことをザラ場方式といいます。難易度**C**

38 ◯ 板寄せとは、約定値段決定前の売呼値・買呼値をすべて注文控え（板）に記載し、それらを価格優先・成行注文優先の原則で対当させながら数量的に合致する値段を求め、その値段を単一の約定価格として始値を決定する方法です。難易度**B**

39 ✕ 売買の状況に異常があると認める場合又はそのおそれがあると認める場合には、全部もしくは一部の銘柄について呼値の制限値幅を変更することができます。難易度**B**

40 ◯ 金融商品取引では、一度成立した売買は取り消されず、確実に決済まで行われることが大前提ですが、取引所は、市場の混乱を防ぐために約定取消ルールを制定しています。難易度**B**

41 ◯ 難易度**C**

42 ◯ 難易度**B**

〔受託契約準則〕- -

□□□ 43 取引参加者が東京証券取引所市場において、有価証券の売買等を受託するにあたっては、取引所の定める「受託契約準則」によらなければならず、取引参加者にはこれを遵守すべき義務があるが、顧客にはこれを遵守すべき義務はない。

□□□ 44 国債証券や地方債証券は、信用取引の委託保証金の代用有価証券とすることができる。

□□□ 45 有価証券の売買に係る顧客と取引参加者との間の金銭の授受は、必ず円貨で行わなければならない。

43 ☒ 顧客も受託契約準則を熟知し、遵守すべき義務があります。（**難易度 C**）

44 ○ （**難易度 C**）

45 ☒ 受託取引参加者が同意した場合は、顧客の指定する外貨によることも可能です。（**難易度 C**）

□□□ 45 次の文章のうち、（　　　　）にあてはまる語句を下の語群からそれ
ぞれ正しく選んでいるものの番号を2つ選びなさい。

東京証券取引所の売買立会による売買において、売買注文を売り・
買い別に市場に集中し、まず（　イ　）優先の原則を適用する。こ
の方法で解決できない場合には（　ロ　）優先の原則に従い（　ハ　）
売買によって行われる。
又、（　ニ　）呼値は、（　ホ　）による呼値に値段的に優先する。

> 価格、　時間、　相対、　競争、　指値、　成行

1　イは時間、ロは価格、ハは競争
2　イは価格、ロは時間、ハは競争
3　イは時間、ロは価格、ハは相対
4　ニは指値、ホは成行
5　ニは成行、ホは指値

解 答 ・ 解 説

45　2、5　（難易度 **C**）

イ　価格

ロ　時間

ハ　競争

ニ　成行

ホ　指値

□□□ **46** 売買立会の始値決定直前の注文控（板）の状況が下表の状態である場合、始値はいくらで決定されるか。正しいものの番号を1つ選びなさい。

〈始値直前の注文控（板）状況〉

売呼値記載欄	値段	買呼値記載欄
35,000 株	成行	27,000 株
21,000	803	
13,000	802	8,000
10,000	801	7,000
8,000	800	9,000
3,000	799	8,000
4,000	798	15,000
	774	15,000

1　802円

2　801円

3　800円

4　799円

5　798円

価格優先原則及び成行注文優先により、まず成行売呼値35,000株と買呼値27,000株を対当させます。この時点で成行売呼値8,000株が残ります。

次に、残りの成行売呼値8,000株を、最も高い買呼値の802円8,000株と対当させます。

続いて、残りの呼値のうち、まず最も低い売呼値798円4,000株を、最も高い買呼値801円7,000株と対当させます。

次に、その買残株3,000株と売呼値の799円3,000株を対当させます。

最後に、売呼値800円8,000株と買呼値800円9,000株を対当させた時点で、板寄せによる約定価格決定の条件が整い、始値800円となります。

〈成立過程〉

売呼値		買呼値		売買が成立した株
成　行	35,000株 ⇔ 成　行	27,000株 ⇒	27,000株
成　行	8,000株 ⇔ 802円	8,000株 ⇒	8,000株
798円	4,000株 ⇔ 801円	7,000株 ⇒	4,000株
799円	3,000株 ⇔ 801円	3,000株 ⇒	3,000株
800円	8,000株 ⇔ 800円	9,000株 ⇒	8,000株

> ポイントは板寄せの考え方を理解して、自分で書きながら答えを出すことです。繰り返し練習して得点できるようにしておきましょう。

4章

取引所定款・諸規則

5章

協会定款・諸規則

出題頻度が高いのは、「協会員の投資勧誘・顧客管理等に関する規則」及び「協会員の従業員に関する規則」です。ここは確実に得点できるようにしましょう。また、「有価証券の寄託の受入れ等に関する規則」や「協会員の外務員の資格・登録等に関する規則」もよく出題されます。この科目は推定配点が46点と高いので、取りこぼしのないようにしましょう。

推定配点&出題形式

○×問題：8問（16点）

5肢選択問題：3問（30点）

計**46**点／440点満点中

※配点・出題形式についてはフィナンシャル バンク インスティチュートの推定です。

〇×問題

テキスト P110 〔日本証券業協会の定款と諸規則〕 -

□□□ **1** 日本証券業協会は、金融商品取引法67条の2・2項の規定により、内閣総理大臣の登録を受けた法人である。

□□□ **2** 日本証券業協会の協会員は、「会員」、「特定業務会員」及び「特別会員」の3種類に区分されている。

テキスト P111 〔協会員の投資勧誘・顧客管理等に関する規則〕 - - - - - - - - - - - - - - - - - - -

□□□ **3** 顧客（特定投資家を除く）にブル・ベア型投資信託を販売する場合は、ベア型については対象となる指数が上昇した場合にその指数と比べて大きな損失が生じる可能性があることを説明するとともに、理解を得るよう努めなければならない。

□□□ **4** 協会員は、顧客の投資経験、投資目的、資力等を十分に把握し、顧客の意向と実情に適合した投資勧誘を行うよう努めなければならないが、これは適合性の原則と呼ばれているものである。

□□□ **5** 協会員は、投資勧誘にあたっては、顧客に対し、投資は投資者自身の判断と責任において行うべきものであることを理解させる必要がある。

□□□ **6** 協会員は、債券又は公社債投資信託のみの取引を行う顧客については、必ずしも顧客カードを備え付けなくてもよい。

□□□ **7** 協会員が、特定投資家を除く個人顧客に対し、販売の勧誘を行うに当たって勧誘開始基準を定めなければならないものは、店頭デリバティブ取引に類する複雑な投資信託及びレバレッジ投資信託に係る販売だけである。

1　❌　「登録」ではなく「認可」が必要です。（難易度 **C**）

2　⭕　協会員のうち、「会員」は第一種金融商品取引業を行う者（証券会社）、「特別会員」は登録金融機関のことです。（難易度 **C**）

3　⭕　（難易度 **B**）

4　⭕　（難易度 **C**）

5　⭕　（難易度 **C**）

6　❌　有価証券の売買等を行う顧客については、顧客カードを備え付けなければなりません。（難易度 **C**）

7　❌　勧誘開始基準を定める必要があるのは、店頭デリバティブ取引に類する複雑な投資信託及びレバレッジ投資信託に係る販売だけでなく、店頭デリバティブ取引に類する複雑な仕組債に係る販売もあります。（難易度 **A**）

5章

協会定款・諸規則

□□□ 8 協会員は、信用取引については、取引開始基準を定め、当該基準に適合した顧客からこれを受託するものとされているが、確認書の徴求は必要はない。

□□□ 9 協会員は、高齢顧客（個人に限り、特定投資家を除く）に有価証券等の勧誘による販売を行う場合には、当該協会員の業態、規模、顧客分布及び顧客属性並びに社会情勢その他の条件を勘案し、高齢顧客の定義、販売対象となる有価証券等、説明方法、受注方法に関する社内規則を定め、適正な投資勧誘に努めなければならない。

□□□ 10 協会員は、顧客の有価証券関連デリバティブ取引等、特定店頭デリバティブ取引等及び商品関連市場デリバティブ取引取次ぎ等の建玉、損益、委託証拠金、預り資産等の状況について適切な把握に努めるため、当該取引等を重複して行う顧客の評価損益については、総合的な管理を行ってはならない。

□□□ 11 協会員は、顧客に対し、主観的又は恣意的な情報提供となる特定銘柄の有価証券又は有価証券の売買に係るオプションの一律集中的推奨をしてはならない。

□□□ 12 協会員は、顧客が株券の名義書換えを請求するに際し、自社の名義を貸与しなければならない。

□□□ 13 会員は、有価証券の売買その他の取引等に関連し、顧客の資金又は有価証券の借入れにつき行う保証、あっせん等の便宜の供与については、一切行ってはならない。

□□□ 14 協会員は、上場会社等の特定有価証券等の売買を初めて行う顧客から、上場会社等の役員等であるか否かについて届出を求めるとともに、上場会社等の役員等である場合には、当該有価証券の売買が行われるまでに内部者登録カードを備え付けなければならない。

8 ◯ 〔難易度 **B**〕

9 ◯ 〔難易度 **B**〕

10 ✕ 総合的な管理を行う必要があります。〔難易度 **C**〕

11 ◯ 〔難易度 **C**〕

12 ✕ 自社の名義を貸与することはできません。〔難易度 **C**〕

13 ✕ 一切行ってはならないのではなく、顧客の取引金額その他に照らして過度にならないように、適切な管理を行うこととされています。〔難易度 **B**〕

14 ◯ 〔難易度 **C**〕

> テキスト5章2節の「内部者登録カード」の記載事項もしっかり覚えておきましょう！

□□□ 15 協会員は、上場会社等の役員等に該当する顧客については、上場会社等の特定有価証券等に係る売買等が行われた後、速やかに内部者登録カードを備え付けなければならない。

□□□ 16 協会員は、新規顧客、大口取引顧客等からの注文の受託に際しては、あらかじめ当該顧客から買付代金又は売付有価証券の全部又は一部の預託を受けるなど、取引の安全性の確保に努めるものとされている。

□□□ 17 協会員は、有価証券の売買その他の取引等を行う場合には、管理上必要と認められる場合に限り、顧客の注文に係る取引と自己の計算による取引とを峻別することとされている。

テキスト P116 〔協会員の従業員に関する規則〕 - - - - - - - - - - - - - - - - - -

□□□ 18 原則として、協会員は他の協会員の使用人を自社の従業員として採用してはならない。

□□□ 19 協会員は、出向により受け入れる場合であっても、他の協会員の使用人を自己の従業員として採用することは禁止されている。

□□□ 20 協会員は、従業員として採用しようとする者の処分の有無を照会してはならない。

□□□ 21 協会員の従業員は、いかなる名義を用いているかを問わず、原則として、自己の計算において信用取引、有価証券関連デリバティブ取引、特定店頭デリバティブ取引又は商品関連市場デリバティブ取引を行ってはならない。

15 ✕ 協会員は、上場会社等の役員等に該当する顧客については、上場会社等の特定有価証券等に係る売買等が行われるまでに、内部者登録カードを備え付けなければなりません。（**難易度 B**）

16 ◯ （**難易度 C**）

17 ✕ 協会員は、有価証券の売買その他の取引等を行う場合には、顧客の注文に係る取引と自己の計算による取引とを峻別し、顧客の注文に係る伝票を速やかに作成の上、整理、保存するものとされています。（**難易度 B**）

18 ◯ 従業員に対する監督責任の所在を明らかにするため、協会員が、他の協会員の使用人を自己の従業員として採用することは原則禁止です。（**難易度 C**）

19 ✕ 出向により受入採用する場合等については、この規制の対象外となっています。（**難易度 B**）

20 ✕ 処分の有無を照会する必要があります。（**難易度 B**）

21 ◯ （**難易度 A**）

□□□ 22 「仮名取引」とは、顧客が架空名義あるいは他人の名義を使用して、その取引の法的効果を得ようとする取引のことをいう。

□□□ 23 協会員の従業員が有価証券の取引について、顧客と損益をともにする場合には、あらかじめ当該顧客の承諾を得なければならない。

□□□ 24 協会員の従業員は、顧客から有価証券の売買注文を受けた場合において、当該顧客及び所属協会員から書面による承諾を受けた場合に限り、自己がその相手方となって売買を成立させることができる。

□□□ 25 協会員の従業員は、顧客の許可を得れば、自己の有価証券の売買その他の取引等について顧客の名義又は住所を使用することができる。

□□□ 26 協会員の従業員は、顧客から有価証券の名義書換え等の手続きの依頼を受けた場合において、所属する協会員を通じないでその手続きを行ってはならないが、顧客の名義書換えについて便宜上自己の名義を使用させることは認められている。

□□□ 27 協会員の従業員は、所属協会員から顧客に交付するために預託された業務に関する書類を遅滞なく当該顧客に交付しなければならない。

□□□ 28 協会員の従業員は、顧客の債務の立替えであれば、有価証券の売買その他の取引に関して、顧客と金銭、有価証券の貸借を行うことができる。

□□□ 29 協会員の従業員は、顧客から有価証券の売付けの注文を受ける場合において、原則として、当該有価証券の売付けが空売りであるか否かの別を確認したうえで注文を受けなければならない。

22 ◯ 従業員は、顧客から有価証券の売買その他の取引等の注文を受ける場合、本人名義以外の名義を使用していることを知りながら、その注文を受けてはなりません。ただし、名義人の配偶者及び二親等内の血族が名義人本人の取引としての注文であることを明示して取引を発注し、その確認が行われていれば本人名義の取引とみなされます。〔難易度 **C**〕

23 ✕ あらかじめ顧客の承諾をとっても、協会員の従業員が有価証券の取引について顧客と損益をともにすることは禁止されています。〔難易度 **C**〕

24 ✕ 協会員の従業員は、顧客から有価証券の売買注文を受けた場合、自己がその相手方となって売買を成立させることはできません。〔難易度 **B**〕

25 ✕ 協会員の従業員は、自己の有価証券の売買その他の取引等について顧客の名義又は住所を使用してはなりません。〔難易度 **C**〕

26 ✕ 顧客の名義書換えに自己の名義を使用させることは禁止されています。〔難易度 **C**〕

> 禁止行為は試験で頻繁に出題される重要ポイントです。しっかり押さえておきましょう。

27 ◯ 〔難易度 **C**〕

28 ✕ 協会員の従業員は、有価証券の売買その他の取引に関して、顧客の債務の立替えを行うことは禁止されています。〔難易度 **C**〕

29 ◯ 〔難易度 **B**〕

□□□ 30 協会員は、その従業員が有価証券等の性質又は取引の条件について、顧客を誤認させるような勧誘をすることのないよう指導、監督しなければならない。

テキスト P120 〔協会員の外務員の資格・登録等に関する規則〕- -

□□□ 31 一種外務員は、外務員のうち、外務員の職務のすべてを行うことができる者をいう。

□□□ 32 二種外務員が行うことができる外務員の職務の範囲には、投資信託の受益証券の募集に係るものは含まれない。

□□□ 33 二種外務員は、有価証券関連デリバティブ取引に係る外務員の職務を行うことができる。

□□□ 34 二種外務員が行うことができる外務員の職務の範囲には、選択権付債券売買取引に係るものは含まれない。

□□□ 35 二種外務員が行うことができる外務員の職務の範囲には、新株予約権証券に係るものが含まれる。

□□□ 36 二種外務員は、レバレッジ投資信託に係る外務員の職務を行うことはできるが、店頭デリバティブ取引に類する複雑な仕組債に係る外務員の職務を行うことはできない。

□□□ 37 二種外務員は、所属会員の一種外務員又は信用取引外務員の同行がある場合は、信用取引に係る外務員の職務を行うことができる。

30 ⭕ 協会員は従業員が以下の不適切行為を行わないよう指導・監督する必要があります。 （難易度 **C**）

> ・有価証券の売買その他の取引等において、銘柄、価格、数量、指値または成行の区別等、顧客の注文内容の確認を行わないまま注文を執行すること。
> ・有価証券等の性質や取引の条件について、顧客を誤認させるような勧誘を行うこと。
> ・有価証券の価格等について、騰貴または下落することに関し、顧客を誤認させるような勧誘を行うこと。
> ・顧客の注文の執行において、過失により事務処理を誤ること。

- -

31 ⭕ （難易度 **B**）

32 ❌ 投資信託の受益証券の募集は、二種外務員が行うことができる外務員の職務に含まれます。 （難易度 **B**）

33 ❌ 二種外務員は、有価証券関連デリバティブ取引に係る外務員の職務を行うことができません。 （難易度 **C**）

34 ⭕ （難易度 **B**）

35 ❌ 二種外務員が行うことができる外務員の職務の範囲に、新株予約権証券に係るものは含まれません。 （難易度 **B**）

36 ❌ 二種外務員は、店頭デリバティブ取引に類する複雑な仕組債、店頭デリバティブ取引に類する複雑な投資信託及びレバレッジ投資信託に係る外務員の職務については行えません。 （難易度 **C**）

37 ⭕ （難易度 **B**）

□□□ 38 二種外務員は、所属会員の一種外務員の同行がある場合に限り、有価証券関連デリバティブ取引等に係る外務員の職務を行うことができることとされている。

□□□ 39 外務員の種類ごとに定める一定の資格を有していれば、外務員の登録をしていなくても外務員の職務を行うことができる。

□□□ 40 一度、外務員として登録された者は、その登録が取り消されることはない。

□□□ 41 協会員は、外務員の登録を受けている者については、原則として5年目ごとに、協会の資格更新研修を受講させなければならない。

□□□ 42 受講義務期間内に外務員資格更新研修を受講することができなかった場合には、外務員資格更新研修を修了するまでの間、すべての外務員資格の効力が停止し外務員の職務を行うことができなくなる。

□□□ 43 受講義務期間の最終日の翌日から180日までの間に外務員資格更新研修を修了しなかった場合には、すべての外務員資格が取り消され、外務員の職務を行うことができなくなる。

テキスト
P122 〔有価証券の寄託の受入れ等に関する規則〕 - - - - - - - - - - - - -

□□□ 44 協会員が顧客から有価証券の寄託を受けることができるのは、顧客から有価証券の保管の委託を受け、その有価証券を顧客ごとに個別に保管する「単純な寄託契約」による場合に限定されている。

□□□ 45 協会員は、顧客から単純な寄託契約等により有価証券の寄託を受ける場合には、当該顧客と保護預り約款に基づく有価証券の寄託に関する契約を締結しなければならない。

38 ✕ 二種外務員は、所属会員の一種外務員が同行した場合でも、有価証券関連デリバティブ取引に係る注文を受託することはできません。〔難易度 **B**〕

39 ✕ 外務員の種類ごとに定める一定の資格を有していても、外務員の登録をしていなければ外務員の職務を行うことはできません。〔難易度 **C**〕

40 ✕ 協会は、登録を受けている外務員が欠格事由に該当したとき、金融商品取引業のうち外務員の職務又はこれに付随する業務に関し法令に違反したとき、その他外務員の職務に関して著しく不適当な行為をしたと認められるときは、その登録を取り消し、又は２年以内の期間を定めて外務員の職務の停止の処分を行うことができます。〔難易度 **C**〕

41 ◯ 〔難易度 **B**〕

42 ◯ 〔難易度 **B**〕

43 ◯ 〔難易度 **B**〕

- -

44 ✕ 協会員が顧客から有価証券の寄託を受けることができるのは、単純な寄託契約による場合の他に、委任契約による場合、混合寄託契約による場合、協会員が質権者である場合、消費寄託契約による場合があります。〔難易度 **B**〕

45 ◯ 〔難易度 **C**〕

□□□ 46 協会員は、顧客の保護預り口座を設定したときは、その旨を当該顧客に通知しなければならない。

□□□ 47 会員及び特別会員は、抽選償還が行われることのある債券について顧客から混合寄託契約により寄託を受ける場合には、事前に、その取扱方法（被償還者の選定方法等）を定めた社内規程について当該顧客の了承を得るものとされている。

□□□ 48 会員及び特別会員は、顧客から単純な寄託契約又は混合寄託契約により寄託を受けた有価証券は、すべてその口座により出納保管しなければならない。

□□□ 49 会員が、顧客から累積投資契約に基づく有価証券の寄託を受けるには、当該顧客と保護預り契約を締結しなければならない。

□□□ 50 保護預り証券は、原則として会員が保管する。

□□□ 51 協会員は、顧客が要求する都度又は顧客の債権債務の残高の変動や有価証券等の残高の変動がある都度、照合通知書により当該顧客に報告しなければならない。

□□□ 52 照合通知書に記載すべき事項として、寄託を受けている有価証券の残高及び預り金の残高がある。

□□□ 53 会員は、照合通知書による報告を行う時点で金銭及び有価証券等の残高がない顧客で、直前に行った報告以後1年に満たない期間においてその残高があったものについては、照合通知書により当該顧客に現在その残高がない旨の報告をしなければならない。

46 ◎ 協会員は、保護預り契約を締結するときは、顧客から保護預り口座設定申込書を受け入れ、保護預り口座を設定した場合は、顧客にその旨を通知しなければなりません。〔難易度 C〕

47 ◎ 抽選償還とは、抽選で償還する債券を決定して償還することです。〔難易度 B〕

48 ◎ 〔難易度 C〕

49 ✕ 累積投資契約に基づく有価証券の寄託については、保護預り契約を締結する必要はありません。〔難易度 B〕

50 ◎ 金融商品取引所又は決済会社の振替決済に係る証券については、決済会社で混合保管するものとされています。〔難易度 C〕

51 ✕ 照合通知書による顧客への報告は、顧客が要求する都度又は残高の変動がある都度行うのではなく、顧客の取引区分にしたがって、それぞれに定める頻度で行います。〔難易度 B〕

52 ◎ 〔難易度 B〕

53 ◎ 〔難易度 C〕

□□□ 54 照合通知書の作成は、広報部門又は営業部門が行う。

□□□ 55 照合通知書は、会員の検査、監査又は管理の担当部門で作成することとされており、顧客には、原則として店頭で直接交付することとされている。

□□□ 56 照合通知書を顧客に店頭で直接交付する場合でも、後日当該顧客の住所、事務所の所在地又は当該顧客が指定した場所に郵送しなければならない。

□□□ 57 会員は、契約締結時交付書面を交付するときは、顧客との直接連絡を確保する趣旨から、原則として当該顧客に直接手渡すこととされている。

テキスト
P126

〔広告等の表示及び景品類の提供に関する規則〕- - - - - - - - - - - - - - - - - - -

□□□ 58 協会員は、景品類の提供を行うときは、取引の信義則を遵守し、品位の保持を図るとともに、その適正な提供に努めなければならない。

□□□ 59 協会員は、広告等の表示又は景品類の提供を行うときは、広告等の表示又は景品類の提供の審査を行う内部管理責任者を任命し、禁止行為に違反する事実がないかどうかを内部管理責任者に審査させなければならない。

□□□ 60 従業員限りであっても複数の者で確認を行えば、広告等の表示を行うことができる。

54 ☒ 照合通知書の作成は、会員の検査、監査又は管理の担当部門で行う必要があります。 難易度 C

55 ☒ 照合通知書を交付するときには、顧客との連絡を確保する趣旨から、住所・事務所の所在地又は顧客の指定した場所に、原則として、郵送しなければなりません。 難易度 B

56 ☒ 店頭で直接交付すれば改めて郵送する必要はありません。 難易度 C

57 ☒ 契約締結時交付書面を交付するときも、遅滞なく、顧客の住所、事務所の所在地又は顧客の指定した場所に、原則として郵送しなければなりません。 難易度 C

58 ◯ 難易度 C

59 ☒ 正しくは、「内部管理責任者」ではなく、「広告審査担当者」です。 難易度 B

60 ☒ 協会員は、複数の者で確認を行ったとしても、広告審査担当者の審査を受けずに、従業員限りで広告等の表示又は景品類の提供を行うことは禁止されています。 難易度 C

□□□ 61 協会員は、広告等の表示及び景品類の提供の適正化を図るために、広告等の表示及び景品類の提供に係る審査体制、審査基準及び保管体制に関する社内規則を制定し、これを役職員に周知し、その遵守を徹底させなければならない。

テキスト P127 〔店頭有価証券に関する規則〕 -

□□□ 62 店頭有価証券とは、我が国の法人が国内において発行する取引所金融商品市場に上場されていない株券、新株予約権証券及び新株予約権付社債券をいう。

□□□ 63 店頭取扱有価証券とは、店頭有価証券のうち、継続開示会社又は一定レベル以上の開示ができる銘柄をいう。

□□□ 64 協会員は、店頭有価証券については、原則として顧客に対し投資勧誘を行ってはならない。

□□□ 65 協会員は、顧客から店頭取扱有価証券の取引の注文を受ける際は、その都度、当該有価証券が店頭取扱有価証券であることを明示し、募集等の取扱い等を行う場合には、有価証券届出書、目論見書又は会社内容説明書を取扱部店に備え置き、顧客の縦覧に供しなければならない。

テキスト P129 〔上場株券等の取引所金融商品市場外での売買等に関する規則〕 - - - - - - - - - - -

□□□ 66 協会は、公益又は投資者保護のために必要かつ適当であると認めるときは、会員が行う取引所外売買及び協会員が媒介等を行う取引所外売買を停止することができる。

61　◯　難易度 C

62　◯　難易度 B

63　◯　「継続開示会社または一定レベル以上の開示」とは、以下の要件のど
ちらかを満たしている場合をさします。 難易度 B

> ①金融商品取引法に基づき有価証券報告書を内閣総理大臣に提出していること
> ②会員などが投資勧誘を行う際の説明に用いる会社内容説明書を作成してい
> ること

64　◯　難易度 B

65　◯　難易度 A

66　◯　難易度 B

□□□ 67 会員は、同時に多数の者に対し、取引所金融商品市場外での上場株券等の売付け又は買付けの申込みを行ったときは、銘柄名、買いに係る申込みにあっては当該銘柄中最も高い価格を、売りに係る申込みにあっては当該銘柄中最も低い価格を、数量等と併せて協会に報告しなければならない。

□□□ 68 会員は、取引所外売買が成立したときは、銘柄名、売買価格、売買数量等を日本証券業協会に報告しなければならない。

テキスト P130 〔外国証券の取引に関する規則〕- -

□□□ 69 「外国証券の取引に関する規則」では、日本国内の取引所金融商品市場に上場されている外国証券に関する規則を定めている。

□□□ 70 「外国証券取引口座に関する約款」には、顧客の注文に基づく外国証券の売買等の執行、売買代金の決済、証券の保管、配当・新株予約権その他の権利の処理等について規定されている。

□□□ 71 協会員は、顧客との外国証券の取引について、公開買付けに対する売付けを取り次ぐ場合を除き、外国証券取引口座に関する約款の条項に従って行わなければならない。

□□□ 72 協会員が顧客との間で外国株券等の国内店頭取引を行うにあたっては、本国の外国有価証券市場における当該外国株券の前日の終値により取引を行わなければならない。

□□□ 73 協会員は、あらゆる外国投資信託証券を顧客（適格機関投資家を除く）に販売することができる。

67 ◯ 〔難易度 **B**〕

68 ◯ 〔難易度 **B**〕

- -

69 ✕ 「外国証券の取引に関する規則」は外国証券の取引のうち、国内店頭取引及び外国取引について定めたものです。国内の取引所金融商品市場における取引に関しては、国内委託取引として取引所の諸規則によって規制されることとなるため、この規則の対象から除かれています。〔難易度 **B**〕

70 ◯ 〔難易度 **B**〕

71 ◯ 〔難易度 **B**〕

72 ✕ 協会員が顧客との間で外国株券等、外国新株予約権証券及び外国債券の国内店頭取引を行うにあたっては、「社内時価（合理的な方法で算出された時価）」を基準とした適正な価格により取引を行わなければならないとされています。〔難易度 **B**〕

73 ✕ 協会員が顧客（適格機関投資家を除く）に勧誘することにより販売等ができる外国投資信託証券は、外国投資信託証券に係る制度及び開示について法令等が整備されていること等の要件を満たす国又は地域で設立され、募集の取扱い又は売出しに該当する場合は、外国投資信託受益証券及び外国投資証券ごとにそれぞれ規定されている選別基準に適合しており、投資者保護上問題がないと協会員が確認した外国投資信託証券であることとされています。〔難易度 **C**〕

□□□ 74 協会員は、外国投資信託証券が選別基準に適合しなくなった場合でも、顧客から買戻しの取次ぎや解約の取次ぎの注文があったときは、これに応じなければならない。

□□□ 75 協会員は、外国投資信託証券を販売した顧客に対しては、原則としてその外国投資信託証券に関する決算報告書その他の書類を送付しなければならない。

テキスト P133 〔その他の規則〕 -

□□□ 76 協会員は、法人関係情報の管理に関し、その情報を利用した不公正取引が行われないよう、法人関係情報を取得した際の手続に関する事項等について規定した社内規則を定めなければならない。

□□□ 77 法人関係情報を取得した役職員は、当該情報を営業部門に報告し、情報を共有しなくてはならない。

□□□ 78 会員は、相手方が反社会的勢力であることを知りながら、当該相手方への資金の提供その他の便宜の供与を行ってはならない。

□□□ 79 会員は、初めて有価証券の売買その他の取引等に係る顧客の口座を開設しようとする場合は、あらかじめ、当該顧客から反社会的勢力でない旨の確約を受けなければならない。

□□□ 80 協会員は、特定投資家以外の顧客に対して行う上場CFD取引の勧誘に関して、勧誘受諾意思の確認義務と再勧誘の禁止が適用される。

74 ◯ 〔難易度 B〕

75 ◯ 〔難易度 B〕

---

76 ◯ 〔難易度 B〕

77 ✕ 協会員は、法人関係情報を取得した役職員に対し、当該取得した法人関係情報を直ちに管理部門に報告するなど法人関係情報を取得した際の管理のために必要な手続きを定めなければなりません。〔難易度 B〕

78 ◯ 〔難易度 C〕

79 ◯ 〔難易度 B〕

80 ◯ 〔難易度 B〕

□□□ 81 次のうち、「顧客カード」に記載すべき事項に該当するものの番号を2つ選びなさい。

1　顧客となった動機
2　本籍地
3　家族構成
4　資産の状況
5　不動産投資経験の有無

□□□ 82 次のうち、「内部者登録カード」に記載すべき事項として誤っているものの番号を2つ選びなさい。

1　家族構成及び続柄
2　住所又は所在地及び連絡先
3　本籍地
4　氏名又は名称
5　会社名、役職名及び所属部署

81 1、4 （難易度 B）

「顧客カード」の記載事項は、以下のとおりです。

- ・氏名または名称
- ・住所または所在地及び連絡先
- ・生年月日
- ・職業
- ・投資目的
- ・資産の状況
- ・投資経験の有無
- ・取引の種類
- ・顧客となった動機
- ・その他各協会員において必要と認める事項

82 1、3 （難易度 B）

「内部者登録カード」の記載事項は、以下のとおりです。

- ・氏名または名称
- ・住所または所在地及び連絡先
- ・生年月日
- ・会社名、役職名及び所属部署
- ・上場会社等の役員等に該当することとなる上場会社等の名称及び銘柄コード

□□□ 83 次のうち、「広告等の表示及び景品類の提供に関する規則」におい
て規定される協会員が行ってはならない広告等の表示に該当するも
のはどれか。イロハの中から正しく選んでいるものの番号を1つ選
びなさい。

イ　協会員としての品位を損なうもの
ロ　判断、評価等が入る場合において、その根拠を明示しないもの
ハ　協会員間の公正な競争を妨げるもの

1　正しいのはイのみである。
2　正しいのはロのみである。
3　正しいのはハのみである。
4　正しいのはイ、ロである。
5　正しいのはイ、ロ、ハである。

テキスト5章6節「広告等の表示及び
景品類の提供に関する規則」の禁止行
為をしっかり押さえておきましょう。

5 章

協会定款・諸規則

6章
金融商品取引法

試 験 対 策

金融商品取引法（金商法）上の有価証券の判別問題、金融商品取引業の定義を問う問題は得点できるようにしましょう。また、外務員制度もよく出題されます。金融商品取引業者に対する行為規制や市場阻害行為の規制も出題の肝です。特に内部者取引の規制は重要です。情報開示制度では届出や各種書類についてしっかり押さえてください。「株券等の大量保有の状況に関する開示制度」では制度の細部まで問われるので注意が必要です。配点が高く、合格のカギを握る科目です。

推定配点&出題形式

○×問題：6問（12点）

5肢選択問題：2問（20点）

計**32**点／440点満点中

※配点・出題形式についてはフィナンシャル バンク インスティチュートの推定です。

◯×問題

テキスト P136 〔総論〕 -

□□□ **1** 金融商品取引法上の有価証券には、資産流動化法に規定する特定社債券や海外CDも含まれる。

□□□ **2** 金融商品取引法上の有価証券には、貸付信託の受益証券やカバード・ワラントも含まれる。

□□□ **3** 金融商品取引法上の有価証券には、株券や債券のほか、支払手形や小切手も含まれる。

□□□ **4** 有価証券の券面に表示されるべき権利は、証券が発行されていないものは、金融商品取引法上の有価証券とはみなされない。

□□□ **5** 金融商品取引法は、金融商品取引業を行う者に関し必要な事項を定めること等により、金融商品取引業者の最大の利益に資することを目的とする。

テキスト P139 〔金融商品取引業者〕 -

□□□ **6** 有価証券等清算取次ぎとは、対象取引に基づく債務を金融商品取引清算機関又は外国金融商品取引清算機関に負担させることを条件に、顧客の委託を受けて、当該顧客を代理して取引を成立させる等の業をいう。

□□□ **7** 有価証券の引受けとは、有価証券の募集若しくは売出し又は私募若しくは特定投資家向け売付け勧誘等に際し、その有価証券を取得させることを目的として、その有価証券の全部又は一部を取得（買取引受け）する契約を結ぶことであり、売れ残りがあった場合にそれを取得する残額引受けは契約の中に含まれない。

- -

1 ◯ （難易度 **B**）

2 ◯ （難易度 **B**）

3 ✕ 金融商品取引法上の有価証券には、支払手形や小切手は含まれません。
（難易度 **B**）

4 ✕ 有価証券の券面に表示されるべき権利は、証券が発行されていなくて
も、金融商品取引法上の有価証券とみなされます。
（難易度 **C**）

5 ✕ 金融商品取引法の目的は、国民経済の健全な発展及び投資者の保護に
資することにあります。（難易度 **B**）

- -

6 ◯ （難易度 **B**）

7 ✕ 売れ残りがあった場合にそれを取得する残額引受けも契約の中に含ま
れます。（難易度 **B**）

6章｜金融商品取引法

☐☐☐ 8 金融商品取引業者が有価証券の元引受けを行う場合には、第一種金融商品取引業を行う者として内閣総理大臣の認可を受けなければならない。

☐☐☐ 9 有価証券の売出しとは、新たに発行される有価証券の取得の申込みの勧誘のうち、第一項有価証券については勧誘対象者が50名以上である場合、第二項有価証券については500名以上の者が所有することとなる取得勧誘のことをいう。

☐☐☐ 10 有価証券の募集又は売出しの取扱いにおいて、勧誘対象者が50名未満であるものや適格機関投資家のみであっても、転売制限を満たしていない場合は、これらの勧誘は募集に該当する。

☐☐☐ 11 金融商品取引業者が私設取引システム（PTS）運営業務を行う場合には、内閣総理大臣へ届出を行わなければならない。

☐☐☐ 12 有価証券の引受けは、第一種金融商品取引業に含まれる。

☐☐☐ 13 金融商品取引業は、内閣総理大臣から免許を受けた者でなければ、行うことができない。

☐☐☐ 14 金融商品取引業を開業しようとする者は、誰でも登録申請を行い登録を受けることができる。

☐☐☐ 15 金融商品取引業を営むことができるのは、一定の要件を満たした法人に限られる。

☐☐☐ 16 金融商品取引業者は、営業所外で外務行為を行う者については、外務員登録を行わなければならないが、営業所内で外務行為を行う者については、外務員の登録を要しない。

8 ✕ 元引受けを行うには、第一種金融商品取引業を行う者として内閣総理大臣の登録を受けます。〔難易度 **B**〕

9 ✕ 有価証券の売出しとは、すでに発行された有価証券の場合をいいます。新たに発行される有価証券の取得の申込み勧誘を、有価証券の募集といいます。〔難易度 **B**〕

10 ◯ 〔難易度 **A**〕

11 ✕ PTS運営業務を行う場合には内閣総理大臣の認可が必要です。〔難易度 **B**〕

12 ◯ 〔難易度 **C**〕

13 ✕ 「免許」ではなく「登録」を受けた者です。〔難易度 **C**〕

14 ✕ 金融商品取引業を開業しようとする者は、一定の要件を満たしていなければ登録を受けることはできません。〔難易度 **B**〕

15 ✕ 第二種金融商品取引業及び投資助言・代理業については個人が行うこともできます。〔難易度 **B**〕

16 ✕ 営業所内で外務行為を行う者についても、外務員登録が必要です。〔難易度 **C**〕

□□□ **17** 金融商品取引業者は、投資者保護上問題がないと認められる場合には、登録を受けた外務員以外の者にも外務員の職務を行わせることができる。

□□□ **18** 金融商品取引業者は、その役員又は使用人のうち、その金融商品取引業者のために有価証券の売買やその勧誘などを行う者については、すべて外務員として日本証券業協会に備える外務員登録原簿に登録をしなければならない。

□□□ **19** 内閣総理大臣は、外務員が欠格事由のいずれかに該当することとなった場合、登録の取消し又は2年以内の職務停止を命じることができる。

□□□ **20** 一度登録を受けた外務員は、いかなる場合も登録を取り消されることはない。

□□□ **21** 金融商品取引業者等は、登録を受けている外務員が退職その他の理由により外務員の職務を行わないこととなったときは、遅滞なくその旨を内閣総理大臣（金融庁長官）に届け出なければならない。

□□□ **22** 外務員は、その所属する金融商品取引業者等に代わって、有価証券の売買等法律に規定する行為に関し、一切の裁判上及び裁判外の行為を行う権限を有するものとみなされる。

□□□ **23** 金融商品取引業者等は、当該金融商品取引業者等に所属する外務員の負った債務について直接履行責任を負う必要はない。

□□□ **24** 金融商品取引業者等は、金融商品取引法に違反する悪質な行為を外務員が行った場合、その行為が代理権の範囲外であれば、その監督責任を免れることができる。

17 ✕ 金融商品取引業者は、いかなる場合であろうと登録外務員以外の者に外務員の職務を行わせてはなりません。(難易度 **C**)

18 ◯ (難易度 **C**)

19 ◯ (難易度 **B**)

20 ✕ 欠格事由に該当することとなった場合等には、登録を取り消されることがあります。(難易度 **C**)

21 ◯ (難易度 **C**)

22 ✕ 裁判上の行為を行う権限は有しません。(難易度 **B**)

23 ✕ 金融商品取引業者等は、当該金融商品取引業者等に所属する外務員の負った債務については、直接履行責任を負うこととなります。(難易度 **C**)

24 ✕ 金融商品取引業者等は、金商法に違反する悪質な行為を外務員が行った場合に、そうした行為が代理権の範囲外であることを理由としてその監督責任を免れることはできません。(難易度 **B**)

□□□ 25 金融商品取引業者等は、外務員の行った営業行為について責任を負うが、相手方である顧客に悪意があるときには金融商品取引業者等の責任は免責される。

テキスト P145 〔金融商品取引業の行為規制〕- -

□□□ 26 金融商品取引業者等が広告等を行う場合、広告等には当該金融商品取引業者等の商号や名称、氏名などを表示しなければならないが、当該金融商品取引業者等の登録番号は表示する必要はない。

□□□ 27 広告規制の対象となる広告等は、郵便、信書便、ファクシミリ、電子メール又はビラ・パンフレットの配布等の多数の者に対して同様の内容で行う情報の提供であれば、その範囲に含まれる。

□□□ 28 広告等の表示事項には、手数料等、元本の損失のおそれがあることや元本を上回る損失が生じるおそれがある旨があるが、その理由等については特に義務付けられていない。

□□□ 29 広告等におけるリスク情報については、当該広告で使用される最も大きな文字・数字と著しく異ならない大きさで表示しなければならない。

□□□ 30 金融商品取引業者等は、金融商品取引契約を締結しようとするときは、あらかじめ、すべての顧客に対して契約締結前交付書面を交付しなければならない。

□□□ 31 金融商品取引所に上場されている有価証券の売買等（デリバティブ取引・信用取引等を除く）については、金融商品取引契約の締結前1年以内にその顧客に対して上場有価証券等書面を交付していれば、契約締結前交付書面を交付する必要はない。

25 ◯ （難易度 B）

---

26 ✕ 金融商品取引業者等の登録番号も表示しなければなりません。
（難易度 C）

27 ◯ （難易度 C）

28 ✕ 手数料等、元本損失のおそれがあることや元本を上回る損失が生じる
おそれがある旨や、その原因となる指標やその理由についても表示し
なければいけません。（難易度 B）

29 ◯ （難易度 B）

30 ✕ 顧客が特定投資家である場合は除かれます。（難易度 B）

31 ◯ （難易度 A）

□□□ 32 契約締結前交付書面にクーリング・オフの規定の適用の有無について記載する際は、枠の中に12ポイント以上の大きさの文字・数字を用いて明瞭・正確に記載することが義務付けられている。

□□□ 33 金融商品取引業者等は、金融商品取引契約が成立したときは、遅滞なく、内閣府令で定めるところにより、必ず契約締結時交付書面を作成し、これを顧客に交付しなければならない。

□□□ 34 契約締結時の書面交付義務に違反した場合には、行政処分の対象になるほか、違反行為者と金融商品取引業者等の両方が処罰の対象になる。

□□□ 35 個人向けの店頭デリバティブ取引の勧誘にあたっては、不招請勧誘及び再勧誘が禁止されている。

□□□ 36 金融商品取引業者等又はその役員若しくは使用人は個人向けの店頭デリバティブ取引について、金融商品取引契約を締結しない旨の意思を表示した者に対して、当該契約の勧誘を継続してはならない。

□□□ 37 金融商品取引業者等は、最良執行方針等を定めれば、顧客の注文を受ける際に最良執行方針等を記載した書面を交付する必要はない。

□□□ 38 金融商品取引業者等は、顧客から預託を受けた有価証券について、自己の固有財産として管理しなければならない。

□□□ 39 金融商品取引業者等は、金融商品取引業を廃止した場合等に顧客に返還すべき金銭を、顧客分別金として取引所に届け出なければならない。

□□□ 40 金融商品取引業者等が顧客の損失を補填するため、財産上の利益を提供する行為は、顧客からの要求があった場合のみ認められている。

32 ◯ （難易度 **B**）

33 ✕ その金融商品取引契約の内容その他の事情を勘案し、書面を顧客に交付しなくても公益又は投資者保護のため支障を生ずることがないと認められるものは、この限りではありません。（難易度 **B**）

34 ◯ （難易度 **B**）

35 ◯ （難易度 **A**）

36 ◯ （難易度 **C**）

37 ✕ 金融商品取引業者等は、最良執行方針等を定めた上で、顧客の注文を受ける際に最良執行方針等を記載した書面を交付する必要があります。（難易度 **B**）

38 ✕ 自己の固有財産と分別して管理しなければなりません。（難易度 **C**）

39 ✕ 顧客分別金として、信託会社等に信託しなければなりません。（難易度 **C**）

40 ✕ 顧客からの要求があった場合も禁止されています。（難易度 **B**）

□□□ 41 金融商品取引業者等が、有価証券の売買等について顧客に損失が生ずることとなり、又はあらかじめ定めた額の利益が生じないこととなった場合には、これを補塡し又は補足するために財産上の利益を提供する旨を、当該顧客に対しあらかじめ申込み又は約束する行為は、実際に利益を提供しなければ禁止の対象とならない。

□□□ 42 有価証券の売買その他の取引等について生じた顧客の損失を補塡し、又は利益を追加するため、当該顧客に対し、財産上の利益を提供する行為は、金融商品取引業者等が第三者を通じて行った場合でも禁止の対象となる。

□□□ 43 金融商品取引業者等が、特定投資家との間で取引を行う場合は、すべての行為規制は適用除外とされている。

□□□ 44 金融商品取引業者等が、特定投資家との間で取引を行う場合は、契約締結前書面を交付する必要はないとされている。

□□□ 45 金融商品取引業者等は、内閣総理大臣に届け出ることにより、自己の名義をもって、他人に金融商品取引業を営ませることができる。

□□□ 46 有価証券関連業務を行う金融商品取引業者は、社債管理者又は担保付社債信託契約の受託会社になることができる。

□□□ 47 金融商品取引業者が、引受けに関する自己の取引上の地位を維持し又は有利ならしめるため、著しく不適当と認められる数量、価格その他の条件により有価証券の引受けを行うことは禁じられている。

□□□ 48 有価証券の引受人となった金融商品取引業者は、その有価証券を売却する場合において、引受人となった日から3か月を経過する日までは、その買主に対し買付代金を貸し付けてはならないものとされている。

41 ✕ 損失補填を実行しなくても、損失発生前の補填等の申込みや約束をすること自体が禁止されています。〔難易度 **B**〕

42 ◯ 〔難易度 **C**〕

43 ✕ 特定投資家との間で取引を行う場合でも、損失補填の禁止や断定的判断の提供の禁止といった市場の公正確保を目的とする行為規制は適用除外とはなりません。〔難易度 **B**〕

44 ◯ この場合、適用除外とされるのは、契約締結前の書面交付義務等以外に、最良執行方針等記載事項の事前交付義務、情報格差の是正を目的とする行為規制があります。〔難易度 **B**〕

45 ✕ 金融商品取引業者等は、自己の名義をもって、他人に金融商品取引業を営ませる名義貸しは禁止されています。〔難易度 **C**〕

46 ✕ 有価証券関連業務を行う金融商品取引業者は、社債管理者又は担保付社債信託契約の受託会社になることはできません。〔難易度 **B**〕

47 ◯ 〔難易度 **B**〕

48 ✕ 有価証券の引受人となった金融商品取引業者は、その有価証券を売却する場合において、引受人となった日から6か月を経過するまでは、その買主に対し買付代金を貸し付けてはならないとされています。
〔難易度 **B**〕

□□□ 49 不特定多数の投資者から委任を受けて一括して売買等の発注を行う投資顧問業者ないし投資グループ等から注文を受ける場合は、相手が専門的な知識を有していることから、当該不特定多数の投資者の意思を確認する必要はない。

□□□ 50 金融商品取引業者等又はその役職員が、顧客に断定的判断を提供して勧誘することの禁止規定は、当該顧客の有価証券の買付けに係る勧誘についてのみ適用され、当該顧客の有価証券の売付けに係る勧誘については適用されない。

□□□ 51 断定的判断を提供した業者は、それによって顧客が被った損害を賠償する責任を負うこととなっている。

□□□ 52 「誤解を生ぜしめる表示」とは、積極的に誤解を生じさせるような表現がこれにあたり、特に必要な表示を欠くような場合はこれに含まれない。

□□□ 53 虚偽表示行為等は禁止されているが、この「表示」には、口頭、文書及び図画が該当し、放送や映画等による表示は含まれない。

□□□ 54 金融商品取引契約の締結又はその勧誘に関し、虚偽の表示をし、又は投資家の投資判断に重大な影響を及ぼす重要な事項について誤解を生ぜしめるような表示をすることは禁じられているが、これは表示行為自体を禁止しており、故意・過失の有無を問わないとされている。

□□□ 55 金融商品取引につき、顧客に対して特別の利益を提供することを約して勧誘することは禁止されているが、公開株を優先的に割り当てる等の行為は特別の利益提供に該当する。

49 ✕ あらかじめ、その投資者の意思を確認しなければなりません。
（難易度 **C**）

50 ✕ 断定的判断を提供して勧誘することの禁止規定は、有価証券の買付け
に係る勧誘及び売付けに係る勧誘の両方について適用されます。
（難易度 **C**）

51 ◯ 「必ず」とか「きっと」といった断定的な表現を使って勧誘すること
自体が違法行為となります。結果的に的中して顧客の利益につながっ
たとしても違法です。（難易度 **B**）

52 ✕ 特に必要な表示を欠く不作為もこれに含まれます。（難易度 **C**）

53 ✕ 禁止される表示方法には、口頭、文書及び図画だけでなく、放送や映
画等による表示も含まれます。（難易度 **C**）

54 ◯ （難易度 **B**）

55 ◯ 公開株を優先的に割り当てるとか、不当に安い値段で有価証券を
販売することを特約することなどが、特別の利益提供にあたります。
（難易度 **B**）

□□□ 56 金融商品取引業者等又はその役職員は、金融商品取引につき、顧客若しくはその指定した者に対して特別の利益を提供することを約束して勧誘してはならないが、特別の利益には社会通念上サービスと考えられるものも含まれる。

□□□ 57 金融商品取引業者等又はその役職員が、特定かつ少数の銘柄の有価証券又はデリバティブ取引を不特定かつ多数の顧客に対し、その売買等を一定期間継続して一斉かつ過度に勧誘し、公正な価格形成を損なうおそれがある行為をすることは、その銘柄が現にその金融商品取引業者等が保有している有価証券である場合を除き、禁止されている。

□□□ 58 金融商品取引業者等は、顧客から有価証券の買付けの委託を受けて、その委託売買を成立させる前に自己の計算において、当該有価証券と同一の銘柄の売買を成立させることを目的として、その顧客の委託価格と同一又はそれよりも低い価格で買付けをする行為は禁止されている。

□□□ 59 金融商品取引業者等又はその役職員が、主観的な目的の有無を問わず、特定の銘柄の有価証券等について、実勢を反映しない作為的相場が形成されることと知りながら、売買取引の受託等を行うことは禁止されている。

□□□ 60 金融商品取引業者等の役職員が、自己の職務上の地位を利用して顧客の有価証券の売買等に係る注文の動向その他職務上知り得た特別な情報に基づいて有価証券の売買等を行うことは、投機的利益を得る目的がなければ禁止されない。

□□□ 61 金融商品取引業者等は、自己又はその取締役若しくは執行役との間における取引を行うことを内容とした運用、いわゆる自己取引を行うことは善管注意義務に反するため、いかなる場合も禁止されている。

56 ☒ 特別の利益には、社会通念上サービスと考えられるものは含まれません。難易度B

57 ☒ その銘柄が現にその金融商品取引業者等が保有している有価証券である場合は、特に厳しく禁止されています。難易度B

58 ◯ この行為は、金融商品取引業者の注文が顧客注文の前（front）を走っているとの意味で、フロントランニングといわれます。難易度B

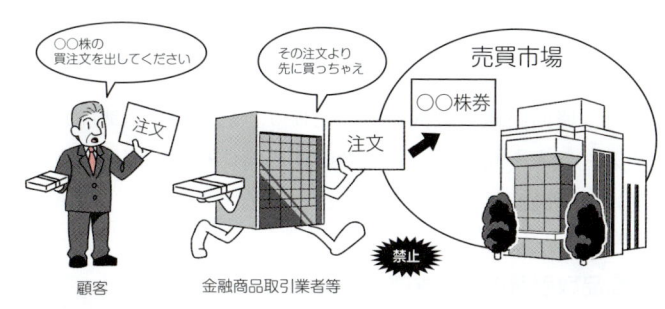

○○株の買注文を出してください

その注文より先に買っちゃえ

売買市場

○○株券

注文

注文

禁止

顧客　　金融商品取引業者等

59 ◯ 難易度B

60 ☒ 役職員の地位利用売買は、投機的利益を得る目的がなくても禁止されています。難易度C

61 ☒ 自己取引を行う行為は、原則禁止ですが、一定の例外があります。難易度B

□□□ 62 金融商品取引業者等は、運用財産相互間において取引を行うことを内容とした運用を行うことは、投資者の不利益とならない場合など一定の場合を除き禁止されている。

□□□ 63 金融商品取引業者等は、投資信託契約を結び当該信託財産を運用する場合、特定の運用財産については、権利者のために運用を行う権限の全部又は一部を他の金融商品取引業者等に委託することができる。

□□□ 64 銀行は、金融商品仲介行為を行うことができる。

□□□ 65 登録金融機関又はその役職員は、金銭を貸し付けることを条件として、有価証券の売買の受託等を行うことができる。

□□□ 66 銀行、協同組織金融機関その他政令で定める金融機関以外の者は、法人・個人を問わず、一定の要件を満たせば内閣総理大臣の登録を受けて金融商品仲介業を営むことができる。

テキスト P159〔金融商品取引所の適切な運営の確保〕 -

□□□ 67 投資者保護基金の会員となる者は金融商品取引業者に限定されるが、第一種金融商品取引業者は原則としていずれか1つの基金に加入しなければならない。

□□□ 68 投資者保護基金の補償対象者には、適格機関投資家は含まれない。

□□□ 69 投資者保護基金の補償限度額は、顧客1人当たり3,000万円とされている。

□□□ 70 投資者保護基金の補償対象となる債権に、信用取引に係る保証金及び保証金代用有価証券は含まれない。

□□□ 71 投資者保護基金の補償対象となる債権には、不法行為に基づく損害賠償請求権は含まれない。

62 ◯ 運用財産間取引は原則禁止ですが、投資者保護が確保され、もしく
は取引の公正を害するものではなく、又は金融商品取引業の信用を
失墜させるおそれがないと内閣府令で定めるものは除外されます。
（難易度 B）

63 ◯ （難易度 B）

64 ◯ （難易度 B）

65 ✕ 問題文のような信用の供与を利用した抱き合わせ的行為は禁止されて
います。（難易度 C）

66 ◯ （難易度 C）

67 ◯ （難易度 B）

68 ◯ （難易度 B）

69 ✕ 補償限度額は顧客1人当たり1,000万円とされています。（難易度 B）

70 ✕ 投資者保護基金の補償対象となる債権には、先物取引の証拠金、信用
取引の保証金（金銭・代用有価証券）などがあります。（難易度 B）

71 ◯ （難易度 B）

□□□ 72 株式会社金融商品取引所の株主となるための資格には、金融商品取引法上の制限はない。

□□□ 73 証券金融会社が行う一般貸付けとは、金融商品取引業者又はその顧客に対し、有価証券又は金銭を担保として金銭又は有価証券を貸し付けることをいう。

□□□ 74 金融商品取引清算機関とは、信用取引の決済に必要な金銭又は有価証券を、その金融商品取引所が開設する取引所金融商品市場の決済機構を利用して貸し付ける業務を行う会社で、内閣総理大臣の免許を受けた者のことである。

テキスト P161 〔市場阻害行為の規制〕 ------------------------------------

□□□ 75 有価証券の売買について、不正の手段、計画又は技巧などの不公正取引を行った場合、課徴金制度のみが適用され、刑事罰は科されない。

□□□ 76 何人も有価証券の売買その他の取引又はデリバティブ取引等を誘引する目的で虚偽の相場を利用してはならない。

□□□ 77 何人も、有価証券の募集、売出し、売買その他の取引若しくはデリバティブ取引等のため、又は有価証券等の相場の変動を図る目的をもって、風説を流布し、偽計を用い、又は暴行若しくは脅迫をしてはならない。

□□□ 78 仮装取引とは、自己が行う売付け若しくは買付け又はデリバティブ取引の申込みと同時期に、それと同価格で他人がその金融商品の買付け若しくは売付け又はデリバティブ取引の申込みを行うことを、あらかじめその者と通謀して、その売付け若しくは買付け又はデリバティブ取引の申込みを行うことである。

72 ✕ 金融商品取引法上の制限があります。 (難易度 **B**)

73 ◯ (難易度 **C**)

74 ✕ 記述は証券金融会社の説明です。金融商品取引清算機関は、内閣総理大臣の免許又は承認を受け、金融商品債務引受業等及びこれに付帯する業務を行う者です。 (難易度 **B**)

---

75 ✕ 有価証券の売買について、不正の手段、計画又は技巧などの不公正取引を行った場合、刑事罰が科されます。

76 ◯ (難易度 **C**)

77 ◯ (難易度 **C**)

78 ✕ 問題文は馴合取引のことです。仮装取引とは、上場有価証券等の売買、市場デリバティブ取引や店頭デリバティブ取引について、取引状況に関し他人に誤解を生じさせる目的をもって、権利の移転、金銭の授受等を目的としない仮装の取引（例えば実際にはある銘柄の売注文を出しながら、別の金融商品取引業者から同一人物が同じ銘柄の買注文を出すといった取引）をすることをいいます。 (難易度 **B**)

□□□ 79 上場有価証券の売買、市場デリバティブ取引又は店頭デリバティブ取引（有価証券売買等）のいずれかの取引を誘引する目的をもって、有価証券売買等が繁盛であると誤解させ、又は取引所金融商品市場における上場金融商品等の相場を変動させるべき一連の有価証券売買等又はその申込み、委託等若しくは受託等をすることは、相場操縦として禁止されている。

□□□ 80 約定の意図なく、架空の注文を発注・取消しを繰り返し、あたかも取引が活発であると見せかけ第三者の取引を誘引する、いわゆる見せ玉は相場操縦行為として禁止されている。

□□□ 81 安定操作取引はいかなる場合も行ってはならない。

□□□ 82 上場会社の会社関係者がその会社の重要事実を知って、その重要事実が公表される前にその会社の株券を買い付け、公表後に売却したが損失があった場合は規制の対象とならない。

□□□ 83 上場会社等の業務に関する重要事実が公表される前に、会社関係者がその職務に関して知った場合には、会社関係者でなくなった後1年間は、その間に重要事実が公表された後でも、当該会社の発行する上場株券等の売買をしてはならない。

□□□ 84 内部者取引の規制の対象となる会社関係者の範囲には、その上場会社の子会社の役員は含まれない。

□□□ 85 内部者取引の要件における重要事実には、子会社に生じた重要事実は含まれない。

□□□ 86 上場会社の業務を執行する機関が、いったんは重要事実に当たる募集株式の発行を決定し、公表したが、その後当該新株式の発行を中止する決定をした場合には、その中止の決定は重要事実には当たらない。

79 ◯ （難易度 **C**）

80 ◯ （難易度 **C**）

81 ✕ 安定操作取引は、一定の要件を満たす場合には行うことができます。
（難易度 **B**）

82 ✕ このような行為は、売却後に損失が出たとしても内部者取引に該当し、
規制の対象となります。（難易度 **B**）

83 ✕ 重要事実が公表された後は、当該会社の発行する上場株券等の売買を
することができます。（難易度 **B**）

84 ✕ その上場会社の子会社の役員も内部者取引における会社関係者の範囲
に含まれます。（難易度 **B**）

85 ✕ 子会社に生じた重要事実も含まれます。（難易度 **B**）

86 ✕ いったん行うと決定した事項（重要事実にあたる募集株式の発行な
ど）を行わないことを決定した場合も重要事実に該当します。
（難易度 **B**）

□□□ 87 「合併」や「会社の分割」は、金商法に定める内部者取引の規制に係る上場会社等の業務等に関する重要事実に該当する（いわゆる軽微基準は考慮しない）。

□□□ 88 上場会社の子会社の業務執行を決定する機関が、他社に当該子会社の事業の一部を譲渡することを決定することは、当該上場会社の業務等に関する重要事実に当たる（いわゆる軽微基準は考慮しない）。

□□□ 89 内部者取引の規制に係る上場会社の主要株主とは、株主名簿で保有株数の多い上位10位までの株主をさす。

□□□ 90 上場会社等の業務等に関する重要事実は、当該上場会社の代表取締役などから当該重要事実を公開することを委任された者により、当該重要事実が日刊紙を販売する新聞社や通信社又は放送機関等の2つ以上の報道機関に対して公開され、かつ、公開されたときから6時間経過すれば公表されたと認められる。

□□□ 91 上場会社等の業務等に関する重要事実が公表されたとみなされる事実の1つに、その重要事実が記載された有価証券届出書が公衆の縦覧に供された場合がある。

□□□ 92 金融商品取引所に上場されている株券などの発行者である会社の役員及び主要株主（総株主等の議決権の100分の10以上の議決権を保有する株主）は、自己の計算でその上場会社等の特定有価証券等の売買を行った場合は、利益が出ていなければ、その内容についての報告書を内閣総理大臣に提出する必要はない。

□□□ 93 上場会社等の役員又は主要株主が、当該上場会社等の特定有価証券等について、自己の計算においてその買付け等をした後1年以内に売付け等をし、又は売付け等をした後1年以内に買付け等をして利益を得たときは、当該上場会社等はその者に対し、得た利益の提供を請求することができる。

87 ◯ 〔難易度 **B**〕

88 ◯ 〔難易度 **B**〕

89 ✕ 内部者取引の規制に係る上場会社の主要株主とは、総株主等の議決権の100分の10以上の議決権を保有している株主をいいます。〔難易度 **B**〕

90 ✕ 公開されたときから12時間以上の経過が必要です。〔難易度 **B**〕

91 ◯ 〔難易度 **B**〕

92 ✕ 利益が出ていなくても、報告書を内閣総理大臣に提出する必要があります。〔難易度 **B**〕

93 ✕ 「1年」ではなく「6か月」が正解です。〔難易度 **A**〕

〔情報開示（ディスクロージャー）制度〕- -

□□□ 94 企業内容等開示制度の対象となる有価証券は、基本的に募集又は売出しの行われる有価証券であり、投資信託の受益証券、金融債及び事業債等の債券等がある。

□□□ 95 有価証券の募集又は売出しは、発行者がその募集又は売出しに関し、内閣総理大臣に届出をしているものでなければすることができないが、すでに当該有価証券に関して開示が行われている場合における売出しにおいても、内閣総理大臣への届出が必要である。

□□□ 96 株券等の発行会社から提出された届出書を内閣総理大臣が受理すると、原則として、その日から15日を経過した日に届出の効力が発生するが、実際にその有価証券を取得させたり、売り付けたりすることはまだできない。

□□□ 97 目論見書は、有価証券の募集又は売出しのために使用される勧誘文書であり、その募集又は売出しの取扱いを行う金融商品取引業者は必ずこれを作成しなければならないものとされている。

□□□ 98 金融商品取引業者等は、有価証券の募集又は売出しに際して、適格機関投資家に取得させ、又は売り付ける場合は、目論見書を交付しなくてもよいとされている。

□□□ 99 金融商品取引業者等は、届出を要する有価証券を募集又は売出しにより取得させ又は売り付ける場合には、目論見書をできる限り早く投資者に交付しなければならない。

□□□ 100 発行登録制度とは、有価証券の募集又は売出しを1回以上予定している発行者であって参照方式が適用される会社は、内閣府令で定める発行予定期間における有価証券の発行予定額等を記載した発行登録書を提出し登録しておけば、発行の都度、内閣総理大臣に届出書を提出することを要しない制度のことである。

94 ✖ 国債証券、地方債証券、金融債、政府保証債等は、企業内容等開示制度の対象ではありません。 （難易度 B）

95 ✖ すでにその有価証券に関して開示が行われている売出しについては、内閣総理大臣への届出は不要です。 （難易度 B）

96 ✖ 届出の効力が発生した日から、実際にその有価証券を取得させたり、売り付けたりすることができます。 （難易度 B）

97 ✖ 目論見書は有価証券の発行会社が作成するものです。

98 ◯ （難易度 C）

99 ✖ 目論見書（交付目論見書）をあらかじめ又は同時に投資家に交付しなければなりません。 （難易度 B）

100 ◯ （難易度 A）

□□□ 101 有価証券報告書を提出しなければならないのは金融商品取引業者のみである。

□□□ 102 有価証券報告書において記載される財務諸表は、その発行会社の監査役の監査を受けていれば、公認会計士又は監査法人の監査証明を受けなくてもよい。

□□□ 103 有価証券報告書の提出を義務付けられる上場会社等は、その事業年度が3か月を超える場合には、当該事業年度の期間を3か月ごとに区分した各期間ごとに、当該会社の属する企業集団の経理の状況その他の重要事項を記載した四半期報告書を、各期間経過後3か月以内に内閣総理大臣に提出しなければならない。

□□□ 104 上場会社等は、経営者が有価証券報告書・半期報告書・四半期報告書の記載内容が金商法令に基づき適正であることを確認した確認書を提出する必要がある。

□□□ 105 上場会社等は、企業内容に関し財政状態及び経営成績に著しい影響を与える事象等が発生したときは、訂正報告書を遅滞なく、内閣総理大臣に提出することが義務付けられている。

□□□ 106 有価証券報告書の提出後、記載すべき重要事項について変更等がある場合には、発行会社は、臨時報告書を内閣総理大臣に提出しなければならない。

□□□ 107 有価証券報告書や有価証券届出書などは、一定の場所に備え置かれ、各々の書類ごとに定められた期間、公衆の縦覧に供される。

101　☒　有価証券報告書の提出義務者は、有価証券の発行者である会社です。
（難易度 B）

102　☒　有価証券報告書に記載される財務諸表は、特別の利害関係のない公認会計士又は監査法人の監査証明を受けたものでなければなりません。
（難易度 C）

103　☒　正しくは、各期間経過後「3か月」以内ではなく、「45日」以内です。
（難易度 A）

104　◯　（難易度 B）

105　☒　「訂正報告書」ではなく「臨時報告書」を遅滞なく、内閣総理大臣に提出することが義務付けられています。（難易度 B）

106　☒　この場合、「臨時報告書」ではなく「訂正報告書」を内閣総理大臣に提出しなければなりません。（難易度 B）

107　◯　（難易度 C）

□□□ 108 有価証券報告書提出義務のある上場会社等は、事業年度ごとに、当該会社の属する企業集団及び当該会社に係る財務計算に関する書類その他の情報の適正性を確保するために必要な体制について評価した報告書（内部統制報告書）を、有価証券報告書と併せて内閣総理大臣に提出しなければならない。

□□□ 109 公開買付けとは、不特定かつ多数の者に対し、公告により株券等の買付け等の申込み又は売付け等の申込みの勧誘を行い、取引所金融商品市場外で株券等の買付け等を行うことである。

□□□ 110 公開買付けの途中では、対象株式の価格を引き上げることも引き下げることも認められない。

テキスト P172 〔株券等の大量保有の状況に関する開示制度（5%ルール）等〕- - - - - - - - - -

□□□ 111 株券等の大量保有の状況に関する開示制度において、報告対象となる有価証券の範囲に、投資証券は含まれるが、上場会社等の発行する新株予約権証券及び新株予約権付社債券は含まれない。

□□□ 112 株券等の大量保有の状況に関する開示制度において、報告対象となる有価証券の範囲に、上場会社の発行する議決権のない株式も含まれる。

□□□ 113 大量保有報告書の提出義務を負うのは、対象有価証券の保有者でその保有割合が5%を超えるものである。

□□□ 114 株券等の大量保有の状況に関する開示制度において、報告義務者は、名義の如何にかかわらず、株券等の実質的な保有者である。

□□□ 115 株券等の大量保有の状況に関する開示制度において、株券等の保有状況を計算するための「株券等保有割合」は、保有者の保有する株券等の数に共同保有者の保有する株券等の数を加え、それを発行済株式総数で除して求められる。

108 ◉ 〔難易度 B〕

109 ◉ 〔難易度 C〕

110 ✕ 公開買付けの途中で、価格を引き上げることは認められますが、引き下げることは認められません。〔難易度 B〕

- -

111 ✕ 報告対象となる有価証券の範囲に、上場会社等の発行する新株予約権証券及び新株予約権付社債券も含まれます。〔難易度 B〕

112 ✕ 報告対象となる有価証券の範囲に、議決権のない株式は含まれません。〔難易度 B〕

113 ◉ 一般に「5%ルール」と呼んでいます。〔難易度 B〕

114 ◉ 〔難易度 C〕

115 ◉ 共同保有者とは、保有者と共同して株券等の取得・譲渡又は議決権行使等をすることを合意している他の保有者のこと。夫婦関係や親子会社関係などがある場合には、共同保有者とみなされます。〔難易度 B〕

□□□ 116 大量保有報告書の提出期限は、原則として株券等の実質的な保有者がこの開示制度に定める大量保有者に該当することとなった日から起算して5日（日曜日その他政令で定める休日の日数は算入しない）以内とされている。

□□□ 117 報告義務者は、大量保有報告書をEDINETで内閣総理大臣（金融庁長官）に提出した場合には、発行者に当該大量保有報告書の写しを送付する義務が免除されている。

□□□ 118 株券等の大量保有の状況に関する開示制度において、大量保有報告書を提出すべき者は、一度、大量保有報告書を提出すれば、その後の株券等保有割合に変化が生じた場合でも、その異動状況等に関する報告を行う必要は一切ない。

□□□ 119 株券等の大量保有の状況に関する開示制度において、提出された大量保有報告書及び変更報告書は、原則として10年間公衆の縦覧に供される。

□□□ 120 銀行、金融商品取引業者等が、上場会社の事業活動を支配することを目的とせず、当該上場会社の株券を5％超保有している場合については、大量保有報告書を提出する必要はない。

テキスト P174
〔市場の監視・監督〕 --------------------------------------

□□□ 121 証券取引等監視委員会は、日常的な市場監視、金融商品取引業者に対する検査、有価証券報告書等についての検査、課徴金調査、犯則事件の調査等を行う。

116 ⭕ 〔難易度 **B**〕

117 ⭕ 〔難易度 **B**〕

118 ❌ 株券等保有割合が 1 ％以上増減した場合には、その日から 5 日以内に変更報告書を提出する必要があります。〔難易度 **B**〕

119 ❌ 提出された大量保有報告書及び変更報告書は、5 年間公衆の縦覧に供されます。
〔難易度 **B**〕

120 ❌ 銀行、金融商品取引業者等が、上場会社の事業活動を支配することを目的としなくても、当該上場会社の株券を 5 ％超保有している場合は、大量保有報告書を提出しなければなりません。〔難易度 **B**〕

- -

121 ⭕ 〔難易度 **B**〕

5肢選択問題

□□□ 122 次のうち、「有価証券の売買の媒介、取次ぎ又は代理」に関する記述として正しいものの番号を1つ選びなさい。

1 媒介とは、委託者の計算で、自己の名をもって有価証券を買入れ又は売却することである。

2 取次ぎとは、自己の計算で、自己の名をもって有価証券を買入れ又は売却することである。

3 媒介とは、委託者の計算で、委託者の名をもって有価証券を買入れ又は売却することである。

4 取次ぎとは、自己の計算で、委託者の名をもって有価証券を買入れ又は売却することである。

5 代理とは、委託者の計算で、委託者の名で有価証券の売買等を行うことを引き受けることである。

□□□ 123 次のうち、内部者取引の要件としての会社関係者の範囲に該当しないものの番号を1つ選びなさい。

1 当該上場会社等の役員、代理人、使用人その他の従業者

2 上場会社等の帳簿閲覧権を有する株主や社員

3 当該上場会社等に対して法令に基づく権限、すなわち許認可権や立入検査権、議院の国政調査権等を有する者

4 当該上場会社等と契約を締結している者（取引銀行、公認会計士、引受人、顧問弁護士等）

5 以前会社関係者であり、会社関係者でなくなってから1年超2年以内の者

122 5 （難易度 **B**）

媒介	他人間の取引の成立に尽力すること。
取次ぎ	委託者の計算（顧客の資金）で、自己の名（金融商品取引業者の名前）で有価証券を買い入れ又は売却すること等を引き受けること。
代理	委託者の計算（顧客の資金）で、委託者の名で（又は委託者の代理人としての立場を示して）有価証券の売買等を行うことを引き受けること。

123 5 （難易度 **B**）

会社関係者でなくなってから1年を超えた者は、会社関係者の範囲に該当しません。内部者取引規制における会社関係者の主な範囲は、以下のとおりです。

- ・その上場会社等の役員、代理人、使用人その他の従業者
- ・上場会社等の帳簿閲覧権を有する株主（大株主のこと）や社員
- ・その上場会社等に対して法令に基づく権限、すなわち許認可権や立入検査権、議院の国政調査権等を有する者、帳簿書類の閲覧請求権者等
- ・その上場会社等と契約を締結している者又は締結の交渉をしている者、すなわち取引銀行、公認会計士、引受人、顧問弁護士等
- ・現在は上記の会社関係者ではないが、以前会社関係者であり、会社関係者でなくなってから1年以内の者
- ・これらの役員等には親会社・子会社の役員等も含まれる

なお、上記会社関係者より情報の伝達を受けた者（第一次情報受領者）も会社関係者と同様に内部者取引規制の対象となる。

□□□ 124 次のうち、内部者取引における上場会社等の業務に関する重要事実に該当しないものの番号を2つ選びなさい。

1 募集株式・新株予約権の募集
2 代表取締役の交代
3 新製品又は新技術の企業化
4 資本金の額の減少
5 主要取引先銀行の変更

□□□ 125 次の文章は、「株券等の大量保有の状況に関する開示制度」に関する記述である。文中のそれぞれの（　　）に当てはまる正しい数字を選んでいるものの番号を1つ選びなさい。

上場会社等の発行会社の発行する株券等の（　イ　）％超の実質的な保有者は、大量保有者となった日から（　ロ　）日（日曜日その他政令で定める休日の日数は算入しない）以内に内閣総理大臣に大量保有報告書を提出するほか、発行者にその写しを送付しなければならない。この報告書は（　ハ　）年間、公衆の縦覧に供される。また、株券等保有割合の（　ニ　）％以上の増減等、重要な事項につき変更があった場合には、これを内閣総理大臣に報告しなければならない。

1 イは1、ロは5、ハは1、ニは1
2 イは1、ロは5、ハは1、ニは5
3 イは5、ロは5、ハは5、ニは1
4 イは5、ロは10、ハは5、ニは5
5 イは5、ロは10、ハは5、ニは1

124 2、5 （難易度 **B**）

以下の事項を行う決定をしたこと、又は、いったん行うと決定した事項を
行わないことを決定したことが、重要事実にあたります。

> ・募集株式・新株予約権の募集 ・資本金の額の減少
> ・資本準備金・利益準備金の額の減少 ・自己の株式の取得
> ・株式分割 ・剰余金の配当
> ・株式交換及び株式移転 ・合併、会社の分割
> ・解散 ・事業の全部または一部の譲渡または譲受け
> ・新製品または新技術の企業化　など

125 3 （難易度 **B**）

6章

金融商品取引法

7章

金融商品の勧誘・販売に関係する法律

試 験 対 策

ここでは金融商品販売法、消費者契約法、犯罪収益移転防止法及び個人情報保護法について、外務員試験で狙われやすいポイントを学習します。テキストの記述をしっかりと押さえ、問題集の問題は必ず解けるようにしてください。

推定配点&出題形式

○×問題：3問（6点）

5肢選択問題：0問（0点）

計**6**点／440点満点中

※配点・出題形式についてはフィナンシャル バンク インスティチュートの推定です。

○×問題

テキスト
P176 〔金融商品の勧誘・販売に関係する法律〕-------------------------

□□□ **1** 「金融商品の販売等に関する法律」では、説明義務違反により顧客に損害が生じた場合の損害賠償責任及び損害額の推定等について規定されている。

□□□ **2** 「金融商品の販売等に関する法律」では、金融商品販売業者等は、金融商品の販売等を業として行おうとするときは、金融商品の販売が行われるまでの間に、顧客に対して重要事項を口頭で説明すればよいものとされている。

□□□ **3** 「金融商品の販売等に関する法律」では、金融商品販売業者等による重要事項の説明義務は、すべての顧客に対して適用される。

□□□ **4** 「金融商品の販売等に関する法律」では、顧客から重要事項について説明を要しない旨の意思表明があっても、金融商品販売業者等による重要事項の説明義務は免除されない。

□□□ **5** 「金融商品の販売等に関する法律」では、金融商品の販売等に際して、金融商品取引業者等が過失により一定の重要事項の説明を行わなかった場合は損害賠償責任は問われない。

□□□ **6** 「金融商品の販売等に関する法律」では、金融商品の販売等に際して、金融商品取引業者等が断定的判断の提供の禁止に違反する行為を行った場合に、不法行為による損害賠償責任があることを明確にしているが、不法行為と損害の発生との間の因果関係及び損害額についての立証責任は金融商品取引業者等に転換している。

□□□ **7** 「消費者契約法」における「消費者」には、事業のために契約の当事者となる個人も含まれる。

1 ◯ （難易度 **C**）

2 ✕ 重要事項の説明は単に口頭で説明するのではなく、顧客の知識、経験、財産の状況及び当該金融商品の販売に係る契約を締結する目的に照らして、その顧客に理解されるために必要な方法及び程度によるものでなければなりません。（難易度 **B**）

3 ✕ 重要事項の説明義務は、金融商品の販売等に関する専門的知識及び経験を有する者として政令に定める「特定顧客」に対しては適用されません。（難易度 **B**）

4 ✕ 重要事項について説明を要しない旨の顧客の意思の表明があった場合には、商品関連市場デリバティブ取引及びその取次ぎの場合を除き、重要事項の説明義務は免除されます。ただし、この場合でも金商法上の説明義務は免除されません。（難易度 **B**）

5 ✕ 重要事項の説明義務違反については、故意又は過失の有無を問わず損害賠償の責任を負います。（難易度 **B**）

6 ◯ （難易度 **A**）

7 ✕ 消費者契約法でいう「消費者」とは、個人のうち、「事業として又は事業のために契約の当事者となる場合におけるもの」を除いた者です。（難易度 **B**）

□□□ 8 協会員が顧客に投資信託を販売する場合は、顧客との間で直接の契約の相手方となるものではないので消費者契約法の対象とはならない。

□□□ 9 「消費者契約法」により、消費者が契約の取消しができる場合の一つに、物品、権利、役務その他の当該消費者契約の目的となるものに関し、将来におけるその価額、将来において当該消費者が受け取るべき金額その他の将来における変動が不確実な事項につき断定的判断を提供することにより、当該提供された断定的判断の内容が確実であると誤認した場合が含まれる。

□□□ 10 消費者契約法に基づく取消権は、消費者契約の締結時から3年を経過したときに消滅するものとされている。

□□□ 11 「犯罪による収益の移転防止に関する法律」では、取引時確認を行う際に有効な本人確認書類に、各種健康保険証は含まれない。

□□□ 12 「犯罪による収益の移転防止に関する法律」では、協会員は、顧客に有価証券を取得させることを内容とする契約を締結する際は、最初に顧客について本人特定事項等の取引時確認を行う必要があるが、代理人が取引を行う場合には、代理人の取引時確認を行えば本人の取引時確認を行う必要はない。

□□□ 13 金融商品取引業者は、顧客から受け取った財産が犯罪による収益である疑いがあるかどうか、又は顧客が犯罪収益の取得や処分について事実を仮装したり、犯罪収益を隠匿している疑いがあるかどうかを判断し、これらの疑いがあると認められる場合には、速やかに金融庁長官に対して疑わしい取引の届出を行わなければならない。

8 ✕ 協会員が投資信託の販売を行う場合や、変額年金の販売を行う場合などは、顧客との間の直接の相手方となるわけではありませんが、このような場合においても、消費者契約法の適用対象となります。（難易度 **B**）

9 ○ （難易度 **B**）

10 ✕ 消費者契約法に基づく取消権は、消費者契約の締結時から 5 年を経過したときに消滅するものとされています。（難易度 **B**）

11 ✕ 本人確認書類に、各種健康保険証は含まれます。（難易度 **C**）

12 ✕ 代理人が取引を行う場合には、本人に加えて代理人についても取引時確認が必要です。（難易度 **B**）

13 ○ （難易度 **B**）

□□□ **14** 「個人情報の保護に関する法律」において、「個人情報」とは、生存する個人に関する情報で、①当該情報に含まれる氏名、生年月日その他の記述等により特定の個人を識別することができるもの、又は②個人識別符号が含まれているもののいずれかをいう。

□□□ **15** 「個人情報の保護に関する法律」において、情報それ自体からは特定の個人を識別できなくても、ある情報と他の情報を照合することで容易に識別することができる場合にも、その情報は個人情報に該当する。

□□□ **16** 「個人情報の保護に関する法律」において、「要配慮個人情報」とは、本人の「人種」、「信条」、「社会的身分」、「病歴」、「犯罪の経歴」、「犯罪により害を被った事実」及び「その他本人に対する不当な差別、偏見その他の不利益が生じないようにその取扱いに特に配慮を要するものとして政令で定める記述等が含まれる個人情報」をいう。

□□□ **17** 「個人情報の保護に関する法律」において、個人情報取扱事業者は、個人情報を取り扱うにあたっては、「自社の所要の目的で用いる」といった抽象的な特定の仕方を行う必要がある。

□□□ **18** 「個人情報の保護に関する法律」において、個人情報取扱事業者が、利用目的の達成に必要な範囲内において個人データの取扱いを委託する場合、個人データの提供を受ける者は第三者に該当しない。

□□□ **19** 「個人情報の保護に関する法律」において、法人の代表者個人や取引担当者個人の氏名、住所、性別、生年月日、顔画像等個人を識別することができる情報は、個人情報に該当しない。

□□□ **20** 「個人情報の保護に関する法律」において、一度公開された個人情報は公開情報となるので、個人情報として扱う必要はない。

14 ◯ 〔難易度 B〕

15 ◯ 〔難易度 B〕

16 ◯ 〔難易度 B〕

17 ✕ 個人情報取扱事業者は、個人情報を取り扱うにあたっては、その利用目的をできる限り特定しなければなりません。抽象的な記載ではなく、提供する金融商品・サービスを明示したうえで利用目的を特定することが望ましいとされています。〔難易度 B〕

18 ◯ 〔難易度 C〕

19 ✕ 法人の代表者個人や取引担当者個人の氏名、住所、性別、生年月日、顔画像等個人を識別することができる情報は個人情報に該当します。〔難易度 B〕

20 ✕ 個人情報保護法では、公開・非公開を区別しておらず、非公開情報のみを保護するものではありません。公開情報でも個人情報の定義に該当する限り、個人情報となります。〔難易度 B〕

8章

付随業務

試 験 対 策

金融商品取引業に付随する業務に関する分野です。付随業務の種類を選ぶ問題が出題されるので、その他の届出業務や承認業務と区別できるようにしましょう。「キャッシング業務」や「累積投資契約の締結」については細部まで問われます。このボリュームで10点取れますので、確実に得点できるようにしましょう。

推定配点&出題形式

○×問題：0問　（0点）

5肢選択問題：1問（10点）

計**10**点／440点満点中

※配点・出題形式についてはフィナンシャル バンク インスティチュートの推定です。

○×問題

テキスト P184 〔付随業務〕 -

☐☐☐ **1** 投資運用業者は付随業務を行うことができない。

☐☐☐ **2** 付随業務の1つに、累積投資契約の締結がある。

☐☐☐ **3** 付随業務の1つに、PTS運営業務が含まれる。

☐☐☐ **4** 第一種金融商品取引業を行うことができる者は、内閣総理大臣に届出を行えば付随業務を行うことができる。

☐☐☐ **5** キャッシング業務とは、MRFの解約請求を行った顧客に対し、解約請求当日での顧客への解約代金相当額の支払を可能とするために、翌営業日に行われる解約代金の支払までの間、解約請求に係る当該有価証券を担保として解約代金相当額を解約請求日に貸し付ける業務である。

☐☐☐ **6** キャッシング業務に係る貸付限度額は、MRFの残高に基づき計算した返還可能金額又は500万円のうちいずれか少ない金額を基準に、各金融商品取引業者が定める金額である。

☐☐☐ **7** キャッシング業務に係る貸付利息は、解約請求日から翌営業日までのMRFの分配金手取額である。

☐☐☐ **8** 「有価証券に関する常任代理業務」の範囲には、単元未満株式に係る買取請求手続の代行は含まれない。

---

1 ❌ 付随業務は第一種金融商品取引業者だけでなく、投資運用業者も行うことができます。〔難易度 A〕

2 ⭕ 〔難易度 C〕

3 ❌ PTS運営業務は付随業務ではなく、金融商品取引業の１つです。〔難易度 B〕

4 ❌ 第一種金融商品取引業者又は投資運用業者は、内閣総理大臣に届出や承認を受けることなく付随業務を行うことができます。〔難易度 B〕

5 ⭕ 〔難易度 B〕

6 ⭕ 〔難易度 B〕

7 ❌ キャッシング業務に係る貸付利息は、解約請求日から翌営業日前日までのMRFの分配金手取額です。〔難易度 B〕

8 ❌ 「有価証券に関する常任代理業務」の範囲に、単元未満株式に係る買取請求手続の代行は含まれます。〔難易度 B〕

□□□ 9 累積投資契約では、投資家は株を購入したい時（任意の時）に単元未満株のまま機動的に任意の銘柄の買付けを行い、また、買付けた単元未満株を単元未満株のまま売却することもできる。

□□□ 10 累積投資業務において取り扱うことができるのは上場株券のみである。

□□□ 11 株式累積投資とは、投資者から資金を預かり、その金銭を対価として、毎月一定日に特定の銘柄の株式等を買い付ける制度をいう。

□□□ 12 株式累積投資において、ドル・コスト平均法とは、株価の動きやタイミング等に関係なく、株式を定期的に継続して一定額ずつ購入する方法である。

□□□ 13 金融商品取引業者は、顧客と株式累積投資の契約を締結するときは、あらかじめ、当該顧客に対し株式累積投資約款を交付しなければならない。

□□□ 14 株式累積投資において、顧客は、上場銘柄の中から買い付ける銘柄を自由に指定することができる。

□□□ 15 株式累積投資について、買付株数の累計が単元株に達した時点で、株式累積投資口座より振替決済口座に振り替えられ、通常の株主となることができる。

□□□ 16 株式累積投資について、インサイダー情報を知った会社関係者が、その情報が公表される前に株式累積投資契約に基づく買付けを行った場合、その情報を知る前に締結された契約に基づく定期的な買付けであっても、インサイダー取引規制違反となる。

9 ✕ 記述は、累積投資契約のものではなく、株式ミニ投資についてのものです。累積投資契約とは、金融商品取引業者が顧客から金銭を預かり、その金銭を対価としてあらかじめ定めた期日に、顧客に有価証券を継続的に売付け、取得させることを内容とする契約です。〔難易度 **B**〕

10 ✕ 累積投資業務で取り扱うことができる有価証券は、上場株券だけでなく、国債・地方債等の債券や投資信託受益証券などもあります。〔難易度 **A**〕

11 ◯ 〔難易度 **C**〕

12 ◯ 〔難易度 **C**〕

13 ◯ 〔難易度 **C**〕

14 ✕ 株式累積投資においては、金融商品取引業者が選定した銘柄に限られます。〔難易度 **B**〕

15 ◯ 〔難易度 **B**〕

16 ✕ 問題文の場合は、インサイダー取引の規制の適用除外となります。〔難易度 **B**〕

□□□ **17** 次のうち、金融商品取引業者の付随業務（金融商品取引法35条1項に定める業務）に該当するものとして正しいものの番号を2つ選びなさい。

1 信用取引に付随する金銭の貸付け
2 商品市場における取引に係る業務
3 貸金業
4 宅地若しくは建物の賃貸に係る業務
5 投資信託又は外国投資信託の受益証券の収益金、償還金又は解約金の支払業務の代理

□□□ **18** 次のうち、金融商品取引業者の付随業務（金融商品取引法35条1項に定める業務）に該当しないものの番号を2つ選びなさい。

1 株券等の貸借取引
2 有価証券の元引受け
3 PTS運営業務
4 有価証券に関する顧客の代理
5 他の金融商品取引業者等の業務の代理

17 1、5 〔難易度 **B**〕

18 2、3 〔難易度 **B**〕

金融商品取引業に付随する業務として定められているものは、以下のとおりです。

①有価証券の貸借又はその媒介もしくは代理（主な取引は株券等の貸借取引）
②信用取引に付随する金銭の貸付け
③顧客から保護預りをしている有価証券を担保とする金銭の貸付け
④有価証券に関する顧客の代理
⑤投資信託委託会社の発行する投資信託又は外国投資信託の受益証券に係る収益金、償還金又は解約金の支払いに係る業務の代理
⑥投資法人の発行する投資証券もしくは投資法人債券又は外国投資証券に係る金銭の分配、払戻金もしくは残余財産の分配又は利息もしくは償還金の支払いに係る業務の代理
⑦累積投資契約の締結
⑧有価証券に関連する情報の提供又は助言
⑨他の金融商品取引業者等の業務の代理
⑩登録投資法人の資産の保管
⑪他の事業者の事業の譲渡、合併、会社の分割、株式交換もしくは株式移転に関する相談に応じ、又はこれらに関し仲介を行うこと
⑫他の事業者の経営に関する相談に応じること
⑬通貨その他デリバティブ取引に関連する資産として政令で定めるものの売買又はその媒介、取次ぎもしくは代理
⑭譲渡性預金その他金銭債権の売買又はその媒介、取次ぎもしくは代理
⑮次に掲げる資産に対する投資として、運用財産の運用を行うこと
　イ）投資信託及び投資法人に関する法律に規定する特定資産
　ロ）イに掲げるもののほか、政令で定める資産

8
章

付随業務

9章

債券業務

試 験 対 策

債券については、国債、地方債の出題頻度が高く、発行市場や流通市場の基本的事項も問われます。売買手法では、入替売買のラダー型とダンベル型、現先取引の出題が増えています。転換社債は、概要を押さえた上でパリティ価格と乖離率の計算ができることが重要。5肢選択問題は、転換社債とその計算、利回り計算、受渡代金の計算、経過利息の出題が多くなっています。

推定配点&出題形式

○×問題：5問（10点）

5肢選択問題：3問（30点）

計**40**点／440点満点中

※配点・出題形式についてはフィナンシャル バンク インスティチュートの推定です。

○×問題

テキスト P190 〔債券の基礎知識〕

□□□ 1 物上担保債とは、発行者の全財産から、他の債権者に優先して弁済を受けられる一種の優先弁済権が付いた債券である。

□□□ 2 長期国債（10年利付国債）は、発行・流通市場の双方において我が国の債券市場の中心的銘柄であり、その発行条件や流通利回りは、他の年限の国債、その他の国内債の指標となっている。

□□□ 3 超長期国債（20年債）は、価格競争入札による公募入札方式で発行される。

□□□ 4 変動利付国債は、期間15年で利率が年2回の利払日ごとに市場実勢に応じて変化する債券である。

□□□ 5 期間2年の国債は中期国債に分類される。

□□□ 6 現在、中期国債は期間1年と5年の2種類が発行されている。

□□□ 7 中期国債は、価格競争入札による公募入札方式で発行される。

□□□ 8 国庫短期証券は、国債の償還の平準化を図り円滑な借換えを実現すること、並びに国の一般会計や種々の特別会計の一時的な資金不足を補うために発行される。

□□□ 9 個人向け国債とは、購入者を個人に限定する国債であり、固定金利型と変動金利型のいずれも利払いは年1回である。

1 ✕　問題文は、一般担保債の記述です。物上担保債は、発行者の保有する土地、工場、船舶など特定の財産を担保に付けた債券です。　難易度 **B**

2 ○　難易度 **C**

3 ○　超長期国債は、20年債及び30年債については価格競争入札による公募入札方式で発行され、40年債についてはイールド（利回り）競争入札による公募入札方式で発行されます。　難易度 **A**

4 ○　難易度 **B**

5 ○　難易度 **C**

6 ✕　中期国債は2年物と5年物が発行されています。　難易度 **B**

7 ○　難易度 **B**

8 ○　国庫短期証券（TDB：トレジャリー・ディスカウント・ビル）は、価格競争入札による割引方式で発行され、償還期間は2か月、3か月、6か月及び1年です。　難易度 **B**

9 ✕　いずれも利払いは年2回です。　難易度 **B**

☐☐☐ **10** 国債は、その発行根拠法により分類することができるが、財政法に基づき発行されるものは赤字国債、国債整理基金特別会計法に基づき発行されるものは建設国債と呼ばれる。

☐☐☐ **11** 特例国債とは、税収及び税外収入等に加えて、建設国債を発行してもなお歳入不足が見込まれる場合に、公共事業費等以外の歳出に充てる資金を調達することを目的として、特別の法律によって発行される国債で、赤字国債ともいわれる。

☐☐☐ **12** 全国型市場公募地方債を発行できるのは、すべての都道府県と一部の政令指定都市に限定されている。

☐☐☐ **13** 銀行等引受地方債を発行できる団体は、一部の都道府県に限られている。

☐☐☐ **14** 政府関係機関債のうち、元利払いについて政府の保証付きで発行されるものを一般に「縁故特別債」という。

☐☐☐ **15** 地方公共団体が設立した公社が発行する債券を地方公共債という。

☐☐☐ **16** 金融債の発行方式には募集発行と売出発行の2通りがあり、募集発行は個人消化を主体とし、売出発行は法人消化を主体としている。

☐☐☐ **17** 事業債とは、民間事業会社の発行する債券であるが、銀行はこれを発行することができない。

☐☐☐ **18** 資産担保証券では、自らが保有する資産の信用力やキャッシュ・フローを裏付けとした資金調達になり、従来のファイナンス同様、直接の負債になる。

10 ✕ **財政法**に基づき発行されるものは**建設国債**で、**4条国債**ともいわれます。国債整理基金特別会計法に基づき発行されるものは**借換国債**といいます。〔難易度**B**〕

11 ○ 〔難易度**B**〕

12 ✕ 全国型市場公募地方債を発行できるのは、**一部**の都道府県と、**すべて**の政令指定都市です。〔難易度**B**〕

13 ✕ 銀行等引受地方債は、特定の**市中金融機関**など、少数の者に直接引き受けてもらうもので、発行団体は、市・区まで含んで多数あり、一部の都道府県には限られていません。〔難易度**B**〕

14 ✕ 政府関係機関債（特別債）のうち、元利払いについて政府の保証付きで発行されるものは、一般に「**政府保証債**」といいます。〔難易度**C**〕

15 ✕ **地方公社債**といいます。金融商品取引法上の有価証券です。〔難易度**B**〕

16 ✕ **募集発行**は法人消化を主体とし、**売出発行**は個人消化を主体としています。〔難易度**B**〕

17 ✕ 銀行も**事業債**を発行することができます。〔難易度**C**〕

18 ✕ 資産担保証券では、自らが保有する資産の信用力やキャッシュ・フローを裏付けとした資金調達になり、直接の負債にはなりません。
〔難易度**A**〕

□□□ 19 サムライ債は、国際機関や外国の政府、地方公共団体、及び事業法人（非居住者）等が日本国内市場において円貨建てで発行する債券である。

□□□ 20 国内で発行されるコマーシャル・ペーパー（国内CP）とは、優良企業が無担保で短期の資金調達を行うために割引方式で発行する一種の約束手形であり、金融市場の動向等に精通した機関投資家及び個人向けに販売されている。

□□□ 21 額面金額に対する1年当たりの利子の割合を利率という。

□□□ 22 期中償還には定時償還と任意償還とがあり、定時償還は発行時に償還の時期と額面金額が決められているが、任意償還は発行者の都合で随時償還を行うことができる。

□□□ 23 利回りと残存期間が同じ数銘柄の利付債券があれば、一般に、利率の低い銘柄ほど債券価格も低く、利率の高い銘柄ほど債券価格も高い。

19 ◉ (難易度 **B**)

20 ✖ コマーシャル・ペーパー（国内CP）は、主として機関投資家向けに販売され、個人向けには販売されません。(難易度 **B**)

21 ◉ (難易度 **C**)

22 ◉ (難易度 **C**)

23 ◉ 債券価格、利回り、残存期間の関係は、以下のとおりです。(難易度 **B**)

> 〈利率と残存期間が一定の場合〉
> 　債券価格が高いと利回りは低下し、債券価格が安いと利回りは上昇する。流通市場で利回り低下といえば、債券価格の上昇であり、市況好転を意味する。反対に、利回りの上昇は、債券価格の下落であり、市況の悪化となる。
> 〈利回りと残存期間が一定の場合〉
> 　利率が高いほど債券価格も高く、利率が低いほど債券価格が安くなる。

□□□ 24 事業債の引受シンジケート団を組織することができるのは、証券会社及び銀行等の金融機関である。

□□□ 25 社債管理者とは、社債権者のために弁済を受ける等の業務を行うのに必要な一切の権限を有する会社であり、社債管理者となることができるのは、銀行、信託銀行や証券会社である。

□□□ 26 社債管理者を設置する必要のない場合として、各社債の金額（社債の最低売買単位の金額）が1億円以上である場合がある。

□□□ 27 価格競争入札とは、財務省が提示した発行条件に対して、入札参加者が落札希望価格と落札希望額を入札し、その入札状況に基づいて発行価格と発行額を決定する方式である。

□□□ 28 わが国では、発行する国債の種類によって、各落札者自らが入札した価格が発行条件となるダッチ方式と、各落札者自らの入札価格にかかわらず均一の発行条件となるコンベンショナル方式を使い分けている。

□□□ 29 国債管理政策の策定及び遂行に協力する者であって、国債市場に関する特別な責任及び資格を有する者を「国債市場特別参加者」として財務大臣が指定する。

□□□ 30 スプレッド・プライシング方式とは、投資家の需要状況を調査する際に、利率の絶対値で条件の提示をするのではなく、国債等の金利に対する上乗せ分（スプレッド）を提示することで、金利変化に対応すると同時に、きめ細かく投資家の需要を探ろうとするものである。

24 ❌ 事業債の引受シンジケート団を組織することができるのは、証券会社のみであって、銀行等の金融機関は組織に加わることはできません。難易度 B

25 ❌ 社債管理者となることができるのは、銀行、信託銀行又は担保付社債信託法による免許を受けた会社に限られています。証券会社は社債管理者になることはできません。難易度 B

26 ⭕ この場合は、一般的に財務代理人が置かれます。難易度 A

27 ⭕ 難易度 B

28 ❌ コンベンショナル方式とダッチ方式の説明が逆です。難易度 B

29 ⭕ 難易度 B

30 ⭕ 難易度 B

□□□ 31 発行登録制度とは、発行会社があらかじめ証券発行予定額等を記載した発行登録書を提出しておくことにより、一定期間内は実際の発行時に改めて発行届出を行うことなく、発行条件等を記載した発行登録追補書類を提出するだけで発行が可能となる制度である。

□□□ 32 債券の取引は、取引所市場における売買が中心であり、店頭市場における取引はほとんどない。

□□□ 33 取引所市場で取引される上場国債の受渡日は、原則として約定日から起算して2営業日目の日とされている。

□□□ 34 債券ディーラー間の売買だけを専門に取り扱う証券会社の1つに債券ブローカーがあり、通称BBと呼ばれている。

□□□ 35 日本証券業協会は、公社債の店頭売買を行う投資者及び証券会社等の参考に資するため、日本証券業協会が指定する協会員からの報告に基づき、公社債店頭売買参考統計値を毎週1回発表している。

テキスト
P204 〔債券市況とその変動要因〕

□□□ 36 債券の相場は、どの銘柄でも株式ほどの個別色はなく、一般に金融情勢を反映して、概ね同一歩調で同一方向へ動く傾向がある。

□□□ 37 コール市場、手形市場、CD（譲渡性預金）市場などの短期金利が低下すると、一般に債券の価格は下落し、利回りは上昇する。

□□□ 38 一般的に、景気が良くなると金利が上がり、債券価格は下落し、景気が悪くなると金利が下がり、債券価格は上昇する。

□□□ 39 一般に、債券は、金利上昇やインフレに強いとされる。

31 ⭕ 〔難易度 **B**〕

32 ❌ 債券の取引は店頭市場における取引がほとんどです。〔難易度 **C**〕

33 ⭕ 〔難易度 **B**〕

34 ⭕ 〔難易度 **C**〕

35 ❌ 日本証券業協会は、公社債店頭売買参考統計値を指定する協会員からの報告に基づき毎営業日発表しています。〔難易度 **B**〕

- -

36 ⭕ 〔難易度 **C**〕

37 ❌ 短期金利が低下すると、債券の価格は上昇し、利回りは低下します。〔難易度 **B**〕

38 ⭕ 〔難易度 **C**〕

39 ❌ 債券は、金利の低下（債券価格が上昇）には強いですが、金利の上昇（価格が低下）やインフレには弱い特性があります。〔難易度 **B**〕

□□□ 40 一般に、金融緩和政策は債券市況にとってマイナス要因である。

□□□ 41 債券の利回り較差（スプレッド）は、一般にクーポンの高低、期間の長短、上場・非上場などの条件の相違により発生する。

テキスト
P206
〔債券売買手法〕 -

□□□ 42 一般に、長期債のほうが短期債より価格変動リスクが大きい。

□□□ 43 一般的に金利が低下すると予想する場合は、長期債から短期債への入替えが有利である。

□□□ 44 長期金利が短期金利より高い状態にある場合、債券の最終利回りをアップさせるためには、利回りの高い長期債に入れ替えることになる。

□□□ 45 ダンベル型（バーベル型）のポートフォリオとは、短期から長期までの債券を各年度ごとに均等に保有し、毎期、同じ満期構成を維持するポートフォリオである。

□□□ 46 債券の売買に際して、同種、同量の債券等を、所定期日に、所定の価額で反対売買することをあらかじめ取り決めて行う取引のことを、「入替売買」という。

□□□ 47 現先取引には、資金を調達したい売方と資金を運用したい買方との間で、金融商品取引業者がその仲介の役割をする委託現先と金融商品取引業者自身が売方若しくは買方となる自己現先がある。

40 ✕ 金融緩和政策は、金利の低下をもたらします。金利が低下すると債券の価格は上昇するので、債券市況にとってはプラス要因です。
（難易度 B）

41 ◯ （難易度 B）

42 ◯ 一般に、金利が変化すると、短期債よりも長期債のほうが価格が大きく変動します。（難易度 C）

43 ✕ 金利が低下すると債券価格は上昇しますが、一般的に価格変動リスク（価格の値動きの幅）は長期債のほうが短期債より大きいので、短期債より大きく値上がりすることが期待されます。短期債から長期債への入替えが有利です。（難易度 B）

44 ◯ （難易度 C）

45 ✕ 問題文は、ラダー型のポートフォリオです。ダンベル型（バーベル型）のポートフォリオとは、流動性確保のための短期債と、収益性追求のための長期債のみを保有するポートフォリオです。（難易度 C）

46 ✕ 問題文は現先取引のことです。入替売買とは、ある銘柄を売却すると同時に別の銘柄を購入するなど、同時に売り買いを約定することです。
（難易度 B）

47 ◯ （難易度 C）

□□□ 48 債券の着地取引とは、一定の条件で、将来の一定の時期に債券を受渡しすることをあらかじめ取り決めて行う売買取引であって、約定日から受渡日までの期間（着地期間）が3か月を超える場合をいう。

□□□ 49 着地取引の取引先は、上場会社又はこれに準ずる個人であって、経済的、社会的に信用のあるものに限られている。

□□□ 50 債券貸借取引は、担保の有無によって3種類あるが、一般的に「貸借レポ取引」ともいわれる「現金担保付債券貸借取引」が、短期金融市場の中核として知られている。

テキスト P211 〔転換社債型新株予約権付社債（転換社債）〕 - - - - - - - - - - - - - - - - - -

□□□ 51 転換社債型新株予約権付社債は、新株予約権を社債から分離して譲渡することができる。

□□□ 52 転換社債の発行価額は額面単価より高く設定されているものもある。

□□□ 53 転換社債は、株式に転換できるというメリットがあるために、一般的に同じ時期に発行される普通社債よりも利率が高く設定される。

□□□ 54 転換請求期間内に転換請求されなかった転換社債は、償還日に株式に転換される。

□□□ 55 転換社債は、ほとんどの銘柄が満期一括償還制をとっているが、発行会社が、自社の転換社債を市場から買入消却する場合もある。

48 ✕ 債券の着地取引における着地期間は、1か月以上で6か月を超えないものとされています。(難易度 B)

49 ✕ 着地取引の取引先は、上場会社又はこれに準ずる法人であって、経済的、社会的に信用のあるものに限られています。個人は取引できません。(難易度 C)

50 〇 また、債券貸借取引の参加者に規制はありませんが、金融機関同士での取引が中心です。「現金担保付債券貸借取引」の他に、「無担保債券貸借取引」「代用有価証券担保付債券貸借取引」があります。(難易度 B)

- -

51 ✕ 転換社債型新株予約権付社債においては、新株予約権と社債を分離して譲渡することはできません。(難易度 A)

52 〇 (難易度 B)

53 ✕ 転換社債は、株式に転換できるというメリットがあるために、一般的に同時期に発行される普通社債より利率は低く設定されます。(難易度 C)

54 ✕ 転換請求期間内に株式に転換されなかった転換社債は、償還日に額面で払い戻されます。(難易度 C)

55 〇 償還は、一部に途中償還制もありますが、満期一括償還制がほとんどです。発行会社による買入消却が行われたり、繰上償還条項が付けられる場合があります。(難易度 B)

□□□ 56 転換により得られる株数は、転換社債型新株予約権付社債の額面を転換価額で除して求められるが、その計算の結果1株未満の端数が生じたときは、その端数分については銘柄により切り捨てられる場合又は金銭で支払われる場合がある。

□□□ 57 転換社債の時価とパリティ価格との間に生じる差を乖離といい、転換社債の時価のほうがパリティ価格より割高な状態をマイナス（逆）乖離という。

□□□ 58 一般に転換社債において、転換社債価格よりパリティ価格のほうが上回っている場合、株式に転換して売却したほうが有利である。

テキスト P215 〔債券投資計算〕

□□□ 59 投資者が最終償還期限まで債券を保有した場合の年利子と1年当たりの償還差損益の合計額の投資元本に対する割合を、所有期間利回りという。

□□□ 60 直接利回りとは、投資者が新発債（新たに発行される債券）を発行価格で買い付け、最終償還期限まで保有する場合の年利子と1年当たりの償還差損益の合計額の投資元本に対する割合である。

□□□ 61 転換社債の売却時に経過利子が発生している場合、当該経過利子を受け取ることができる。

□□□ 62 一般に、経過利子は、既発行の利付債券を売買する場合に、直前利払日の翌日から受渡日までの期間に応じて、売方から買方に支払われる。

56 ○ (難易度 **A**)

57 ✕ マイナス（逆）乖離とは、転換社債の時価のほうがパリティ価格より割安な状態をいいます。(難易度 **B**)

58 ○ 一般的に、プラス乖離（転換社債価格＞パリティ価格）の場合は、転換社債のままの売却が有利、マイナス乖離（転換社債価格＜パリティ価格）の場合は、株式に転換して売却したほうが有利です。(難易度 **B**)

----

59 ✕ 問題文は最終利回りの記述です。所有期間利回りとは、既発債を市場価格で買い付け、償還期限まで保有せずに中途売却する場合の利回りをいいます。(難易度 **B**)

60 ✕ 問題文は、応募者利回りの記述です。直接利回りとは、購入価格に対して１年間でどれだけの利子（クーポン）が受け取れるかの割合です。(難易度 **B**)

61 ○ (難易度 **C**)

62 ✕ 経過利子は買方から売方に支払われます。(難易度 **B**)

□□□ **63** 次の文章のうち、「債券の現先取引」に関する記述として、正しいものの番号を1つ選びなさい。

1 顧客と取引を開始する場合は、あらかじめ契約書を交わし、整備・保管する。

2 外貨建債は、現先取引の売買対象債券の範囲に含まれない。

3 現先取引の対象となる債券は、残存期間が1年3か月以上のものとされている。

4 現先取引の取引顧客は、上場会社又はこれに準ずる個人であって、経済的、社会的に信用のあるものに限られている。

5 現先取引の対象となる債券には、新株予約権付社債が含まれる。

63　1　（難易度 **B**）

1　○

2　✕　外貨建債は現先取引の対象債券です。

3　✕　現先取引の対象債券には、残存期間についての定めはありません。

4　✕　現先取引の取引顧客は、上場会社又はこれに準じる法人であって、個人は取引できません。

5　✕　新株予約権付社債は、現先取引の対象にはなりません。

□□□ **64** 転換価額1,670円のA社転換社債額面100万円を転換した場合の取得株数、及び受取金額について、正しいものの番号を1つ選びなさい。

　　※当該銘柄は、転換時に端数が生じた場合、その分は現金で支払われるものとする。

　　※株式の売買単価は100株とする。

　　（注）答は、小数第3位以下を切り捨ててある。

1　322株は株式となり、960円を現金で受け取る。

2　322株は株式となり、1,340円を現金で受け取る。

3　598株は株式となり、960円を現金で受け取る。

4　598株は株式となり、1,340円を現金で受け取る。

5　1,000株は株式となり、現金の受け取りはない。

□□□ **65** 次の条件の利付転換社債型新株予約権付社債（本問において転換社債という）について、パリティ価格及び乖離率の組合せとして正しいものを1つ選びなさい。

　　（注）パリティ価格は円単位未満を、乖離率は小数第3位以下を切り捨てること。

転換価額　800円　　　利付転換社債の時価　100円 転換の対象となる株式の時価　855円

1　パリティ価格93円、乖離率−5.66％

2　パリティ価格93円、乖離率5.66％

3　パリティ価格106円、乖離率−5.66％

4　パリティ価格106円、乖離率5.95％

5　パリティ価格106円、乖離率−6.00％

$$取得株数＝\frac{額面金額}{転換価額}＝\frac{100万円}{1,670円}＝598.80\cdots株$$

したがって、598株は株式となります。

端数は0.80…株で、100万円－（1,670円×598株）＝1,340円となり、この場合現金で支払われます。

$$パリティ価格＝\frac{株価}{転換価額}×100$$

$$＝\frac{855円}{800円}×100$$

$$＝106.875円$$

∴　106円

$$乖離率＝\frac{転換社債の時価－パリティ価格}{パリティ価格}×100$$

$$＝\frac{100円－106円}{106円}×100$$

$$＝－5.6603\cdots\%$$

∴　－5.66%

□□□ 66 転換社債型新株予約権付社債の価格と金利、クレジットスプレッド、株価及びボラティリティとの関係として、正しいものの番号を1つ選びなさい。

	転換社債	金利	クレジットスプレッド	株価	ボラティリティ
1	価格上昇	低下	縮小	上昇	下落
2	価格上昇	上昇	縮小	上昇	上昇
3	価格上昇	低下	縮小	下落	上昇
4	価格下落	上昇	拡大	下落	下落
5	価格下落	上昇	拡大	下落	上昇

□□□ 67 利率1.6%、残存期間5年、購入価格101円の利付国債の最終利回りとして正しいものの番号を1つ選びなさい。

（注）答は、小数第4位以下を切り捨てること。

1　0.062%

2　1.023%

3　1.386%

4　1.401%

5　1.416%

66 4 （難易度 B）

転換社債の価格の変動要因別マトリクスは、以下のとおりです。

転換社債	金利	クレジットスプレッド	株価	ボラティリティ
価格上昇	低下	縮小	上昇	上昇
価格下落	上昇	拡大	下落	下落

1 ☒ ボラティリティの下落は転換社債価格の下落要因です。

2 ☒ 金利上昇は転換社債価格の下落要因です。

3 ☒ 株価の下落は転換社債価格の下落要因です。

4 ◯

5 ☒ ボラティリティの上昇は転換社債価格の上昇要因です。

67 3 （難易度 C）

$$最終利回り = \frac{利率 + \dfrac{償還価格 - 購入価格}{残存期間（年）}}{購入価格} \times 100$$

$$= \frac{1.6 + \dfrac{100 - 101}{5}}{101} \times 100$$

$$= 1.386\mathllap{/}1\cdots\%$$

∴　1.386%

□□□ 68 次の算式は、債券の応募者利回りを算出する算式である。算式の
（　　）に当てはまる語句の組合せとして正しいものの番号を１つ
選びなさい。

$$応募者利回り（\%）= \frac{利\ 率 + \dfrac{（\ イ\ ）-（\ ロ\ ）}{（\ ハ\ ）}}{（\ ニ\ ）} \times 100$$

1　イは償還価格、ロは購入価格、ハは所有期間、ニは購入価格
2　イは償還価格、ロは発行価格、ハは償還期限、ニは発行価格
3　イは償還価格、ロは償還価格、ハは償還期限、ニは購入価格
4　イは売却価格、ロは償還価格、ハは所有期間、ニは発行価格
5　イは売却価格、ロは購入価格、ハは償還期限、ニは購入価格

 **2** 　難易度 **C**

イ─償還価格

ロ─発行価格

ハ─償還期限

ニ─発行価格

9 章｜債券業務

□□□ 69 利率1.8%の10年満期の利付国債を101.50円で買い付けたところ、4年後に104.00円に値上がりしたので売却した。この場合の所有期間利回りとして正しいものの番号を1つ選びなさい。

（注）答は、小数第4位以下を切り捨てること。

1　2.389%

2　2.514%

3　2.643%

4　2.815%

5　2.987%

□□□ 70 利率年2.2%、償還期間6年、購入価格105円の利付債券の直接利回りとして正しいものの番号を1つ選びなさい。

（注）答は、小数第4位以下を切り捨てること。

1　1.676%

2　1.818%

3　2.095%

4　2.232%

5　2.514%

$$所有期間利回り = \frac{利率 + \dfrac{売却価格 - 購入価格}{所有期間（年）}}{購入価格} \times 100$$

$$= \frac{1.8 + \dfrac{104.00 - 101.50}{4}}{101.50} \times 100$$

$$= 2.3891\cdots\%$$

∴　2.389%

$$直接利回り（直利） = \frac{利率}{価格} \times 100$$

$$= \frac{2.2}{105} \times 100$$

$$= 2.0952\cdots\%$$

∴　2.095%

9章

債券業務

□□□ **71** 利率年3.0%、残存期間 5 年の利付債券について、最終利回りが 1.6%となるように購入した場合の購入価格として正しいものの番号を 1 つ選びなさい。

（注）答は、小数第 3 位以下を切り捨てること。

1　102.75円
2　103.65円
3　104.45円
4　105.35円
5　106.48円

□□□ **72** A氏は以下のように利付国債を売却したが、その経過利子を計算する際の経過日数として正しいものの番号を 1 つ選択しなさい。

直前の利払日	XX年 6 月20日
売買契約締結日（約定日）	XX年 9 月12日
受渡日	XX年 9 月13日
次の利払日	XX年12月20日

1　82日
2　83日
3　84日
4　85日
5　86日

$$購入価格 = \frac{償還価格 + (利率 \times 残存年数)}{1 + \left(\dfrac{利回り}{100} \times 残存年数\right)}$$

$$= \frac{100 + (3.0 \times 5)}{1 + \left(\dfrac{1.6}{100} \times 5\right)}$$

$$= 106.48\text{イ}\cdots 円$$

$$\therefore \quad 106.48円$$

経過利子を計算する場合の経過日数は、直前の利払日の翌日から、債券の受渡日までです。約定日ではありません。また、土曜日、日曜日及び祝日も日数にカウントします。

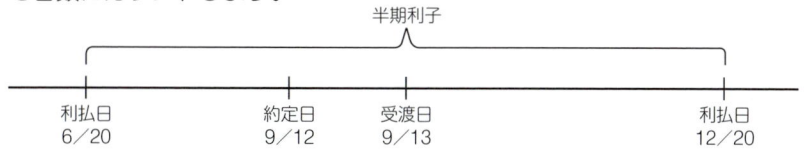

半期利子

利払日　　　　　約定日　　受渡日　　　　　　利払日
6／20　　　　　9／12　　9／13　　　　　　12／20

経過日数は、6月21日（直前の利払日の翌日）から9月13日（受渡日）までをカウントします。

6月：21日から30日までの10日間（6月は30日まで）

7月：31日間

8月：31日間

9月：13日までの13日間

∴経過日数＝10日間＋31日間＋31日間＋13日間＝85日間

□□□ 73 次の文章のうち、ある個人が利率年3.0％、額面100万円の上場国債を取引所取引により売り付けた場合で、経過日数が73日であるときの経過利子に関する記述として正しいものの番号を１つ選びなさい。

1 経過利子の額は4,781円であり、売却代金から経過利子が差し引かれる。

2 経過利子の額は4,781円であり、売却代金に経過利子が加えられる。

3 経過利子の額は6,000円であり、売却代金から経過利子が差し引かれる。

4 経過利子の額は6,000円であり、売却代金に経過利子が加えられる。

5 経過利子の額は6,723円であり、売却代金に経過利子が加えられる。

経過利子は売方が買方から受け取ります（売却代金に加えられます）。

経過利子（A）＝額面（100円）当たりの年利子 × $\dfrac{経過日数}{365}$

売買額面総額の経過利子＝（A）× $\dfrac{売買額面総額}{100}$

$3 \times \dfrac{73}{365} = 0.6$

$0.6 \times \dfrac{100万円}{100} = 6,000$

∴　6,000円

ある個人（居住者）が、額面100万円の長期利付国債を取引所取引により単価102円で購入したときの受渡代金として、正しいものの番号を1つ選びなさい。

（注）経過利子は1,200円、委託手数料は額面100円につき40銭（消費税相当額10％を考慮すること）で計算すること。

1　1,015,600円
2　1,025,600円
3　1,045,400円
4　1,071,800円
5　1,092,600円

$$受渡代金＝購入額面×\frac{（購入）単価}{100円}＋経過利子＋（委託手数料＋消費税）$$

$$=\left(1,000,000円×\frac{102円}{100円}\right)＋1,200円＋\left(1,000,000円×\frac{0.4}{100}×1.1\right)$$

$$=1,020,000円＋1,200円＋4,400円$$

$$=1,025,600円$$

9章 債券業務

売買代金計算式はしっかり覚えておきましょう。

$$買い代金＝購入額面×\frac{（購入）単価}{100円}＋経過利子＋（委託手数料＋消費税）$$

$$売り代金＝売却額面×\frac{（売却）単価}{100円}＋経過利子－（委託手数料＋消費税）$$

 確認POINT

10章

投資信託及び投資法人に関する業務

試 験 対 策

投資信託の種類が細かく出題されます。証券投資信託の仕組み
が出題の中心です。証券投資信託における運用についても頻出
なので、しっかり押さえておきましょう。また、投資法人につ
いては細かなところまで問われるので注意が必要です。ETFに
ついても出題されます。

推定配点&出題形式

○×問題：7問（14点）

5肢選択問題：2問（20点）

計**34**点／440点満点中

※配点・出題形式についてはフィナンシャル バンク インスティチュートの推定です。

○×問題

テキスト P222 〔投資信託とは〕- -

□□□ **1** 投資信託は、市場型間接金融といわれており、投資信託に内在する
リスクは、投資信託委託会社の信用リスクのみである。

□□□ **2** 投資信託は、信託銀行によって元本が保証されている。

□□□ **3** 投資信託及び投資法人の投資対象となる特定資産に、「デリバティ
ブ取引に係る権利」、「不動産」、「不動産の賃借権」が含まれる。

□□□ **4** 証券投資信託とは投資信託財産の総額の3分の1を超える額を有価
証券に対する投資として運用することを目的とした投資信託をいう。

テキスト P224 〔投資信託の種類〕- -

□□□ **5** 委託者指図型投資信託の投資信託財産には法人格はないが、投資法
人も投資信託財産自体には法人格はない。

□□□ **6** 委託者非指図型投資信託は、証券投資信託として設定されなければ
ならない。

□□□ **7** クローズド期間とは、投資信託約款によりあらかじめ配当を行わな
いと決めた期間のことをいう。

□□□ **8** 追加型投資信託は、最初に設定された信託の基金の上に次々と追加
設定を行って一個の大きな基金として運用するもので、信託期間は
10年である。

解 答 ・ 解 説

---

1 ✗ 投資信託に内在するリスクは、投資信託委託会社の信用リスクのみでなく、運用資産の価格変動リスクや信用リスク、外国資産の為替変動リスクなど多岐に及びます。 (難易度 **B**)

2 ✗ 投資信託の元本は保証されていません。 (難易度 **C**)

3 ○ (難易度 **B**)

4 ✗ 証券投資信託とは、投資信託財産の総額の2分の1を超える額を有価証券に対する投資として運用することを目的とした投資信託をいいます。 (難易度 **B**)

---

5 ✗ 委託者指図型投資信託においてはファンドに法人格はありませんが、投資法人においてはファンド自体に法人格があります。 (難易度 **B**)

6 ✗ 委託者非指図型投資信託は、証券投資信託以外の投資信託として設定されなければなりません。 (難易度 **B**)

7 ✗ クローズド期間とは、あらかじめ投資信託約款で定めた解約請求できない期間のことをいいます。 (難易度 **B**)

8 ✗ 追加型投資信託の信託期間は、無期限や長期であり、10年のみではありません。 (難易度 **B**)

□□□ 9 単位型投資信託は、ある一定の期間に投資家から資金を募り、集まった資金でファンドを設立した後は、追加の資金を受け付けない。

□□□ 10 いわゆるスポット投資信託は、その時々の投資者のニーズや株式市場、債券市場のマーケットの状況に応じて、これに適合した仕組みの投資信託をタイムリーに設定する投資信託で、単位型投資信託の一種である。

□□□ 11 投資信託及び投資法人は、特定資産のうちのどの種類の資産で運用するかによって、証券投資信託（証券投資法人）、不動産投資信託（不動産投資法人）、証券投資信託以外の投資信託、インフラ投資信託（インフラ投資法人）に区分される。

□□□ 12 公社債投資信託は株式を一切組み入れることはできないが、株式投資信託は公社債を組み入れることができる。

□□□ 13 株式の組入比率が30％未満である証券投資信託は、すべて公社債投資信託に分類される。

□□□ 14 外国投資信託は、外国において外国の法令に基づいて設定・運用される。

□□□ 15 外国投資信託には、円建ての投資信託はない。

□□□ 16 国内で公募される外国投資信託には、金融商品取引法のディスクロージャー規定は適用されない。

□□□ 17 マザー・ファンドとは、その受益権を投資信託委託会社自らが運用の指図を行う他の投資信託に取得させることを目的とする投資信託のことをいう。

9　◯　当初資金（ファンド）が設定された後は、資金の追加は行われません。
（難易度 **C**）

10　◯　（難易度 **B**）

11　◯　（難易度 **B**）

12　◯　（難易度 **C**）

13　✕　株式の組入が少しでもあれば株式投資信託に分類されます。（難易度 **C**）

14　◯　（難易度 **C**）

15　✕　外国投資信託は多くが外貨建てですが、円建ての外国投資信託も存在
します。（難易度 **B**）

16　✕　国内で公募される外国投資信託には、金融商品取引法のディスクロー
ジャー規定が適用されます。（難易度 **C**）

17　◯　（難易度 **B**）

□□□ 18 投資信託の分配は決算のつど行うことができるため、毎月決算を行い、毎月分配金を支払おうとする仕組みが毎月分配型ファンドである。

□□□ 19 毎月分配型投資信託の分配金は、毎月支払われるとは限らない。

□□□ 20 通貨選択型ファンドとは、株式や債券などといった投資対象資産に加えて、為替取引の対象となる円以外の通貨も選択することができるよう設計された投資信託である。

テキスト P232 〔証券投資信託の仕組み〕- -

□□□ 21 委託者指図型投資信託においては、「投資信託契約」は、一つの金融商品取引業者を委託者とし、一つの信託会社又は信託業務を営む認可金融機関を受託者とした両者の間で締結される。

□□□ 22 委託者指図型投資信託の受益証券を発行するためには、あらかじめ委託者、受託者及び受益者の三者間で投資信託約款に基づく信託契約が締結されていなければならない。

□□□ 23 証券投資信託において、投資信託財産の運用報告書は、委託会社が作成する。

□□□ 24 証券投資信託における委託者の業務には、投資信託契約の解約が含まれる。

□□□ 25 投資信託委託会社が投資信託契約を締結しようとするときは、当該投資信託契約に係る投資信託約款の内容をあらかじめ内閣総理大臣に届け出るものとされている。

□□□ 26 証券投資信託の投資信託約款の記載事項には、「委託者における公告の方法」が含まれる。

18 ◯ 難易度 **C**

19 ◯ 難易度 **C**

20 ◯ 難易度 **C**

---

21 ◯ 難易度 **B**

22 ✕ 委託者指図型投資信託において、投資信託契約は委託者及び受託者の二者間で締結されます。難易度 **B**

23 ◯ 難易度 **C**

24 ◯ 難易度 **C**

25 ◯ 難易度 **B**

26 ◯ 難易度 **B**

□□□ 27 委託会社は、投資信託を取得しようとする者に対して、必ず投資信託約款の内容を記載した書面を交付しなければならない。

□□□ 28 証券投資信託において、受託者となることができるのは、信託会社、信託業務を営む金融機関又は投資顧問会社である。

□□□ 29 委託者指図型投資信託では、受託者が投資信託財産の運用の指図を行う。

□□□ 30 証券投資信託において、目論見書の作成及び運用報告書の作成は受託会社の業務である。

□□□ 31 証券投資信託における受託会社は、投資信託財産の名義人となって投資信託財産を分別保管し、自己の名で管理する。

□□□ 32 投資信託財産は、すべて投資信託委託会社の名義となる。

□□□ 33 証券投資信託において、受託者は、投資信託財産の設定を業務として行う。

□□□ 34 証券投資信託の受益者は、投資信託契約に基づき信託の利益を受ける権利を有する者である。

□□□ 35 証券投資信託の受益者は、分配金、償還金の受領について受益権の口数に応じて均等の権利を有する。

□□□ 36 販売会社の投資信託に係る業務には、委託会社の代理人として受益者に対する償還金や分配金の支払いの取扱いがある。

27 ✗ 目論見書に投資信託約款の内容が記載されている場合などは、書面の交付を省くことができます。（難易度 **B**）

28 ✗ 投資顧問会社は、受託者となることはできません。（難易度 **B**）

29 ✗ 委託者指図型投資信託では、委託者が投資信託財産の運用の指図を行います。（難易度 **C**）

30 ✗ 目論見書及び運用報告書の作成は委託会社の業務です。（難易度 **B**）

31 〇 （難易度 **C**）

32 ✗ 投資信託財産は、受託会社の名義となります。（難易度 **B**）

33 ✗ 投資信託財産の設定は委託会社の業務です。（難易度 **B**）

34 〇 （難易度 **B**）

35 〇 （難易度 **B**）

36 〇 （難易度 **B**）

□□□ 37 信託報酬とは、投資信託財産の運用管理を行うことに対する報酬で、投資信託委託会社と受託会社が投資信託財産から受けるもので、所定の率を日割計算し、日々、投資信託財産から控除している。

テキスト P238 〔証券投資信託の運用〕- -

□□□ 38 アクティブ運用の代表的なものにインデックス運用があり、日経平均株価やTOPIXなどの指数をベンチマークとして、できるだけベンチマークに近い運用成果を目指す。

□□□ 39 トップダウン・アプローチとは、個別企業に対する調査・分析に基づいて、個別銘柄の積み重ねでポートフォリオを組成していく手法である。

□□□ 40 グロース株運用は企業の成長性を重視し、バリュー株運用は割安な株価を重視して株式の銘柄選択を行うアクティブ運用の運用スタイルである。

□□□ 41 株式のアクティブ運用のうち、企業の成長性を重視する運用手法をバリュー株運用という。

□□□ 42 債券投資信託の運用は、投資信託の設定・解約による資金変動に配慮しつつ、ポートフォリオの平均残存期間（デュレーション）を定めて流動性を確保し、組入債券の信用リスクの変化に注目して銘柄の入替を行うリスク・コントロールが基本である。

□□□ 43 投資信託委託会社は、証券投資信託の受益者のために忠実に、また、善良な管理者の注意をもって投資信託財産の運用の指図その他の業務を遂行しなければならない。

37 ◯ （難易度 **B**）

---

38 ✕ インデックス運用は、アクティブ運用ではなくパッシブ運用です。
（難易度 **C**）

39 ✕ トップダウン・アプローチとは、マクロ経済に対する調査・分析に基づいてポートフォリオを組成する方法です。問題文はボトムアップ・アプローチのことです。（難易度 **B**）

40 ◯ （難易度 **B**）

41 ✕ 企業の成長性を重視する運用手法はグロース株運用です。バリュー株運用とは株価が割安であることを重視する運用手法です。（難易度 **B**）

42 ◯ （難易度 **A**）

43 ◯ （難易度 **C**）

□□□ 44 証券投資信託において、信託財産に組み入れた有価証券に係る議決権の行使は受託会社が行うが、その指図は投資者である受益者が行う。

□□□ 45 証券投資信託において、投資信託委託会社は、自己が運用する投資信託財産の運用の指図について、他の投資信託委託会社に再委託することを一切禁止されている。

テキスト
P241 〔証券投資信託の販売〕- -

□□□ 46 投資信託の販売は金融商品取引法上の金融商品取引契約の締結に該当するため、金融商品取引業者等は販売に当たっては必ず契約締結前交付書面を作成し、あらかじめ投資家に交付しなければならない。

□□□ 47 公募投資信託を募集、販売し、取得してもらうためには、定められた時期に目論見書の交付が必要となるが、この目論見書には交付目論見書と請求目論見書とがある。

□□□ 48 あらかじめ投資家の同意を得た上で、目論見書の内容を電子メールで提供した場合には、当該目論見書を交付したものとみなされる。

□□□ 49 金融商品取引業者等は、MMFやMRFの換金を行うのに併せて、他のファンドへの取得の申込みを勧誘（乗換えの勧誘）する場合には、乗換えに関する重要な事項について説明を行わなければならない。

□□□ 50 単位型株式投資信託及び追加型株式投資信託の募集（販売）手数料は販売会社により異なる。

□□□ 51 追加型の株式投資信託において、外国の資産を組み入れたファンドの購入価額は、買付申込日の翌営業日の基準価額となる。

44 ✕ 証券投資信託において、信託財産に組み入れた有価証券へ係る議決権の行使は受託会社が行い、その指図は委託会社が行います。 [難易度 **B**]

45 ✕ 投資信託委託会社は、自己が運用する特定の投資信託財産の全部又は一部の運用指図権を、他の国内外の投資信託委託会社等に再委託することができます。ただし、その投資信託委託会社が運用するすべての投資信託財産の運用指図権の全部を再委託することはできません。[難易度 **B**]

---

46 ✕ 契約締結前交付書面に記載すべき内容が記載されている目論見書や、記載もれの事項を別途記載した書面を目論見書と共に交付した場合は、契約締結前交付書面の交付は必要ありません。[難易度 **B**]

47 ◯ [難易度 **C**]

48 ◯ [難易度 **B**]

49 ✕ 乗換えに関する重要事項の説明については、MMFやMRFを換金する場合は除外されています。[難易度 **B**]

50 ◯ [難易度 **B**]

51 ◯ [難易度 **B**]

□□□ 52 追加型投資信託が、基準価額適用日・申込締切時刻・海外取引所などの休業日における申込受付中止などの制度を設け、ブラインド方式を採用しているのは、フリーランチを防止し、金融商品市場の取引の公平性を保つためである。

テキスト P244 〔証券投資信託のディスクロージャー〕- -

□□□ 53 証券投資信託において、投資信託委託会社は、受益証券の取得の申込の勧誘が適格機関投資家私募の方法により行われた場合には、投資信託約款で運用報告書を交付しない旨を定めることができる。

テキスト P246 〔証券投資信託の計算〕- -

□□□ 54 証券投資信託の基準価額とは、投資信託財産の一口当たりの時価総額のことをいう。

□□□ 55 追加型株式投資信託の場合、経費控除後の配当等収益の全額に加え、期中の実現売買損益と期末時価で評価替えした評価損益との合計額から経費を控除し、前期から繰り越された欠損金がある場合にはその欠損金を補填した後の額を分配することができる。

□□□ 56 追加型株式投資信託における受益者の換金方法には、解約と買取の2つの方法がある。

□□□ 57 単位型投資信託は、信託期間が終了するまでは、いかなる場合も償還されることはない。

テキスト P249 〔証券投資信託の税金〕- -

□□□ 58 追加型株式投資信託の分配金は、普通分配金と元本払戻金（特別分配金）に分けられるが、課税対象となるのは元本払戻金（特別分配金）である。

52　◯　（難易度 **B**）

53　◯　（難易度 **B**）

54　✕　基準価額とは、投資信託財産の一口当たりの純資産価額のことをいいます。（難易度 **B**）

55　◯　（難易度 **B**）

56　◯　（難易度 **B**）

57　✕　残存口数が30億口を下回る場合など、定められた水準以下となれば償還することができます。（難易度 **B**）

58　✕　課税対象となるのは普通分配金です。（難易度 **B**）

□□□ 59 追加型株式投資信託の元本払戻金（特別分配金）の支払を受けた投資家については、分配金発生日（決算日）において、個別元本から元本払戻金（特別分配金）を控除した額が、当該受益者のその後の個別元本とされる。

□□□ 60 株式投資信託の普通分配金について、法人投資家は所得税及び復興特別所得税のみの源泉徴収となり、住民税の源泉徴収はない。

テキスト P251

〔投資法人〕--

□□□ 61 投資法人は、資産運用以外の行為を営業とすることができない。

□□□ 62 投資法人は、投資法人であることが明らかな場合にはその商号中に投資法人という文字を用いる必要がない。

□□□ 63 登録投資法人は、実際の資産運用業務、資産保管業務及びその他の一般事務について、外部委託することが義務付けられている。

□□□ 64 設立企画人の少なくとも1名には、設立しようとする投資法人が主として投資の対象とする特定資産と同種の資産の運用事務の経験などが資格要件として定められている。

□□□ 65 投資法人制度における規約は、投資法人の基本事項を定めたもので、契約型投資信託でいえば投資信託約款、株式会社でいえば定款に当たるものである。

□□□ 66 投資法人制度において、規約に記載すべき事項の1つに「投資法人が発行することができる投資口の総口数」がある。

□□□ 67 投資法人の成立時の出資総額は、設立の際に発行する投資口の払込価額の総額であり、1億円以上と定められている。

59　〇　(難易度 B)

60　〇　(難易度 A)

- -

61　〇　(難易度 C)

62　✕　投資法人は「投資法人」という文字を、その商号中に用いなければなりません。(難易度 C)

63　〇　(難易度 B)

64　〇　(難易度 B)

65　〇　(難易度 B)

66　〇　(難易度 B)

67　〇　(難易度 B)

□□□ 68 投資法人は、設立については登録制を採用しているが、業務については届出制を採用している。

□□□ 69 投資法人は投資口の募集を行うことができるが、投資法人の執行役員は投資証券等の募集等に係る事務を行ってはならない。

□□□ 70 「監督役員の選任・解任」及び「資産運用業務委託契約の承認」は投資主総会の決議事項とされている。

□□□ 71 投信法では、投資主が投資主総会に出席せず、かつ議決権を行使しないときは、議案に反対するとみなす旨を規約に定めることができるとしている。

□□□ 72 投資法人の役員には、執行役員、監督役員及び会計監査人の3種類がある。

□□□ 73 執行役員の数には制限はなく、1名でもよいとされ、役員会で選任される。

□□□ 74 投資法人の監督役員は投資主総会で選任され、その数に制限はなく1人でもよいとされる。

□□□ 75 ある投資法人の監督役員となっている者は、その同じ投資法人の執行役員を兼任することができない。

□□□ 76 資産運用会社は、資産運用に係る権限の一部について、他の運用業務を行う金融商品取引業者等に再委託することができる旨を、投資法人との契約に定めることができる。

68 ✕ 設立は届出制を採用していますが、業務は登録制を採用しています。
〔難易度 B〕

69 ◯ 〔難易度 C〕

70 ◯ 〔難易度 B〕

71 ✕ 規約に定めれば、投資主が投資主総会に出席せず、かつ議決権を行使しないときは議案について賛成したものとみなすことができます。
〔難易度 B〕

72 ✕ 投資法人の役員は執行役員と監督役員の2種類です。〔難易度 C〕

73 ✕ 執行役員は1人でもよいとされていますが、投資主総会で選任されます。〔難易度 B〕

74 ✕ 監督役員の数は、（執行役員の数＋1）以上の人数でなければなりません。〔難易度 B〕

75 ◯ 〔難易度 B〕

76 ◯ 〔難易度 B〕

□□□ 77 不動産投資法人は、主として不動産等や不動産等を主たる投資対象とする資産対応証券等に投資し、賃料収入等の運用益を投資者に分配する。

□□□ 78 ファンドの運用資産の50%以上を不動産等で運用するものであれば、不動産投資法人として取引所に上場することができる。

□□□ 79 不動産投資法人は上場株式と同様に市場で売買され、指値・成行注文のどちらも認められている。

□□□ 80 「一般事務受託者」とは、投資法人の委託を受けてその資産の運用及び保管に関する業務に係る事務を行う者をいう。

テキスト
P256 〔ETF〕--

□□□ 81 ETFは投資成果が株価指数や商品価格等の指標に連動するように設定され、取引所に上場される投資信託をいう。

□□□ 82 現物拠出型のETFの場合には、証券会社や機関投資家などの大口投資家は、株価指数に連動するETFであれば、対象株価指数に連動するように選定された現物株式のポートフォリオをファンドに拠出して、受益権を取得すること（設定）ができる。

□□□ 83 ETFは指値注文、成行注文が可能である。

□□□ 84 ETFの売買注文については信用取引が認められている。

□□□ 85 ETFの取引単位は、ファンドごとに定められている。

□□□ 86 ETFは、他の証券投資信託と同様に基準価額に基づく価格で購入・換金することができる。

77 ◯ （難易度 B）

78 ✕ 上場不動産投資法人は、金融商品取引所のルールにより、ファンド運用資産全体の70%以上が不動産等で占められることなどの要件を満たす必要があります。（難易度 B）

79 ◯ なお、信用取引も可能です。（難易度 B）

80 ✕ 一般事務受託者は、投資法人の委託を受けて、その資産の運用及び保管に関する業務以外の業務に係る事務を行います。（難易度 B）

- -

81 ◯ （難易度 C）

82 ◯ （難易度 B）

83 ◯ （難易度 B）

84 ◯ （難易度 B）

85 ◯ （難易度 B）

86 ✕ ETFは他の証券投資信託とは異なり、上場株式と同様に取引所における市場価格で売買されます。（難易度 B）

□□□ 87 ETFの収益の分配については、所得税法に対する税法上の取扱い
は、普通分配金と元本払戻金（特別分配金）に区別される。

テキスト
P257 〔公社債投資信託〕 -

□□□ 88 「長期公社債投資信託（追加型）」は換金代金の支払方法として、
キャッシングの制度がある。

□□□ 89 「長期公社債投資信託（追加型）」では、期末における元本超過額の
全額を分配することになっている。

87 ✕ ETFの収益の分配は、上場株式等の配当と同様に扱われるので、一般の株式投資信託のように普通分配金と元本払戻金（特別分配金）に区別されることはありません。 〔難易度 **B**〕

---

88 ✕ 長期公社債投資信託（追加型）には、キャッシングの制度はありません。 〔難易度 **B**〕

89 ◎ 〔難易度 **B**〕

□□□ **90** 次の文中のイ〜ニの（　　　）に当てはまる語句を正しく選んでいるものを1〜5より1つ選びなさい。

- ・（　イ　）型は、発行者が発行証券を買い戻すことができるファンドであり、換金は純資産価格（基準価額）に基づいて行われる。
- ・（　ロ　）型は、解約又は買戻しとこれによる基金の減少が原則として行われず、換金は市場で売却するしかない。
- ・（　ハ　）型は（　ニ　）型と比べると基金の資金量が安定している。

1　イ：オープンエンド　　　ロ：クローズドエンド
　　ハ：オープンエンド　　　ニ：クローズドエンド
2　イ：オープンエンド　　　ロ：クローズドエンド
　　ハ：クローズドエンド　　ニ：オープンエンド
3　イ：オープンエンド　　　ロ：クローズドエンド
　　ハ：クローズドエンド　　ニ：クローズドエンド
4　イ：クローズドエンド　　ロ：オープンエンド
　　ハ：オープンエンド　　　ニ：クローズドエンド
5　イ：クローズドエンド　　ロ：オープンエンド
　　ハ：クローズドエンド　　ニ：オープンエンド

90 2 （難易度 **B**）

イ：オープンエンド
ロ：クローズドエンド
ハ：クローズドエンド
ニ：オープンエンド

□□□ 91 証券投資信託における投資信託委託会社の業務として、誤っている
ものを2つ選びなさい。

1 投資信託財産の運用の指図
2 投資信託約款の届出・変更
3 投資信託財産の管理
4 目論見書、運用報告書などのディスクロージャー作成
5 投資信託約款の内容及び内容の変更に関する承諾・同意

1 ○

2 ○

3 ✕ 受託会社（信託会社及び信託業務を行う金融機関）の業務です。

4 ○

5 ✕ 受託会社（信託会社及び信託業務を行う金融機関）の業務です。

10

章

投資信託及び投資法人に関する業務

次の文中のそれぞれの（　　　）に当てはまる語句を下の語群から選びなさい。

証券投資信託の運用手法でアクティブ運用には、大別して、マクロ経済に対する調査・分析結果でポートフォリオを組成していく（　イ　）と個別企業に対する調査・分析結果の積み重ねでポートフォリオを組成していく（　ロ　）がある。
さらに、アクティブ運用には、企業の成長性を重視する（　ハ　）や株式の価値と株価水準を比較し、割安と判断される銘柄を中心にする（　ニ　）などがある。

語群
①グロース株運用　　　　　　②バリュー株運用
③トップダウン・アプローチ　④ボトムアップ・アプローチ
⑤パッシブ運用　　　　　　　⑥インデックス運用

1　イ④、ロ③、ハ①、ニ②
2　イ③、ロ④、ハ②、ニ①
3　イ③、ロ④、ハ①、ニ②
4　イ④、ロ③、ハ⑥、ニ⑤
5　イ③、ロ④、ハ⑥、ニ⑤

イ：③　　ロ：④　　ハ：①　　ニ：②　　難易度 **B**

[証券投資信託の運用手法]

インデックス運用：インデックス（TOPIXや日経平均株価などの指数）をベンチマークとし、ベンチマークにできるだけ近い運用成果を目指す手法。

アクティブ運用：多方面にわたる調査・分析を行い、ベンチマークとは異なるリスクをとって、ベンチマークを上回る運用成果を目指す手法。

トップダウン・アプローチ：マクロ経済に対する調査・分析結果に基づいて、ポートフォリオを組成する手法。

ボトムアップ・アプローチ：個別企業に対する調査・分析結果に基づき、個別銘柄の積重ねでポートフォリオを組成していく手法。

グロース株運用：企業の成長性を重視。

バリュー株運用：株式の価値と株価水準を比較し、株価が割安な銘柄を選ぶ。

💡 **確認POINT**

□□□ 93 証券投資信託の交付運用報告書の記載事項として正しいものを選んでいる選択肢を1つ選びなさい。

イ. 当該投資信託財産の計算期間中における資産の運用の経過
ロ. 運用状況の推移
ハ. 株式のうち主要なものにつき、銘柄ごとに、当期末現在における時価総額の投資信託財産の純資産額に対する比率
ニ. 公社債のうち主要なものにつき、銘柄ごとに、当期末現在における時価総額の投資信託財産の純資産額に対する比率

1 イ及びハ
2 イ及びニ
3 イ、ロ及びハ
4 ロ、ハ及びニ
5 イ、ロ、ハ及びニ全て

□□□ 94 証券総合口座用ファンド（MRF）に関する記述として、正しいものを1つ選びなさい。

1 買付日から30日未満の日に解約した場合、1万口（1口1円）について10円の信託財産留保額が控除される。
2 販売単位は、1口（1口10万円）単位とされている。
3 毎月決算が行われ、分配金は毎月末に再投資される。
4 株式投資信託に分類される。
5 キャッシング（即日引出）が可能である。

93　5　難易度 B

94　5　難易度 B

1　☒　MRFは信託財産留保額が控除されることはありません。

2　☒　販売単位は、1口（1口1円）単位とされています。

3　☒　毎月ではなく毎日決算が行われます。分配金は毎月末に再投資されます。

4　☒　公社債投資信託に分類されます。

5　◯

11章

証券税制

試 験 対 策

有価証券に関する税制が出題されます。所得税の基本を理解した上で、利子所得、配当所得、株式等の譲渡所得などについて押さえましょう。特定口座に関しても細かな知識が問われます。また、計算問題は得点源なので、よく練習して必ず正解できるようにしてください。5肢選択問題は、株式譲渡所得の計算、配当控除の計算、上場株式の相続の評価が出題の中心です。

推定配点&出題形式

○×問題：6問（12点）

5肢選択問題：1問（10点）

計**22**点／440点満点中

※配点・出題形式についてはフィナンシャル バンク インスティチュートの推定です。

○×問題

テキスト P260 〔所得税の概要〕- -

□□□ **1** 「居住者に対する国内課税」に関して、所得税の確定申告における所得金額計算上の収入金額とは、源泉徴収された所得税や復興特別所得税がある場合には、これらの税額を差し引いた後の金額（いわゆる手取金額）をいう。

□□□ **2** 居住者のうち、日本の国籍を有しておらず、かつ、過去10年以内において国内に住所又は居所を有していた期間の合計が5年以下である個人を「非居住者」という。

□□□ **3** 会社都合により退職した場合に支給される退職一時金は、一時所得に分類される。

□□□ **4** オープン型証券投資信託の元本払戻金（特別分配金）は、非課税所得である。

□□□ **5** 配当所得、一時所得、雑所得の損失の金額は、他の所得から損益通算により差し引くことができない。

□□□ **6** 分離課税には「申告分離課税」と「源泉分離課税」の2種類があるが、「株式等又は公社債等の譲渡に係る所得」は「申告分離課税」となっている。

□□□ **7** 「居住者に対する国内課税」に関して、個人（居住者）の証券関係の所得で確定申告不要制度の対象とされるものは、「内国法人から支払を受ける公募証券投資信託の収益の分配に係る配当等」と「源泉徴収選択口座内保管上場株式等の譲渡による所得」が含まれる。

解 答 ・ 解 説

1 ✗ 所得税の確定申告における所得金額計算上の収入金額とは、源泉徴収された所得税及び復興特別所得税がある場合には、これらの税額が差し引かれる前の金額（税引前の金額）に基づいて計算されます。　難易度 B

2 ✗ 記述は「非永住者」のものです。非居住者とは、居住者以外の個人をいいます。　難易度 B

3 ✗ 会社都合により退職した場合に支給される退職一時金は、退職所得に分類されます。　難易度 C

4 ○ 　難易度 B

5 ○ 配当所得、一時所得、雑所得の損失の金額は、損益通算できません。　難易度 B

6 ○ 　難易度 C

7 ○ 　難易度 B　証券関係の所得で確定申告不要制度の対象とされるものは以下のとおりです。

- 内国法人から支払いを受ける上場株式等の配当等（大口株主等を除く）
- 内国法人から支払いを受ける公募証券投資信託の収益の分配に係る配当等
- 特定口座の源泉徴収選択口座内の配当等
- 特定口座の源泉徴収選択口座内保管上場株式等の譲渡による所得
- 特定公社債等の利子　など

P265

□□□ 8 2013年1月1日から2037年12月31日まで、復興特別所得税として、各年分の所得税に係る基準所得税額の2.1％が課税される。

□□□ 9 利子、配当、給与、公的年金、退職金などについては、支払者がその支払いの際に、所定の税率により所得税を天引きして国に納付することになっており、これを「源泉徴収」という。

テキスト
P265 〔利子所得等の課税〕 -----------------------------

□□□ 10 利子所得とは、公社債・預貯金の利子だけでなく公社債投資信託などの収益の分配の所得も含まれる。

□□□ 11 借入金により利付国債を購入した場合には、その利子所得の金額の計算上、借入金に係る負債利子が控除される。

□□□ 12 居住者等が支払を受ける利子等で、特定公社債等の利子等一定のもの以外のもの（一般利子等）については、15.315％（居住者については、このほかに住民税5％）の税率による源泉徴収だけで課税関係が完了する一律源泉分離課税とされている。

□□□ 13 居住者等が支払を受ける特定公社債等の利子等については、他の所得と区別して、15.315％（居住者については、このほかに住民税5％）の税率による申告分離課税を選択することができ、また、確定申告不要の特例を適用することができる。

□□□ 14 財形住宅貯蓄の利子所得について、累積元本の非課税最高限度額は、財形年金貯蓄の利子所得の非課税とは別に、1人当たり元本550万円とされている。

8 ◯ 〔難易度 **B**〕

9 ◯ 〔難易度 **C**〕

----

10 ◯ 〔難易度 **C**〕

11 ✕ 利子所得については、負債利子控除の対象となりません。〔難易度 **B**〕

12 ◯ 〔難易度 **C**〕

13 ◯ 〔難易度 **C**〕

14 ✕ 財形住宅貯蓄の累積元本の非課税最高限度額は、財形年金貯蓄と合わせて、1人当たり元本550万円とされています。〔難易度 **B**〕

〔配当所得等の課税〕------------------------------------

□□□ **15** 居住者の所得に対する所得税に関して、証券投資信託の収益の分配
（公社債投資信託を除く）は、配当所得に分類される。
（注）証券投資信託については、国内で募集により発行されたもの
とする。

□□□ **16** 「居住者に対する国内課税」に関して、株式投資信託の収益の分配
（普通分配金）は配当所得とされ、公社債投資信託の収益の分配は
利子所得とされる。

□□□ **17** 土地信託による配当や信用取引による配当落調整額による所得は税
法上配当所得に含まれる。

□□□ **18** 2021年1月1日現在、居住者（大口株主等を除く）が受け取る上場
株式の配当金については、その配当所得に対して所得税及び復興特
別所得税が15.315％（他に住民税5％）源泉徴収される。

□□□ **19** 居住者が受け取る配当所得の原則的な課税制度において、配当所得
の金額は、その収入金額（源泉徴収税額の控除前）から、その年に
支払う元本取得のために要した負債の利子があるときは、その元本
所有期間に対応する負債の利子を控除した金額とされ、原則として
他の所得と合算して総合課税される。

□□□ **20** 居住者が上場株式等の配当金について配当控除の適用を受けたい場
合でも、その配当所得について確定申告を行う必要はない。

□□□ **21** 居住者が支払いを受ける証券投資信託の収益の分配について配当控
除を受けるには総合課税として確定申告をしなければならない。

15 ⭕ 〔難易度 C〕

16 ⭕ 〔難易度 C〕

17 ❌ 土地信託による配当は配当所得ではなく、信託運用方法による不動産所得及び譲渡所得等に該当します。また、配当落調整額も配当所得ではなく、信用取引による収益計算の要素となり、利益が出れば譲渡所得等につながります。〔難易度 B〕

18 ⭕ 〔難易度 C〕

19 ⭕ 負債利子控除といい、例えば、金融機関から借り入れて株式を購入し、一定期間保有後配当を受け取った場合に、受け取った配当収入から金融機関に支払った借入期間分の返済利子を差し引けます（すでに譲渡した株式等に係るものは負債利子控除できない）。〔難易度 C〕

20 ❌ 居住者が上場株式等の配当金について配当控除の適用を受けたい場合は、その配当所得について確定申告を行う必要があります。〔難易度 C〕

21 ⭕ 〔難易度 B〕

□□□ 22 配当控除の額は、その年分の税額を限度として税額控除され、控除しきれない金額があった場合は、翌年から3年間、繰越控除の対象となる。

□□□ 23 課税総所得金額等が1,000万円以下の場合における上場株式の配当所得に適用される所得税の配当控除の額は、当該配当所得の金額の10%相当額（控除対象税額を限度とする）である。

□□□ 24 「上場株式等に係る配当等」には、特定投資法人の投資口（公募・オープンエンド型）の配当等が含まれる。

□□□ 25 申告分離課税を選択した上場株式等に係る配当所得については、配当控除の適用が可能である。

テキスト
P274

〔**株式等の譲渡所得等に対する課税**〕- -

□□□ 26 「居住者に対する国内課税」に関して、株式等の譲渡による所得は、譲渡所得に分類されるので、事業所得又は雑所得として分類されることはない。

□□□ 27 上場株式等を譲渡した場合は、その譲渡所得等の金額に対して所得税及び復興特別所得税だけでなく住民税も課されることとなる。

□□□ 28 「居住者に対する国内課税」に関して、個人（居住者）の「一般株式等」の譲渡所得について確定申告による申告分離課税が適用される場合、この申告分離課税の適用対象となる「一般株式等」に該当するものに「金融商品取引所に上場されていない株式」が含まれる。

□□□ 29 申告分離課税制度が適用される上場株式等には、「公募投資信託の受益権」や「特定投資法人の投資口」は含まれるが、「国債及び地方債」は含まれない。

22 ✕ 配当控除は、その年分の税額を限度として控除され、控除しきれない金額があっても繰越控除されることはありません。(難易度 B)

23 ◯ (難易度 C)

24 ◯ (難易度 A)

25 ✕ 申告分離課税を選択した上場株式等に係る配当所得については、配当控除の適用はできません。(難易度 B)

- -

26 ✕ 居住者等の株式等の譲渡による所得は、取引規模の態様などにより、譲渡所得、事業所得又は雑所得に区分されます。(難易度 B)

27 ◯ (難易度 C)

28 ◯ (難易度 B)

29 ✕ 申告分離課税制度が適用される上場株式等には、「公募投資信託の受益権」、「特定投資法人の投資口」だけでなく「国債及び地方債」も含まれます。(難易度 B)

□□□ 30 申告分離課税の対象となる「上場株式等の譲渡による所得」と「一般株式等の譲渡による所得」との間の通算はできない。

□□□ 31 公募株式投資信託を一部解約した際に出た損失と上場株式等の譲渡益とを損益通算することはできない。

□□□ 32 上場株式等の譲渡益課税にあたっては、上場株式等の譲渡所得の金額の計算上生じた損失金額はなかったものとして考えるので次年度に繰り越して控除することはできない。

□□□ 33 信用取引で12月に売建てし、翌年2月に反対売買により決済した場合の所得は、売建てした日の属する年の所得とされる。

テキスト P278 〔特定口座〕---

□□□ 34 源泉徴収が選択された特定口座に係る上場株式等の譲渡所得等の金額又は損失の金額は、投資家自らが損益を計算して確定申告しなくてはならない。

□□□ 35 特定口座を開設している個人は、その特定口座を通じる特定口座内保管上場株式等の譲渡所得については源泉徴収の適用を受けることになる。

□□□ 36 信用取引に係る差金決済については、特定口座を通じて課税処理を行うことはできない。

30 ◯ ［難易度 B］

31 ✕ ここでは公募株式投資信託は上場株式等に該当するので、その譲渡損と上場株式等の譲渡益とを損益通算することは可能です。［難易度 B］

32 ✕ 上場株式等を譲渡したことにより生じた譲渡損失（損益通算の結果、その年の株式等の譲渡所得の金額の計算上控除しきれなかった損失の金額）については、一定の要件の下で、その年の翌年以後 3 年以内の株式等の譲渡所得の金額及び上場株式等の配当所得の金額から繰越控除ができる特例が設けられています。［難易度 B］

33 ✕ 反対売買（売建てを買埋め）して決済した日の属する年の所得とされます。［難易度 B］

34 ✕ 特定口座を開設し、「源泉徴収口座」を選択した場合には、上場株式等の配当等と譲渡損失の通算及び確定申告不要の特例を適用することができるので、損益計算は金融商品取引業者が行い、確定申告も不要となります。［難易度 B］

35 ✕ 特定口座を開設している個人は、その特定口座を通じる特定口座内保管上場株式等の譲渡所得等又は信用取引に係る差金決済について、「源泉徴収口座」と「簡易申告口座」の選択制となっており、必ず源泉徴収されるとは限りません。［難易度 B］

36 ✕ 特定口座内保管上場株式等の所得金額の計算・源泉徴収及び確定申告不要の特例は、特定口座を通じて行う信用取引に係る差金についても適用されます。［難易度 B］

□□□ 37 特定口座に入れられる上場株式等には、「特定口座開設届出書の提出後に、当該金融商品取引業者等への買付けの委託により取得をした上場株式等又は当該金融商品取引業者等から取得をした上場株式等で、その取得後直ちに当該口座に受け入れるもの」が含まれる。

□□□ 38 同一の金融商品取引業者等において同一人物が、特定口座と一般口座を持つことは可能である。

□□□ 39 特定口座は、個人1人につき一口座とされており、複数の金融商品取引業者に口座を設定することができない。

□□□ 40 金融商品取引業者は、特定口座を開設している個人に対し、「特定口座年間取引報告書」を2通作成し、1通を特定口座開設者に交付し、もう1通を自社で保管しなければならない。

□□□ 41 特定口座内の上場株式等の譲渡益は、口座を設定すれば、口座を設定した金融商品取引業者等に届出を行わなくても、源泉徴収の適用を受けることができる。

□□□ 42 源泉徴収選択口座内配当等に係る源泉徴収選択口座に上場株式等に係る譲渡損失がある場合であっても、配当所得と損益通算することはできない。

□□□ 43 特例の適用を受けた源泉徴収選択口座内配当等については確定申告不要の特例を適用することはできない。

37 ◯ （難易度 B）

38 ◯ （難易度 C）

39 ✕ 特定口座は、金融商品取引業者が異なればそれぞれの金融商品取引業者ごとに設定できます。（難易度 B）

40 ✕ 金融商品取引業者は所定の事項を記載した「特定口座年間取引報告書」を2通作成し、翌年1月31日までに、1通を税務署に提出し、他の1通をその特定口座開設者に交付しなければならないとされています。（難易度 B）

41 ✕ 特定口座を設定している金融商品取引業者等に特定口座源泉徴収選択届出書の提出又はその記載事項の電磁的方法による提供をすることにより、その特定口座内保管上場株式等の譲渡益につき源泉徴収の適用を受けることができます。（難易度 B）

42 ✕ 源泉徴収選択口座内配当等に係る源泉徴収選択口座に上場株式等に係る譲渡損失がある場合には、その源泉徴収選択口座内配当等について徴収して納付すべき所得税及び復興特別所得税の額は、その源泉徴収選択口座内配当等の額の総額から上場株式等に係る譲渡損失の金額を控除（損益通算）した残額に対して定められた源泉徴収税率を乗じて計算した金額とされます。（難易度 B）

43 ✕ 特例の適用を受けた源泉徴収選択口座内配当等についても確定申告不要の特例を適用することは可能です。この確定申告不要の特例を選択することにより、源泉徴収選択口座内において上場株式等の配当等と譲渡損失との損益通算に関する手続きを完了させられます。（難易度 B）

テキスト
P282 〔NISA〕- -

□□□ 44 一般NISA（非課税管理勘定）の口座の非課税期間は最長5年間で、途中売却した場合は売却部分の枠を再利用することができる。

□□□ 45 一般NISA（非課税管理勘定）の同一年分の非課税管理勘定は、同時に2以上の金融商品取引業者等で設定することができる。

□□□ 46 一般NISA（非課税管理勘定）の1非課税管理勘定における投資額は120万円を上限とする。

□□□ 47 一般NISA（非課税管理勘定）の口座内の譲渡損失の金額については、「上場株式等に係る譲渡損失の損益通算及び繰越控除の特例」の適用を受けることができる。

テキスト
P284 〔その他の所得税〕- -

□□□ 48 2016年1月1日以後に行う割引債の償還及び譲渡による所得については、公社債の譲渡所得等として15.315%（他に個人住民税5％）の税率による申告分離課税の対象となる。

□□□ 49 「居住者等に対する国内課税」に関して、割引債の源泉徴収については、発行時に行われる。

□□□ 50 有価証券オプション取引で権利行使して得た上場株券を譲渡したときの譲渡益には、先物取引等の雑所得等として所得税及び復興特別所得税15.315%（他に住民税5％）の税率による申告分離課税制度が適用される。

44 ❌ 一般NISA（非課税管理勘定）の口座の非課税期間は最長５年間ですが、途中売却した場合は売却部分の枠を再利用することはできません。
(難易度 B)

45 ❌ 一般NISA（非課税管理勘定）の同一年分の非課税管理勘定は、同時に２以上の金融商品取引業者等で設定できません。(難易度 B)

46 ⭕ (難易度 C)

47 ❌ 一般NISA（非課税管理勘定）の口座内の譲渡損失の金額は、「上場株式等に係る譲渡損失の損益通算及び繰越控除の特例」の適用を受けることができません。(難易度 B)

48 ⭕ (難易度 C)

49 ❌ 割引債を含む公社債の譲渡による所得が課税扱いとされたことに伴い、割引債の源泉徴収については発行時ではなく、利付債（利子が支払われる公社債）の利子と同様に償還時に行うこととされています。
(難易度 B)

50 ❌ 上場株券の売却益は先物取引等の雑所得ではなく、上場株式等の譲渡所得等にあたります。(難易度 B)

□□□ 51 居住者等が商品先物取引等や金融商品先物取引等（市場デリバティブ取引や店頭デリバティブ取引）を行い、差金等決済をした場合には、その差金等決済に係る先物取引による雑所得等の金額については、他の所得と区分し、20.315%（所得税及び復興特別所得税15.315%、住民税5%）の税率による申告分離課税が適用される。

□□□ 52 居住者等が商品先物取引や金融商品先物取引（市場デリバティブ取引や店頭デリバティブ取引等）を行い、差金等決済をした場合には、その差金等決済に係る先物取引による雑所得等の金額について、上場株式等の譲渡所得と損益通算をして税額を計算することができる。

□□□ 53 ストック・オプション制度に係る課税の特例に関して、いわゆる株価とストック・オプションによる権利行使価額との差額については、一定の要件の下で所得税及び復興特別所得税を課さないこととされている。

□□□ 54 取締役、執行役又は使用人がその会社の定時株主総会の決議に基づき、会社と締結した契約により与えられた自社株を購入できる権利（ストック・オプション）は、一定の要件の下では、権利行使により株式を時価より低い価額で取得しても当該株式の時価と権利行使価額との差額に対しては所得税を課さないこととされているが、その一定の要件に「権利行使価額の年間合計額が2,000万円を超えないこと」及び「付与される権利の行使は付与決議の日から2年以内はできないこと」が含まれる。

テキスト
P286 〔上場株式の評価（財産評価基本通達）〕- -

□□□ 55 「居住者に対する国内課税」に関して、相続によって取得する上場株式の評価は、相続があった日における金融商品取引所の公表する最終価額によらなければならない。

51 ◯ （難易度 **A**）

52 ✕ 先物取引による雑所得等の金額については、他の所得と区分し、15.315%（所得税及び復興特別所得税、他に住民税5％）の税率による申告分離課税が適用されます。上場株式等の譲渡所得等と損益通算することはできません。（難易度 **A**）

53 ◯ （難易度 **B**）

54 ✕ ストック・オプションの非課税特例を受けるための一定の要件の1つとして、「権利行使価額の年間の合計額が1,200万円を超えないこと」が挙げられます。（難易度 **A**）

- -

55 ✕ 相続によって取得する上場株式の相続税の評価は、その株式が上場されている金融商品取引所における課税時期（相続があった日）の最終価額となりますが、その最終価額が課税時期の属する月以前3か月間の毎日の最終価額の各月ごとの平均額のうち最も低い金額が、当初の最終価額よりも低い場合は、その最も低い価額によって評価します。（難易度 **B**）

□□□ 56 次に掲げる金融商品等に係る個人（居住者）の収益に対し、所得税及び復興特別所得税15.315％（居住者は他に住民税5％）の税率による源泉分離課税とされるものはどれか。該当するものを選んでいるものの番号を1つ選びなさい。

イ．金貯蓄口座の収益
ロ．懸賞金付公社債・公社債投資信託の受益権の懸賞金
ハ．抵当証券の利息
ニ．一時払養老保険及び一時払損害保険（保険期間が5年以内のもの又は5年超のもので5年以内に解約されたもの）の差益

1　イ及びロ
2　イ、ロ及びハ
3　ロ及びハ
4　ロ、ハ及びニ
5　イ、ロ、ハ及びニのすべて

56 5 〔難易度 **B**〕

以下の金融商品等の収益については、税法上の利子所得にはあたりませんが、利子所得と同様に、所得税・復興特別所得税15.315%（居住者については他に住民税5％）の税率による源泉分離課税とされます。

①抵当証券の利息（雑所得）
②金貯蓄口座等の収益（譲渡所得又は雑所得）
③懸賞金付公社債・公社債投資信託の受益権の懸賞金（一時所得）
④定期積金の給付補てん金（雑所得）
⑤相互掛金の給付補てん金（雑所得）
⑥為替予約されている（為替ヘッジ付き）外貨建定期預金の為替収益（雑所得）
⑦一時払養老保険及び一時払損害保険等（保険期間が5年以内のもの、又は5年超のもので5年以内に解約されたもの）の差益（一時所得）
⑧懸賞金付定期預金等の懸賞金品（一時所得）

11章｜証券税制

□□□ **57** 居住者が国内において支払いを受ける内国法人からの株式の期末配当金を総合課税として確定申告する場合の所得税の配当控除の額は、配当所得の金額に一定の率を乗じて求められるが、課税総所得金額等が1,040万円で、そのうち、配当所得の金額が60万円（源泉所得税控除前）の場合の所得税及び住民税の配当控除の額として正しいものの番号を1つ選びなさい。

（注）負債利子はないものとする。

（所得税の配当控除の額）	（住民税の配当控除の額）
1　40,000円	11,200円
2　45,000円	12,200円
3　50,000円	12,500円
4　55,000円	12,800円
5　60,000円	13,100円

株式等の配当控除率は以下のとおりです。

> 課税総所得金額等が1,000万円以下の部分について
> →配当所得金額の10%が所得税、2.8%が住民税
> 課税総所得金額等が1,000万円を超える部分について
> →配当所得金額の5％が所得税、1.4%が住民税

課税総所得金額等が1,040万円で、そのうち配当所得が60万円（源泉所得税控除前）なので、配当控除率は1,000万円を超える40万円が所得税5％、住民税1.4%であり、残りの20万円が所得税10%、住民税2.8%となります。

・所得税の配当控除額＝400,000円×5％＋200,000円×10%
　　　　　　　　　　＝40,000円
・住民税の配当控除額＝400,000円×1.4%＋200,000円×2.8%
　　　　　　　　　　＝11,200円

11
章

証券税制

□□□ 58 ある個人（居住者）が、A社株式（上場銘柄）を金融商品取引業者に委託して、現物取引により、下表のとおり、本年5月から同年8月までの間に10,000株を新たに買い付け、同年7月に3,000株の売却を行った。この売却による譲渡益（譲渡所得）の額として、正しいものの番号を1つ選びなさい。

> （注）本年中には、他に株式等の売買はないものとする。又、売買に伴う手数料その他の諸費用等は考慮しないものとする。なお、1株当たりの金額に1円未満の端数が出た場合には、その端数を切り上げるものとする。

年月日	売買の別	単　価	株　数
本年5月	買い	1,550円	5,000株
同年6月	買い	1,580円	2,000株
同年7月	売り	1,700円	3,000株
同年8月	買い	1,590円	3,000株

1　360,000円

2　378,000円

3　396,000円

4　423,000円

5　450,000円

譲渡した株式の１株当たりの原価

$$= \frac{1,550円 \times 5,000株 + 1,580円 \times 2,000株}{5,000株 + 2,000株}$$

$$= \frac{10,910,000円}{7,000株}$$

$$= 1,558.57\cdots円 （切り上げ）$$

$$\therefore \quad 1,559円$$

譲渡益（譲渡所得）＝1,700円 × 3,000株 － 1,559円 × 3,000株
　　　　　　　　　＝423,000円

□□□ 59 上場銘柄Ａ社株式の１株当たりの10月30日の終値及び最近３か月の最終価額の月平均額が以下のとおりである場合、当該株式の１株当たりの相続税の評価額として正しいものの番号を１つ選びなさい。なお、当該株式の課税時期は10月30日とする。

1	10月30日の終値	3,250円
2	10月中の終値平均株価	3,320円
3	9月中の終値平均株価	3,180円
4	8月中の終値平均株価	3,160円
5	7月中の終値平均株価	3,120円

相続によって取得する上場株式の相続税の評価は、その株式が上場されている取引所における課税時期（相続があった日）の最終価額となりますが、その最終価額が属する月以前3か月間の毎日の最終価額の各月ごとの平均額のうち最も低い価額が、当初の最終価額よりも低い場合は、その最も低い価額によって評価します。

本問であれば、10月30日の終値3,250円、10月中の終値平均株価3,320円、9月中の終値平均株価3,180円及び8月中の終値平均株価3,160円のうち、最も低い額である3,160円が相続税の評価額となります。なお、7月中の終値平均株価は4か月前になるので検討外です。

11章

証券税制

経済・金融・財政の常識

12章

試 験 対 策

経済は、GDPや景気動向指数といった経済指標についての考え方を理解し、それを正確にインプットする必要があります。金融についても、マネーストック、物価、金利、為替などに関する考え方をしっかりと理解しておいてください。また、金融市場や金融政策も重要な論点ですので、よく学習しておきましょう。財政では、予算編成の概要、政府支出の内容について出題されます。

推定配点&出題形式

○×問題：0問 （0点）

5肢選択問題：2問（20点）

計**20**点／440点満点中

※配点・出題形式についてはフィナンシャル バンク インスティチュートの推定です。

○×問題

テキスト P290 〔経済〕- -

☐☐☐ **1** 国民経済計算では「国内総生産＝雇用者報酬＋営業余剰＋固定資本減耗＋（間接税＋補助金）」の式が成立する。

☐☐☐ **2** GDPは一国の経済活動の様子を全体的にとらえる代表的な指標といえ、これは生産（又は付加価値）、分配（又は所得）、支出の3つの側面を持っており、3つのどの面から見ても等しいという意味で「三面等価の原則」が成り立っているという。

☐☐☐ **3** 物価関連統計のうち「GDPデフレーター」は、実質GDPを名目GDPで除して求められる。

☐☐☐ **4** 内閣府は、景気動向指数と呼ばれる指標を作成し、3か月に1度公表している。

☐☐☐ **5** 景気動向指数は、先行指数、一致指数及び遅行指数からなるが、東証株価指数は一致指数の1つである。

☐☐☐ **6** 景気動向指数の先行指数の1つに有効求人倍率がある。

☐☐☐ **7** DIによる景気動向指数においては、50%を上回れば景気は拡張し、逆に下回れば景気は後退しているとされている。

☐☐☐ **8** 「全国企業短期経済観測調査（日銀短観）」は、日本銀行が2か月に1度公表している。

☐☐☐ **9** 消費関連統計において、所得には、雇用者報酬、財産所得、混合所得、社会保障給付等がある。

- -

1 ✕　国民経済計算では「国内総生産＝雇用者報酬＋営業余剰＋固定資本減耗＋（間接税－補助金）」の式が成立します。**難易度 B**

2 ◯　**難易度 B**

3 ✕　「GDPデフレーター」は、名目GDPを実質GDPで除して求められます。**難易度 B**

4 ✕　内閣府は、景気動向指数と呼ばれる指標を作成し、毎月公表しています。**難易度 B**

5 ✕　東証株価指数は景気動向指数の先行指数です。**難易度 B**

6 ✕　有効求人倍率は景気動向指数の一致指数です。**難易度 B**

7 ◯　DIは採用系列のうち拡張した系列の割合を表した指標。基準となる50%を超えるか超えないかということだけが問題となっており、数値の水準には意味がなく、景気の方向感しかわかりません。**難易度 C**

8 ✕　「全国企業短期経済観測調査（日銀短観）」は、日本銀行が3か月ごとに公表しています。**難易度 B**

9 ◯　所得＝雇用者報酬＋財産所得＋混合所得＋社会保障給付等　**難易度 B**

□□□ **10** 消費関連統計において、可処分所得とは、所得から所得税を差し引いたものである。

□□□ **11** 消費関連統計において、「家計貯蓄」は、所得から可処分所得を差し引いて求められる。

□□□ **12** 消費関連統計のうち「家計貯蓄率」は、家計貯蓄を財産所得で除して求められる。

□□□ **13** 住宅関連統計のうち新設住宅着工は工事着工ベースであるため、新設住宅着工の戸数は景気の変動に先行して動く傾向があり、景気先行指標として利用されている。

□□□ **14** 完全失業率は、完全失業者数を労働力人口で除して求められる。

□□□ **15** 労働力人口は、就業者数と完全失業者数との合計であり、労働力人口比率はこの労働力人口に占める15歳以上人口の割合である。

□□□ **16** 雇用関連統計のうち「有効求人倍率」は、求職者数を求人数で除して求められる。

□□□ **17** 有効求人倍率は、一般に好況期に上昇し、不況期に低下し、景気の動きにほぼ一致して変動する。

□□□ **18** 有効求人倍率が1を上回るということは、「仕事を探している人の数」より「企業が募集している働く人の数」が相対的に多く、逆に1を下回るとその反対の状況であることを意味している。

□□□ **19** 有効求人倍率は、公共職業安定所等に登録した人のみを対象とするので、実態よりも高く表れる傾向がある。

10 ✕ 可処分所得とは、所得から所得税だけでなく、健康保険料、年金保険料、雇用保険料等を差し引いたものです。 （難易度 C）

11 ✕ 家計貯蓄は、可処分所得から消費支出を差し引いて求められます。（難易度 C）

12 ✕ 家計貯蓄率は、家計貯蓄を可処分所得で除して求められます。（難易度 B）

13 ◯ （難易度 B）

14 ◯ 完全失業者数は、求職活動はしたが仕事をしなかった人（完全失業者）の数。労働力人口は、15歳以上の人のうち、働く意思を持っている者の人口で、学生は含まれません。（難易度 B）

15 ✕ 労働力人口比率は15歳以上人口に占める労働力人口の割合です。（難易度 B）

16 ✕ 有効求人倍率は、求人数を求職者数で除して求めます。（難易度 B）

17 ◯ （難易度 C）

18 ◯ （難易度 B）

19 ◯ （難易度 B）

□□□ 20 労働生産性とは、労働投入量1単位当たりの生産量であり、生産量を就業者数と年間総労働時間の積で除したものである。

□□□ 21 労働投入量とは、就業者数と年間総労働時間の積で表される。

□□□ 22 企業物価指数（CGPI）は企業間で取引される財の価格の水準を指数で示したものであり、国内企業物価指数、輸出物価指数、輸入物価指数の3つの基本分類指数と、この他に基本分類指数を組み替えたり、調整を加えた参考指数があり、日本銀行から発表される。

□□□ 23 消費者物価指数（CPI）は総務省から発表される。

□□□ 24 消費者物価指数（CPI）は、家計が購入する約600品目の価格を各品目の平均消費額で加重平均した数値であり、その算出にあたっては、土地や住宅等の価格は含まれ、直接税や社会保険料等の非消費支出は含まれない。

□□□ 25 GDPデフレーターはGDPに計上されるすべての財・サービスを含むのでCPIよりも包括的な物価指標である。

□□□ 26 国際収支統計において、金融収支は、貿易・サービス収支、第一次所得収支及び第二次所得収支を合計して求められる。

□□□ 27 国際収支統計においては、経常収支が黒字の国は金融収支が黒字となるのに対し、経常収支が赤字の国は金融収支が赤字となるのが一般的である。

□□□ 28 国際収支統計は、「経常収支＋資本移転等収支−金融収支＋誤差脱漏＝0」になるように統計が作成されている。

20 ◎ $$労働生産性 = \frac{生産量}{就業者数 \times 年間総労働時間}$$ （難易度 **B**）

21 ◎ （難易度 **B**）

22 ◎ （難易度 **B**）

23 ◎ 消費者物価指数は、家計（消費者）が購入する各種の消費財やサービスの小売価格の水準を指数値で示したものです。（難易度 **C**）

24 ✕ 消費者物価指数（CPI）の算出にあたっては、土地や住宅等の価格も含まれません。（難易度 **B**）

25 ◎ （難易度 **B**）

26 ✕ 貿易・サービス収支、第一次所得収支及び第二次所得収支の合計は経常収支です。（難易度 **B**）

27 ◎ （難易度 **A**）

28 ◎ （難易度 **A**）

☐☐☐ 29 為替レートとは外国為替市場において異なる通貨が交換（売買）される際の交換比率のことであり、例えば、「1ドル130円」といった表示方法を邦貨建ての為替レートという。

☐☐☐ 30 ドルの需要が発生するのは、外国が日本から製品を輸入する場合や日本の債券・株式を購入する場合であり、ドルの供給が発生するのは、日本が外国から原材料や製品を輸入する場合や外国の債券・株式を購入する場合である。

☐☐☐ 31 貿易依存度は、自国の貿易額（輸出＋輸入）を名目GDPで除して求められる。

テキスト
P299
〔金融〕- -

☐☐☐ 32 通貨の基本的機能には、価値尺度としての機能、交換手段としての機能、価値の貯蔵手段としての機能がある。

☐☐☐ 33 マネーストックとは、国内の民間非金融機関が保有する通過量（一般の法人、個人及び地方公共団体等が保有する通貨の量）のことであり、国や金融機関が保有する預金等は含まれない。

☐☐☐ 34 現金通貨と預金通貨の合計をM1と呼び、M1に準通貨である定期性預金及びCDを加えたものをM3と呼ぶ。

☐☐☐ 35 マネーストック統計において、要求払預金はM1に計上される。

☐☐☐ 36 インフレが起こると通貨の価値がその分上がることになる。

☐☐☐ 37 実質金利から物価上昇率を差し引いたものが、名目金利である。

29 ◯ （難易度 **C**）

30 ✕ ドルの需要が発生するのは、日本が外国から原材料や製品を輸入する場合や、外国の債券・株式を購入する場合であり、ドルの供給が発生するのは、外国が日本から製品を輸入する場合や、日本の債券・株式を購入する場合です。（難易度 **B**）

31 ◯ 貿易依存度は、世界貿易の動向に、自分の国の経済がどの程度影響を受けるかを表したもの。（難易度 **B**）

32 ◯ （難易度 **C**）

33 ◯ （難易度 **B**）

34 ◯ （難易度 **B**）

35 ◯ （難易度 **B**）

36 ✕ インフレが起こると通貨の価値はその分下がることになります。（難易度 **B**）

37 ✕ 名目金利から物価上昇率を差し引いたものが実質金利です。（難易度 **C**）

□□□ 38 物価上昇率年0.5％の状況で年1.5％の金利で資金を借り入れた場合、実質金利は年２％となる。

□□□ 39 マーシャルのkとは、貨幣の量であるマネーストックを実際の経済活動の程度を表す名目GDPで除したものである。

□□□ 40 直接金融とは、金融機関自身が資金余剰主体から資金を調達し、その資金を資金不足主体に貸し付ける金融手法である。

□□□ 41 日本銀行は、銀行券の独占的発行権を有する「発券銀行」としての機能のほか、政府の出納業務を行う「政府の銀行」及び市中金融機関を対象に取引を行う「銀行の銀行」としての機能も有している。

□□□ 42 証券金融会社は、短期金融市場における金融機関相互の資金取引の仲介業務を行っている。

□□□ 43 短資会社は、金融商品取引法に基づき免許を受けて、信用取引の決済に必要な資金や有価証券を金融商品取引業者に貸し付ける業務を行っている。

□□□ 44 消費者金融会社やリース会社等のいわゆるノンバンクは、社債発行を通じて調達した資金を使って貸付業務を行うことができる。

□□□ 45 短期金融市場のうち、オープン市場は、金融機関相互の資金運用・調達の場として利用されており、非金融機関は参加できない市場である。

□□□ 46 短期金融市場のうち、インターバンク市場は、コール市場と手形市場からなり、日本銀行の金融調整や金利水準誘導の場としての機能を果たしている。

38 ✕ 物価上昇率年0.5%の状況で年1.5%の金利で資金を借り入れた場合、実質金利は年 1 ％（実質金利＝名目金利－期待インフレ率＝1.5%－0.5%＝1.0%）となります。〔難易度 **C**〕

39 ◯ 〔難易度 **B**〕

$$マーシャルのk＝\frac{マネーストック}{名目GDP}$$

40 ✕ 問題文は、間接金融のこと。直接金融は、証券市場で企業や政府が株式や債券を発行し、資金調達する方法（資金不足主体が発行した証券を、資金余剰主体が購入する方法）です。〔難易度 **C**〕

41 ◯ 〔難易度 **B**〕

42 ✕ 問題文は、短資会社のことです。〔難易度 **B**〕

43 ✕ 問題文は、証券金融会社のことです。〔難易度 **B**〕

44 ◯ 〔難易度 **C**〕

45 ✕ 問題文は、インターバンク市場のことです。オープン市場とは、広く一般の事業法人等が参加できる市場のことをいいます。〔難易度 **C**〕

46 ◯ 〔難易度 **B**〕

□□□ 47 コール市場における資金の最大の貸し手は信託銀行である。

□□□ 48 インターバンク市場のうちコール市場で取引されているのは、翌日物（オーバーナイト物）のみである。

□□□ 49 CDの流通市場において、事業法人等はCD現先の買い手として参加している。

□□□ 50 国庫短期証券は、日銀の公開市場操作の対象である。

□□□ 51 CPの流通市場においては、短期の現先取引が最大の割合を占めている。

□□□ 52 短期プライムレートとは、日本銀行の民間金融機関に対する貸出金について適用される基準金利のことをいう。

□□□ 53 基準割引率及び基準貸付利率とは、日銀の民間金融機関に対する貸出金について適用される基準金利のことであり、一般的に商業手形割引歩合で代表される。

□□□ 54 日本銀行の代表的な金融政策手段は公開市場操作である。

□□□ 55 日銀の日々の金融調節は、日本銀行政策委員会が金融政策決定会合で決定した金融市場調節方針に従って、オペレーションによって行われている。

47 ◯ （難易度 **B**）

48 ✕ インターバンク市場のうち、コール市場で取引されているのは、翌日物（オーバーナイト物）と各種期日物があります。（難易度 **B**）

49 ◯ CD（Negotiable Certificate of Deposit）とは譲渡性預金の略称で、第三者に譲渡可能な大口預金のことです。（難易度 **B**）

50 ◯ （難易度 **C**）

51 ◯ （難易度 **B**）

52 ✕ 問題文は、基準割引率及び基準貸付利率のこと。短期プライムレートは、最も信用力がある企業に対する短期最優遇貸出金利です。（難易度 **B**）

53 ◯ （難易度 **B**）

54 ◯ 日銀が金利を調整する主な方法には、公開市場操作（オペレーション）と預金準備率操作があり、公開市場操作が金融政策の中心となっています。（難易度 **C**）

55 ◯ （難易度 **B**）

□□□ 56 公開市場操作とは、貸付利率を入札に付して行う貸付けあるいは日本銀行が市場で債券や手形の売買を行って、民間金融機関が日銀に保有する当座預金残高を増減させ、短期金利に影響を与える政策である。

□□□ 57 日本銀行の行う公開市場操作の対象は、手形に限られている。

□□□ 58 日本銀行の行う公開市場操作の対象に、国債証券は含まれるが株券は含まれない。

□□□ 59 日本銀行が市場で債券などを買い入れて資金供給する場合を「買いオペ」、逆に売却して資金吸収する場合を「売りオペ」という。

□□□ 60 「買いオペ」とは、日本銀行が預金準備率を変更することによって金融機関の支払準備を増減させ、金融市場に影響を与えることをいう。

□□□ 61 日本銀行が行う預金準備率操作において、預金準備率を上げる目的は、民間金融機関の貸出金利を低下させることである。

□□□ 62 BIS（Bank for International Settlements）とは、世界の主要国中央銀行の出資によって設立された国際決済銀行のことであり、中央銀行間の決済や国際金融問題に関する協議・調査を行っている。

□□□ 63 ペイオフ制度とは、金融機関が破綻した場合、そこに預けてある預金などを、１名義当たり合算して元本と利息をあわせて1,000万円を限度に預金保険機構が払い戻す制度である。

テキスト
P309 〔財政〕- -

□□□ 64 予算の作成、国会への提出は財務大臣が行い、実際に予算案の編成を行うのは内閣である。

56 ◯ （難易度 **C**）

57 ✕ 日本銀行の行う公開市場操作の対象は手形に限らず、国債などの債券も含まれます。（難易度 **C**）

58 ◯ （難易度 **B**）

59 ◯ 買いオペでは、民間の資金量が増加し、金利が低下。売りオペでは、民間の資金量が減少し、金利が上昇します。（難易度 **B**）

60 ✕ 問題文の記述は、「買いオペ」ではなく、「預金準備率操作」のものです。（難易度 **B**）

61 ✕ 預金準備率操作において、預金準備率を上げる目的は、民間金融機関の貸出金利を上昇させることです。（難易度 **B**）

62 ◯ （難易度 **C**）

63 ✕ 「元本と利息をあわせて1,000万円」ではなく「元本1,000万円とその利息分」です。（難易度 **B**）

64 ✕ 予算の作成、国会への提出は内閣が行い、実際に予算案の編成を行うのは財務大臣です。（難易度 **B**）

□□□ 65 国会における予算審議は、まず参議院で行われる。

□□□ 66 参議院が衆議院の可決した予算案を受け取ってから60日以内に議決しない場合、予算は自然成立する。

□□□ 67 参議院が衆議院の可決した予算案を否決した場合は、両院協議会を開くことになっている。

□□□ 68 「補正予算」とは、予算成立までの期間の必要経費だけを計上した予算である。

□□□ 69 国民負担率とは、国民所得に対する租税負担の比率である。

□□□ 70 日本の一般会計における基礎的財政収支対象経費の中で最も金額の大きな経費は、公共事業関係費である。

□□□ 71 国債費とは一般会計で社会保障関係費に次ぐ大きい支出で、過去に発行した国債の元利払いのための支出である。

□□□ 72 いわゆる赤字国債は、財政法第4条1項但書に基づいて発行され、4条国債とも呼ばれている。

□□□ 73 プライマリー・バランスとは、公債金収入を含む収入と利払費及び債務償還費を含めた支出との収支のことである。

□□□ 74 「地方税」とは、納税者が地方公共団体を通じて国に納める税金のことである。

□□□ 75 国及び地方公共団体の予算は、ともに一般会計予算と特別会計予算から構成されている。

65 ✕ 国会における予算審議は、まず衆議院で行われます。 （難易度 C）

66 ✕ 60日以内ではなく30日以内です。 （難易度 C）

67 ◯ さらに、両院協議会においても意見が一致しない場合には、衆議院の議決が国会の議決となり、予算が成立します。 （難易度 B）

68 ✕ 問題文は、暫定予算のことです。補正予算は、予算成立後に新たに追加される予算です。 （難易度 C）

69 ✕ 国民負担率とは、国民所得に対する租税及び社会保障負担の比率です。 （難易度 C）

70 ✕ 日本の一般会計における基礎的財政収支対象経費の中で最も金額の大きな経費は、社会保障関係費です。 （難易度 C）

71 ◯ （難易度 B）

72 ✕ いわゆる赤字国債は、特例公債法に基づいて発行され、特例国債とも呼ばれています。 （難易度 C）

73 ✕ プライマリー・バランスとは、公債金収入以外の収入と利払費及び債務償還費を除いた支出との収支のことです。 （難易度 B）

74 ✕ 「地方税」とは、納税者が地方公共団体に納める税金のことです。 （難易度 C）

75 ◯ （難易度 C）

□□□ 76 次のうち、マネーストック統計において、M1に計上されるものとして正しいものの番号を2つ選びなさい。

1 当座預金
2 定期積金
3 投資信託
4 国債
5 普通預金

76　1、5　（難易度 **B**）

マネーストックは以下のように複数存在しています。

M1	現金通貨＋預金通貨（普通預金、当座預金等の要求払預金）
M3	M1＋準通貨（定期性預金）＋CD（譲渡性預金）
M2	M3のうち預金の預け先が国内銀行等（ゆうちょ銀行を除く）に限定されたもの
広義流動性	M3に、金銭の信託、投資信託、金融債、銀行発行普通社債、金融機関発行CP、国債、外債を加えたもの

12
章

経済・金融・財政の常識

□□□ **77** 日本の2020年度の一般会計歳出の内訳について、以下の歳出額の比較として正しいものの番号を1つ選びなさい。

1 地方交付税交付金 > 社会保障関係費 > 防衛関係費

2 社会保障関係費 > 防衛関係費 > 地方交付税交付金

3 防衛関係費 > 公共事業関係費 > 社会保障関係費

4 社会保障関係費 > 地方交付税交付金 > 防衛関係費

5 地方交付税交付金 > 社会保障関係費 > 公共事業関係費

4 **難易度 B**

①社会保障関係費

②地方交付税交付金

③公共事業関係費

④文教及び科学振興費

⑤防衛関係費

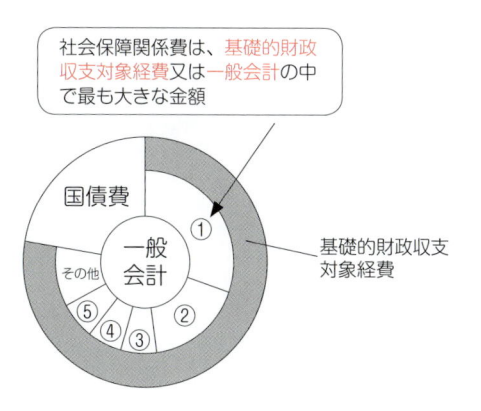

社会保障関係費は、基礎的財政収支対象経費又は一般会計の中で最も大きな金額

13 章

証券市場の基礎知識

この科目は内容が他の科目と重複しているので、改めて学ぶことは少ないですが、ここだけで10点取れますので、取りこぼしのないようにしましょう。試験では、3つの自主規制機関や証券取引等監視委員会、そして証券金融会社の内容がよく問われます。

推定配点&出題形式

○×問題：0問　（0点）

5肢選択問題：1問（10点）

計**10**点／440点満点中

※配点・出題形式についてはフィナンシャル バンク インスティチュートの推定です。

○×問題

テキスト P316 〔金融システムと証券市場〕- -

□□□ **1** 証券市場のうち、株式市場は「直接金融」に分類され、債券市場は「間接金融」に分類される。

□□□ **2** 直接金融では金融仲介機関が資金回収にかかわるリスクを負い、間接金融では資金の最終的貸し手（投資家）がリスクを負う。

□□□ **3** 市場型間接金融とは、銀行などの金融機関が資金供給者から預かった資金を、直接企業に貸付けるのではなく、企業が発行する社債やCPなどの有価証券に投資することをいう。

□□□ **4** 金融商品取引法上の投資者保護は、投資対象となる有価証券の価格を保証したり、株式の配当を約束するものである。

テキスト P318 〔証券市場〕- -

□□□ **5** 有価証券が発行者から直接にあるいは証券会社や金融機関等の仲介者を介して、投資者に第一次取得される市場を「流通市場」という。

□□□ **6** 既発行となった証券が、第一次投資者から、第二次、第三次投資者に転々流通する市場を「発行市場」という。

□□□ **7** 流通市場は、取引所金融商品市場と債券市場に、大きく分類される。

1 ✕ 株式市場、債券市場ともに「直接金融」に分類されます。 難易度 **C**

2 ✕ 「直接金融」と「間接金融」が逆です。間接金融では金融仲介機関が資金回収にかかわるリスクを負うのに対して、直接金融では資金の最終的貸し手（投資家）がリスクを負います。 難易度 **C**

3 ◯ 難易度 **C**

4 ✕ 金融商品取引法上の投資者保護は、投資対象となる有価証券の価格を保証したり、株式の配当を約束するなど、投資の勧誘にあたって、損益をあらかじめ約束したり保証するものではなく、ルールを整備して証券投資に関する情報を正確・迅速に投資者が入手できるように（ディスクロージャー）また、不公正取引から投資者を回避させることを基本としています。 難易度 **B**

5 ✕ 「流通市場」ではなく「発行市場」です。 難易度 **C**

6 ✕ 「発行市場」ではなく「流通市場」です。 難易度 **C**

7 ✕ 流通市場は、大きく分けて、（取引所）金融商品市場と金融商品市場以外の市場（店頭市場）に分類されます。 難易度 **C**

13章 証券市場の基礎知識

□□□ 8 金融商品取引業者が店頭デリバティブ業務を行うにはリスクが高い
ので内閣総理大臣の認可が必要である。

□□□ 9 金融商品取引業の規制方式には、監督官庁（金融庁）による公的規
制のほか、自主規制機関を通じて行われる規制がある。

□□□ 10 日本証券業協会は、自主規制機関の1つである。

□□□ 11 証券取引等監視委員会には、インサイダー取引や金融商品取引業者
等による損失保証や損失補てん等の公正を損なう行為についての強
制調査権が付与されている。

□□□ 12 証券取引等監視委員会は、証券業界の自主規制機関である。

□□□ 13 日本証券金融は、金融商品取引法に基づき内閣総理大臣の免許を受
けた証券金融専門の株式会社である。

8 ✕ 内閣総理大臣の登録が必要です。 ［難易度 **B**］

9 ◯ 金融商品取引法により、各金融商品取引所、日本証券業協会、投資信託協会の3団体が自主規制機関としての資格を付与され、監督官庁の公的規制と並んで、金融商品取引業規制の柱となっています。［難易度 **B**］

10 ◯ ［難易度 **B**］

11 ◯ 金融商品取引業者・金融機関等の定期検査、捜査当局への告発、金融庁長官や財務大臣へ行政処分勧告などを行います。 ［難易度 **B**］

12 ✕ 証券取引等監視委員会は証券業界の監督官庁であり、自主規制機関ではありません。 ［難易度 **B**］

13 ◯ ［難易度 **B**］

14章

セールス業務

ここでは①常識的に答えられるコンプライアンスの問題と②倫理コードを中心に出題されます。とくに倫理コードについては細かいところまで問われるので、よく読み込んでおきましょう。また、練習問題を解いて出題のされ方を確認しておくことも必要です。この科目も少ないボリュームで10点取れるので、確実に得点できるようにしましょう。

推定配点&出題形式

○×問題：5問（10点）

5肢選択問題：0問 （0点）

計**10**点／440点満点中

※配点・出題形式についてはフィナンシャル バンク インスティチュートの推定です。

○×問題

テキスト P322**〔法律・ルールの遵守（コンプライアンス）〕** -

□□□ **1** 外務員は、金融商品取引業者に対する投資者の信頼に応えられるように、高い倫理性に立脚して最善を尽くさなければならない。

□□□ **2** 顧客の注文が相場操縦等不正な取引になることを知りながら、その注文を受託した。

□□□ **3** 投資勧誘を行った銘柄について責任を持つため、顧客と損益を共にすることを約束して投資勧誘を行った。

□□□ **4** かなりの自信をもって推奨できる銘柄であったので、断定的な判断による勧誘を行った。

□□□ **5** 外務員は、投資者に対し、将来における株式の価格の騰落について、断定的にアドバイスしなければならない。

□□□ **6** 投資経験があまりない顧客から、アドバイスを求められたので、外務員自身が投資の最終決定を行った。

□□□ **7** 顧客にとって最適であると確信してハイ・リターンの商品を勧めたが、当該顧客は確定利付商品を選択したことから、最終的に顧客の意向に従った。

□□□ **8** 投資は投資家自身が判断し、その結果は投資家自身に帰属することを顧客に理解してもらった。

□□□ **9** 市況が大きく変動していたが、顧客と連絡が付かなかったため、同意を得ることなく当該顧客の計算により売買を行った。

1　◯　難易度 C

2　✕　不正な取引になることを知りながら、その注文を受託してはなりません。難易度 C

3　✕　顧客と損益を共にすることを約束して投資勧誘を行ってはなりません。難易度 C

4　✕　断定的判断の提供による勧誘は禁止行為にあたります。難易度 C

5　✕　断定的なアドバイスは禁止されています。難易度 C

6　✕　投資の最終決定者は、投資者自身です。難易度 C

7　◯　難易度 C

8　◯　難易度 C

9　✕　同意を得ることなく顧客の計算により売買を行うことは禁止されています。難易度 C

□□□ **10** 投資者が投資目的や資金量にふさわしくない投資を行おうとしている場合、協会員は、会社での権限や立場、利用可能な比較優位情報を利用しながら投資者に代わってその投資の決定を行う。

□□□ **11** 投資を最終的に決定するのはあくまで投資者自身であり、市況の変動が大きい場合を除いて外務員が決定することがあってはならない。

□□□ **12** 目論見書に予想分配率が表示されていない証券投資信託について、過去の分配率から外務員自身が予想した分配率を示し、投資勧誘を行った。

□□□ **13** 顧客に投資信託の仕組みについて十分説明し、理解させたうえで、投資勧誘を行った。

□□□ **14** 外務員は、投資家に投資アドバイスを行う際は、合理的な根拠に基づき十分な説明を行う必要がある。また、投資家の誤解を招かないためにも、その説明内容や使用する資料などは正確でなければならない。

□□□ **15** 顧客の投資目的、資金量、投資知識等を考慮し、それにあった商品、数量及び頻度の投資勧誘を行った。

□□□ **16** 顧客がその投資目的や資金量にふさわしくない投資を行おうとしたので、考え直すよう適切にアドバイスした。

□□□ **17** 顧客に対し、能動的にコミュニケーションをとって、当該顧客の事情を探ったうえで、顧客の投資ニーズに合うと判断した商品の勧誘を行った。

10 ❌ あくまで投資の決定を行うのは、その投資者自身です。〔難易度 **C**〕

11 ❌ 市況の変動が大きい場合であっても、投資の最終判断は投資者自身で行うものです。〔難易度 **C**〕

12 ❌ 外務員自身が分配率を予想し、投資勧誘を行ってはなりません。〔難易度 **C**〕

13 ⭕ 〔難易度 **C**〕

14 ⭕ 〔難易度 **C**〕

15 ⭕ 〔難易度 **C**〕

16 ⭕ 〔難易度 **C**〕

17 ⭕ 〔難易度 **C**〕

〔倫理コード〕--

□□□ 18 倫理コードの「社会規範及び法令等の遵守」には、「良き企業市民
として、社会の活動へ積極的に参加し、社会秩序の安定と維持に貢
献する。反社会的な活動を行う勢力や団体等に毅然たる態度で対応
し、これらとの取引を一切行わない」と掲げられている。

□□□ 19 「利益相反の適切な管理」とは、業務に関し生ずる利益相反を適切
に管理しなければならず、又、地位や権限、業務を通じて知り得た
情報等を用いて、不正な利益を得ることはしないことである。

□□□ 20 協会員は、仲介者として、顧客が反社会的な活動を行う勢力や団体
等であっても、常に顧客のニーズや利益を重視して取引を行う。

□□□ 21 「顧客利益を重視した行動」とは、投資に関する顧客の知識、経験、
財産、目的などを十分に把握し、これらに照らした上で、常に顧客
にとって最善となる利益を考慮して行動することである。

□□□ 22 協会員は、仲介者として、常に顧客のニーズや利益を重視し、顧客
の立場に立って、誠実かつ公正に業務を遂行する。

□□□ 23 協会員は、顧客に対して投資に関する助言行為を行う場合、中立的
立場から自己の見解を事実として説明した上で、専門的な能力を活
かし助言する。

□□□ 24 倫理コードの「資本市場における行為」には、「法令や規則等に定
めのないものであっても、社会通念や市場仲介者として求められる
ものに照らして疑義を生じる可能性のある行為については、自社の
倫理コードと照らし、その是非について判断する。また、関連する
法令や規則等のもとで、投資によってもたらされる価値に重要な影
響を与えることが予想される内部情報等の公開されていない情報を
適切に管理する」と掲げられている。

18 ✕ 倫理コードの「社会規範及び法令等の遵守」には、「投資者の保護や取引の公正性を確保するための法令や規則等、金融商品取引に関連するあらゆるルールを正しく理解し、これらを厳格に遵守するとともに、一般的な社会規範に則り、法令や規則等が予見していない部分を補う社会常識と倫理感覚を保持し、実行する」と掲げられています。
（難易度 B）

19 ○ （難易度 C）

20 ✕ 協会員は「反社会的な活動を行う勢力や団体等に毅然たる態度で対応し、これらとの取引を一切行わない」とされています。（難易度 C）

21 ○ （難易度 C）

22 ○ （難易度 C）

23 ✕ 「自己の見解を事実として説明した上で」ではなく、「事実と見解を明確に区分した上で」です。（難易度 B）

24 ○ （難易度 B）

14章 | セールス業務

□□□ 25 協会員は、資本市場に関する公正性及び健全性について正しく理解し、資本市場の健全な発展を妨げる行為をしない。又、資本市場の健全性維持を通して、果たすべき社会的使命を自覚して行動する。

□□□ 26 対象となる行為等が、法令や自主規制規則では是非が判断できず、迷った時は常に周りの人と同じ行動をするべきである。

□□□ 27 「顧客本位の業務運営に関する原則」では、金融機関等が各々のおかれた状況に応じて、形式ではなく実質において顧客本位の業務運営が実現できるよう、「プリンシプルベース・アプローチ」が採用されている。

25 ⭕ （難易度 **C**）

26 ❌ 対象となる行為等が、法令や自主規制規則では是
為であっても、倫理規範から判断することは可能でできない行
理コードには法令や自主規制規則を補完する機能が期ように倫
ています。

（難易度 **B**）

27 ⭕ （難易度 **B**）

25 ◯ （難易度 C）

26 ✕ 対象となる行為等が、法令や自主規制規則では是非が判断できない行為であっても、倫理規範から判断することは可能です。このように倫理コードには法令や自主規制規則を補完する機能が期待されています。
（難易度 B）

27 ◯ （難易度 B）

14章 ｜ セールス業務

15 章

信用取引

試 験 対 策

信用取引は制度概要から計算問題までまんべんなく出題されます。決済方法については、差金決済と受渡決済の違いを理解した上で、それぞれの算式をインプットしましょう。委託保証金、追加保証金については計算問題が多く出題されます。テキストで例題としてとりあげた4つのパターンを理解し、確実に解答できるように備えましょう。

推定配点&出題形式

○×問題：1問 （2点）

5肢選択問題：2問（20点）

計**22**点／440点満点中

※配点・出題形式についてはフィナンシャル バンク インスティチュートの推定です。

○×問題

テキスト P328 〔信用取引制度の概要〕 -

□□□ **1** 信用取引とは、金融商品取引業者が顧客に信用を供与して行う有価証券の売買その他の取引をいう。

□□□ **2** 貸借銘柄とは、貸借取引により、金融商品取引業者から金銭及び有価証券を貸し付けてもらうことができる銘柄で、制度信用銘柄の中から取引所が選定する。

□□□ **3** 証券金融会社は、内閣総理大臣の認可を受けて、金融商品取引業者に対し信用取引の決済に必要な金銭又は有価証券を、その取引所の決済機構を利用して貸し付ける業務を営む、金融商品取引法上の特殊金融機関である。

□□□ **4** 一般信用取引とは、取引所に上場している株券等を対象とし、銘柄、品貸料や返済期限などの方法が取引所規則により一律に決められている取引のことである。

テキスト P331 〔上場銘柄の信用取引制度〕 -

□□□ **5** 金融商品取引業者は、顧客の上場銘柄の制度信用取引の受託について取引開始基準を定め、この基準に適合した顧客から信用取引を受託するものとされている。

□□□ **6** 顧客が信用取引を行う場合には、金融商品取引業者に信用取引口座を設定する必要があるが、金融商品取引業者が設定の申込みを承諾したときは、顧客本人が取引所が定める様式の「信用取引口座設定約諾書」に所定事項を記載し、署名又は記名押印して、差し入れなければならない。

1 ◯ （難易度 **C**）

2 ✕ 「金融商品取引業者から」ではなく「証券金融会社から」が正解です。
（難易度 **B**）

3 ✕ 証券金融会社は、内閣総理大臣の「認可」ではなく「免許」を受ける
必要があります。（難易度 **B**）

4 ✕ 記述は制度信用取引のものです。一般信用取引とは、取引所に上場し
ている株券等を対象とし、金利、品貸料、及び返済期限等は金融商品
取引業者と顧客との間で自由に決めることができる取引です。（難易度 **B**）

5 ◯ （難易度 **C**）

6 ◯ （難易度 **C**）

□□□ 7 金融商品取引業者の営業員は、「信用取引口座設定約諾書」の差入れを受けた場合には、その顧客に対し当該約諾書の写しを交付しなければならない。

□□□ 8 信用取引には、制度信用取引（PTS制度信用取引を含む。）と一般信用取引（PTS一般信用取引を含む。）があるが、顧客は信用取引による売買を決済する際に、いずれかの方法を選択する必要がある。

□□□ 9 金融商品取引業者は、顧客から信用取引の注文を受ける際は、原則として一般信用取引として取り扱わなければならない。

□□□ 10 一般信用取引の弁済期限は6か月である。

□□□ 11 東京証券取引所の規定により、新株予約権証券についての信用取引は禁止されている。

□□□ 12 金融商品取引業者が買付けを行う顧客に対し貸し付ける金銭の額は、約定代金と顧客の差し入れた委託保証金との差額である。

□□□ 13 証券金融会社が、貸株超過銘柄の不足する株数を他から調達したときの品貸料を一般に日歩といい、金融商品取引業者は、売顧客から徴収し、買顧客に支払う。

□□□ 14 信用取引における金利は、株券を借りた顧客から徴収され、品貸料は買付代金を借りた顧客から徴収される。

7 ◯ 〔難易度 **C**〕

8 ✕ 制度信用取引（PTS制度信用取引を含む。）か一般信用取引（PTS一般信用取引を含む。）かの選択は、売買を発注するときに行う必要があります。〔難易度 **C**〕

9 ✕ 金融商品取引業者は、顧客から信用取引の注文を受ける際は、その都度、制度信用取引と一般信用取引の別について、顧客の意向を確認する必要があります。〔難易度 **B**〕

10 ✕ 制度信用取引の弁済期限は6か月以内と決められていますが、一般信用取引の弁済期限は金融商品取引業者と顧客との間で自由に決めることができます。〔難易度 **B**〕

11 ◯ 取引所では、新株予約権証券及び上場廃止が決定した株券、その他不適当な銘柄について信用取引を禁止しているため、実際に信用取引のできる銘柄は上場株券に限られます。〔難易度 **B**〕

12 ✕ 金融商品取引業者が買付けを行う顧客に対し貸し付ける金銭の額は、約定代金全額です。〔難易度 **B**〕

13 ✕ 「日歩」ではなく「逆日歩」といいます。〔難易度 **C**〕

14 ✕ 信用取引における金利は、買付代金を借りた顧客から徴収され、品貸料は株券を借りた顧客から徴収されます。〔難易度 **B**〕

□□□ 15 信用取引貸株料は、品貸料と同様に売方が株券の借入れに伴う費用として金融商品取引業者を通じて買方に支払うものである。

□□□ 16 信用取引における金利は、新規売買成立の日から起算して3営業日目の受渡日から弁済売買成立日より3営業日目の受渡日までの両端入れで計算される。

□□□ 17 顧客が信用取引の買建株を弁済するには、どのような場合も、受渡決済によらなければならない。

□□□ 18 顧客が信用取引の売建株を決済する方法は、反対売買による買戻しの方法のみである。

□□□ 19 金融商品取引業者は、顧客の売建株又は買建株が未決済の状態で配当落ちとなった場合には、株券の発行会社が支払う配当金確定後、その税引配当金相当額を配当落調整額として、買顧客から徴収し、売顧客に支払う。

□□□ 20 日々公表銘柄とは、信用取引残高の公表を日々行うことにより投資者に信用取引の利用に際して注意を促すためのものであり、信用取引に関する規制銘柄に該当するものではない。

□□□ 21 協会員は、金融商品取引所又は認可会員が信用取引の制限又は禁止措置を行っている銘柄、証券金融会社が貸株利用等の申込制限又は申込停止措置を行っている銘柄については、信用取引の勧誘を自粛することになっている。

□□□ 22 協会員は、金融商品取引所又は認可会員が信用取引に係る委託保証金の率の引上げ措置を行っている銘柄については、顧客から信用取引を受託する際、これらの措置が行われている旨及びその内容を説明するものとされている。

15 ✕ 信用取引貸株料は、売方が株券の借入れに伴う費用として金融商品取引業者に支払うものであり、品貸料とは違って買方には支払われません。（難易度 B）

16 ◯ （難易度 B）

17 ✕ 顧客が信用取引の買建株を弁済するには、受渡決済だけでなく反対売買による差金決済も可能です。（難易度 B）

18 ✕ 顧客が信用取引の売建株を決済する方法は、反対売買による方法と現渡しによる方法があります。（難易度 C）

19 ✕ 金融商品取引業者は、顧客の売建株又は買建株が未決済の状態で配当落ちとなった場合には、株券の発行会社が支払う配当金確定後、その税引配当金相当額を配当落調整額として、売顧客から徴収し、買顧客に支払います。（難易度 C）

20 ◯ （難易度 B）

21 ◯ （難易度 B）

22 ◯ （難易度 C）

□□□ 23 金融商品取引業者は、信用取引による買い付けまたは売り付けが成立したときは、売買成立の日から起算して3営業日目の日の正午までの金融商品取引業者が指定する日時までに、約定価額の30%以上の委託保証金を顧客から徴収しなければならない。

□□□ 24 委託保証金は、その全額を有価証券で代用することはできず、必ず一定額は現金で納めるものとされている。

□□□ 25 地方債証券は、保証金代用有価証券とすることはできない。

□□□ 26 保証金代用有価証券の現金換算率（代用掛目）は一律80%である。

□□□ 27 金融商品取引業者は、信用取引に係る受入委託保証金の総額が、その顧客の信用取引に係る一切の有価証券の約定価額の20%相当額を下回ることとなったときは、当該額を維持するために必要な額を委託保証金として、当該顧客からその損失計算が生じた日から起算して3営業日目の日の正午までの金融商品取引業者が指定する日時までに追加差入れさせなければならない。

□□□ 28 信用取引の委託保証金として差し入れられている金銭又は有価証券は、建株の決済前においてはいかなる場合であっても引き出すことはできない。

□□□ 29 顧客による委託保証金の引出しは、制度信用取引に係る建株の相場の変動により生じた計算上の利益相当額に限られている。

23 ◯ （難易度 B）

24 ✕ 委託保証金は現金が原則ですが、その全額を有価証券で代用することができます。（難易度 C）

25 ✕ 地方債証券は、保証金代用有価証券とすることができます。（難易度 C）

26 ✕ 保証金代用有価証券の現金換算率（代用掛目）は、有価証券の種類によって異なります。国内の取引所に上場されている株券は100分の80、国債証券は100分の95、地方債証券は100分の85となっています。（難易度 B）

27 ◯ （難易度 B）

28 ✕ 所要の額よりも多くの委託保証金を預託している場合等は、その超過額について引き出すことができます。（難易度 B）

29 ✕ 相場の変動で発生した計算上の利益相当額（建株の評価益）については、金銭や有価証券を引き出したり、他の建株の保証金として充当することはできません。（難易度 B）

□□□ **30** 次の式は、「信用取引の買建株を現引きで弁済した場合の差引支払金額」と「売建株を現渡しで弁済した場合の差引受取金額」について述べている。正しい組合せのものの番号を1つ選びなさい。
（注）委託手数料には消費税相当額を含むものとする。

イ．買付金額－委託手数料－金利＋品貸料
ロ．買付金額＋委託手数料＋金利－品貸料
ハ．売付金額－委託手数料＋金利－信用取引貸株料－品貸料
ニ．売付金額＋委託手数料－金利＋信用取引貸株料＋品貸料
ホ．差損益－委託手数料＋金利＋品貸料

	買建株を現引きで弁済した場合	売建株を現渡しで弁済した場合
1	イ	ハ
2	イ	ニ
3	ロ	ハ
4	ロ	ニ
5	ハ	ホ

30 3 〔難易度 **B**〕

反対売買	買建株については転売して現金を返済することにより、また売建株は買戻しすることにより株券を返済し、それぞれ差金の受払い（差金決済）を行います。 ①**買建株を転売した場合の差引受払金額** 　＝差損金－委託手数料（消費税相当額含む）－金利＋品貸料 ②**売建株を買戻しした場合の差引受払金額** 　＝差損金－委託手数料（消費税相当額含む）＋金利－信用取引貸株料－品貸料
受渡決済	買建株に対しては現引き（購入代金を差入れて株券を引き取る）、売建株に対しては現渡し（手持ちの株券を渡して売却代金を受け取る）する方法です。 ③**買建株を現引きで弁済した場合の差引支払金額** 　＝買付金額＋委託手数料(消費税相当額含む)＋金利－品貸料 ④**売建株を現渡しで弁済した場合の差引受取金額** 　＝売付金額－委託手数料(消費税相当額含む)＋金利－信用取引貸株料－品貸料

□□□ **31** 次のうち、上場株券の制度信用取引の委託保証金の代用有価証券と
することができるものの番号を2つ選びなさい。

1 国債証券
2 新株予約権証券
3 抵当証券
4 国内の金融商品取引所に上場されていない外国国債証券
5 国内の金融商品取引所に上場されている外国株券

主な保証金代用有価証券の種類は次のとおりです。

①国内の取引所に上場されている株券（外国株券を含む）
②国債証券
③地方債証券
④特別の法律により法人の発行する債券
⑤国内の取引所に上場されている社債券（転換社債型新株予約権付社債券などを除く）または国内の取引所にその株券が上場されている会社が発行する社債券で、かつ、外国法人以外の会社の発行するもの
⑥国内の取引所に上場されている転換社債型新株予約権付社債券または国内の取引所にその株券が上場されている会社が発行する新株予約権付社債券で、かつ、外国法人以外の会社の発行するもの
⑦国内の取引所に上場されている外国国債証券
⑧国内の取引所に上場されている外国地方債証券
⑨国際復興開発銀行円貨債券
⑩アジア開発銀行円貨債券
⑪投資信託受益証券及び投資証券（国内の取引所に上場されているもの、及び投資信託協会が前日の時価を発表するものに限る）　など

15章　信用取引

□□□ **32** ある顧客（居住者）が、当初約定した制度信用取引の建株金額は4,000万円で、委託保証金として現金1,000万円と時価1,600万円の株券を差し入れた。その後の相場変動により、建株の評価損が300万円となり、代用有価証券である株券も時価1,000万円に値下がりした。この顧客の新規建株可能額はいくらか。正しいものの番号を1〜5より1つ選びなさい。

（注）1．委託保証金徴収率は30％とする。

2．上場株券の代用掛目は80％とする。

3．立替金等は考慮しないものとする。

1　　500万円

2　1,000万円

3　1,500万円

4　2,000万円

5　2,500万円

必要委託保証金＝約定金額×委託保証金徴収率

　　　　　　　　＝4,000万円×30％＝1,200万円

受入委託保証金（現在の評価額）＝1,000万円＋1,000万円×80％

　　　　　　　　　　　　　　　　＝1,000万円＋800万円

　　　　　　　　　　　　　　　　＝1,800万円

建株の評価損＝▲300万円

受入委託保証金の残額＝受入委託保証金（現在の評価額）－建株の評価損

　　　　　　　　　　　＝1,800万円－300万円

　　　　　　　　　　　＝1,500万円

余剰委託保証金＝受入委託保証金の残額－必要委託保証金

　　　　　　　　＝1,500万円－1,200万円

　　　　　　　　＝300万円

新規建株可能額＝余剰委託保証金÷委託保証金徴収率

　　　　　　　　＝300万円÷30％

　　　　　　　　＝1,000万円

　　　　　　　　　　　　　　　　　　　　　　　　　　∴1,000万円

15
章

信用取引

□□□ **33** ある顧客（居住者）が、時価750円の上場銘柄Ｘ社株式20,000株を制度信用取引で買い建て、委託保証金として現金及び時価500円の上場銘柄Ｙ社株式を必要最低限差し入れた場合の記述として、正しいものを選んでいる番号を１つ選びなさい。

 （注） １．委託保証金徴収率は30％とする。

    ２．上場株式の代用掛目は80％とする。

    ３．立替金等は考慮しないものとする。

 イ．委託保証金として現金を10万円差し入れ、残りを代用有価証券として上場銘柄Ｙ社株式で差し入れる場合の株数は11,000株である。

 ロ．委託保証金は、いかなる場合でも引き出すことはできない。

 ハ．建株に評価損がない場合でも委託保証金の評価額が300万円を下回ると追加保証金が必要となる。

 ニ．委託保証金を現金で450万円差し入れた場合、上場銘柄Ｘ社株式が600円に下落したとしても追加保証金は必要ない。

1 正しいのはイのみである。

2 正しいのはイ及びロである。

3 正しいのはイ及びハである。

4 正しいのはロ及びハである。

5 正しいのはロ及びニである。

33 3 （難易度**A**）

維持率20%の場合の委託保証金（B）＝750円×20,000株×20%＝300万円

受入委託保証金の残額（A）が300万円を下回ると追加委託保証金が必要となります。

また、当初の必要委託保証金額は（750円×20,000株）×30%＝450万円です。

イ．◯　当初の必要委託保証金額は450万円で、そのうち10万円が現金で差し入れなので、450万円−10万円＝440万円

代用掛目が80%なので、440万円を上場株券で差し入れると440万円÷0.8＝550万円の時価の上場株券が必要です。Y社株式は時価500円なので、550万円÷500円＝11,000株

ロ．✕　受入委託保証金の代用有価証券が値上がりすることで受入委託保証金の残額が必要委託保証金を上回れば、その部分を引出しできます。

ハ．◯　本問の場合、受入委託保証金の残額（A）が300万円を下回ると追加保証金が必要となります。建株の評価損がない場合でも受入委託保証金（現在の評価額）が300万円を下回れば追加委託保証金が必要となります。

ニ．✕　X社株式が600円に下落したときの建株の評価損は（600円−750円）×20,000株＝▲300万円となり、受入委託保証金の残額（A）＝450万円（現金）−300万円＝150万円です。

150万円（A）＜300万円（B）で、（B）−（A）＝300万円−150万円＝150万円の追加保証金が必要となります。

ある顧客（居住者）が、時価600円の上場銘柄X社株式50,000株を制度信用取引で新たに買い建て、委託保証金代用有価証券として時価700円の上場銘柄Y社株式20,000株を差し入れた。その後、金融商品取引業者がこの顧客から追加保証金を徴収しなければならない場合に該当するものの番号を2つ選びなさい。

（注）　1．委託保証金徴収率は30％とする。

　　　　2．上場株式の代用掛目は80％とする。

　　　　3．立替金等は考慮しないものとする。

1　X社株式が580円、Y社株式が500円となった場合

2　X社株式が570円、Y社株式が475円となった場合

3　X社株式が560円、Y社株式が550円となった場合

4　X社株式が680円、Y社株式が300円となった場合

5　X社株式が700円、Y社株式が250円となった場合

34 4、5 〔難易度 **A**〕 維持率20％の場合の委託保証金（Ｂ）

＝約定金額（建株）×委託保証金の維持率20％

＝600円×50,000株×20％＝600万円

1 　Ｘ社株式が580円、Ｙ社株式が500円となった場合

・受入委託保証金（現在の評価額）＝500円×20,000株×80％＝800万円

・建株の評価損＝（580円－600円）×50,000株＝▲100万円

・受入委託保証金の残額（Ａ）＝800万円－100万円＝700万円

ゆえに700万円（Ａ）＞600万円（Ｂ）　従って追加保証金は不要。

2 　Ｘ社株式が570円、Ｙ社株式が475円となった場合

・受入委託保証金（現在の評価額）＝475円×20,000株×80％＝760万円

・建株の評価損＝（570円－600円）×50,000株＝▲150万円

・受入委託保証金の残額（Ａ）＝760万円－150万円＝610万円

ゆえに610万円（Ａ）＞600万円（Ｂ）　従って追加保証金は不要。

3 　Ｘ社株式が560円、Ｙ社株式が550円となった場合

・受入委託保証金（現在の評価額）＝550円×20,000株×80％＝880万円

・建株の評価損＝（560円－600円）×50,000株＝▲200万円

・受入委託保証金の残額（Ａ）＝880万円－200万円＝680万円

ゆえに680万円（Ａ）＞600万円（Ｂ）　従って追加保証金は不要。

4 　Ｘ社株式が680円、Ｙ社株式が300円となった場合

Ｘ社株式は値上がりしており、建株に評価益が出ているが、計算上建株の評価益は保証金の増加とはならない。

従って受入委託保証金の残額（Ａ）はＹ社株式（300円×20,000株）×80％＝480万円

ゆえに480万円（Ａ）＜600万円（Ｂ）　従って追加保証金＝（Ｂ）－（Ａ）＝600万円－480万円＝120万円が必要。

5 　Ｘ社株式が700円、Ｙ社株式が250円となった場合

4番で計算したように建株の評価益は保証金の増加とはならない。

従って受入委託保証金の残額（Ａ）はＹ社株式（250円×20,000株）×80％＝400万円

ゆえに400万円（Ａ）＜600万円（Ｂ）　従って追加保証金＝（Ｂ）－（Ａ）＝600万円－400万円＝200万円が必要。

ある顧客（居住者）がＸ社株式を1株900円で25,000株、制度信用取引で買い建て、委託保証金として現金500万円と時価600万円の株券を代用有価証券として差し入れた。その後、相場の変動で代用有価証券である株券が時価400万円に値下がりしたとき、買い建てしていたＸ社株式が値下がりしていくらを下回ってくると最低維持率を割って追加保証金が必要となるか。正しいものの番号を1つ選びなさい。

（注） 1．委託保証金徴収率は30％とする。

　　　 2．上場株式の代用掛目は80％とする。

　　　 3．立替金等は考慮しないものとする。

1　698円

2　711円

3　723円

4　752円

5　785円

維持率20％の場合の委託保証金（B）

　　＝約定金額（建株）×委託保証金の維持率20％

　　＝900円×25,000株×20％

　　＝450万円

受入委託保証金（現在の評価額）＝500万円＋400万円×80％

　　　　　　　　　　　　　　　　＝500万円＋320万円

　　　　　　　　　　　　　　　　＝820万円

受入委託保証金の残額（A）

　　＝受入委託保証金（現在の評価額）－建株の評価損

　　＝820万円－建株の評価損

（A）＜（B）となると追加保証金が必要となる。

820万円－建株の評価損＜450万円

建株の評価損＞370万円

建株の評価損が370万円を超えると追加保証金が必要となります。

建株数は25,000株なので、

370万円÷25,000株＝148円

建株1株当たり148円の値下がりがあると追加保証金が必要となります。

したがって、900円（X社株式）－148円＝752円を下回ってくると追加保
証金が必要となります。

□□□ 36 ある顧客（居住者）が、時価900円の上場銘柄Ｘ社株式10,000株を制度信用取引で新たに買い建て、委託保証金代用有価証券として時価1,000円の上場銘柄Ｙ社株式10,000株を差し入れた。その後、ある日の終値で、Ｘ社株式が580円に、Ｙ社株式が600円になった場合の委託保証金に関する記述として正しいものの番号を１つ選びなさい。

（注）１．委託保証金徴収率は30％とする。

　　　２．上場株式の現金換算率（代用掛目）は80％とする。

　　　３．立替金等は考慮しないものとする。

1　追加差入れは必要ない。

2　５万円以上の追加差入れが必要である。

3　15万円以上の追加差入れが必要である。

4　20万円以上の追加差入れが必要である。

5　25万円以上の追加差入れが必要である。

4 （難易度 **A**）

維持率20%の場合の委託保証金（B）

　＝約定金額（建株）×委託保証金の維持率20%

　＝900円×10,000株×20%

　＝180万円

受入委託保証金（現在の評価額）＝600円×10,000株×80%

　　　　　　　　　　　　　　　　　＝480万円

建株の評価損＝（580円－900円）×10,000株

　　　　　＝▲320万円

受入委託保証金の残額（A）

　＝受入委託保証金（現在の評価額）－建株の評価損

　＝480万円－320万円

　＝160万円

∴160万円（A）＜180万円（B）より

　（B）－（A）＝20万円の追加保証金の差入れが必要。

16章

先物取引

16章 先物取引、17章 オプション取引、18章 特定店頭デリバティブ取引等は、試験では「デリバティブ取引」という名称で出題されます。

試験対策

先物取引の特徴と内容を理解し、取引の手法と利用方法を確認しましょう。株式関連の指数先物取引、国債先物取引の制度については、それぞれの取引について、限月、取引最終日、決済方法、決済日、取引単位や呼値の単位など細かいところまで出題されます。先物取引の損益計算、先物の理論価格の計算、証拠金の計算についても得点できるようにしておきましょう。

推定配点&出題形式

○×問題：1問　（2点）

5肢選択問題：4問（40点）

計**42**点／440点満点中

※配点・出題形式についてはフィナンシャル バンク インスティチュートの推定です。

○×問題

〔総論〕 ---

□□□ **1** 有価証券を対象とするデリバティブ取引において、投資家が保有するデリバティブの商品が「売り」の状態にあることを「ロング」という。

□□□ **2** 先物市場は現物市場とは別に価格付けが行われる。

□□□ **3** 先物取引における決済の方法には、取引最終日までの反対売買による差金決済と、現渡し・現引きによる受渡決済の2通りがあるが、株式関連の先物取引の決済は必ず差金決済となる。

□□□ **4** 先渡取引は商品の種類、取引単位、満期、決済方法等の条件を、すべて売買の当事者間で任意に定めることができる相対取引である。

□□□ **5** 先物取引では、買方は証券会社や証券金融会社から代金の融資を受け、売方は引き渡す株式の貸与を受けることにより、売買が行われる。

□□□ **6** 裁定取引とは、先物市場において現物ポジションと反対のポジションを設定することによって、現物の価格変動リスクを回避しようとする取引である。

□□□ **7** 売りヘッジとは、現物の値上がりに備えたヘッジのことである。

□□□ **8** 先物と現物又は先物と先物の間の価格関係の「歪み」を利用して利益を狙う取引をスペキュレーション取引という。

1 ✕ 投資家が保有するデリバティブの商品が「売り」の状態にあることを「ショート」といいます。難易度**C**

2 ○ 難易度**C**

3 ○ 難易度**C**

	取引最終日までに売買	最終決済
株式関連の先物	差金決済	
債券先物	差金決済	受渡決済

4 ○ 難易度**B**

5 ✕ 問題文は信用取引についての記述です。難易度**C**

6 ✕ 問題文の記述は裁定取引ではなくヘッジ取引のものです。難易度**B**

7 ✕ 売りヘッジとは、現物の値下がりに備えたヘッジのことです。難易度**C**

8 ✕ 問題文は、アービトラージ（裁定）取引です。スペキュレーション取引とは、先物の価格変動をとらえて利益を獲得することのみに着目する取引のことです。難易度**C**

□□□ 9 裁定取引（アービトラージ取引）においては、実際の先物価格が先物理論価格を上回ると、割高な先物を売り、割安な現物を買うという裁定買い取引が行われる。

□□□ 10 インターマーケット・スプレッド取引とは、同一商品の先物の異なる2つの限月（期近限月と期先限月）間の取引の価格差が一定の水準近辺で動くことを利用した取引である。

□□□ 11 カレンダー・スプレッド取引とは、異なる商品間の先物の価格差（例えば、TOPIX先物と日経平均株価先物）を利用する取引で、乖離した価格差がやがて一定の価格差に近づくことを前提としている。

テキスト P360 〔指数先物取引〕 -

□□□ 12 日経225先物は東京証券取引所で取引されている。

□□□ 13 指数先物取引において、取引最終日までに反対売買が行われなかった建玉については、特別清算数値（SQ）による決済が行われる。

□□□ 14 日経225先物の限月は、3、6、9、12月限であり、常時3限月が取引されている。

□□□ 15 日経225先物の最終決済による差金の授受は、取引最終日から起算して3営業日目の日（非居住者は取引最終日から起算して4営業目）に行うこととされている。

□□□ 16 指数先物取引の取引最終日は、各限月の第2金曜日（休業日にあたるときは順次繰上げ）の前営業日に終了する取引日である。

□□□ 17 TOPIX先物、日経225先物ともに、新限月の取引開始日は、直近限月の取引最終日である。

9 ◯ （難易度 **C**）

10 ✕ 問題文はカレンダー・スプレッド取引についての記述です。（難易度 **C**）

11 ✕ 問題文はインターマーケット・スプレッド取引のことです。（難易度 **B**）

- -

12 ✕ 日経225先物は大阪取引所で取引されています。（難易度 **C**）

13 ◯ （難易度 **C**）

14 ✕ 日経225先物の限月は、 3 、 6 、 9 、12月限で、 6 月及び12月限は直近の16限月、 3 月及び 9 月限は直近の 3 限月です。（難易度 **B**）

15 ◯ （難易度 **B**）

16 ◯ （難易度 **B**）

17 ✕ 新限月の取引開始日は、直近限月の取引最終日の翌営業日。（難易度 **C**）

□□□ 18 TOPIX先物の呼値の単位は、0.5ポイントである。

□□□ 19 日経225先物の呼値の単位は、1円である。

□□□ 20 ミニTOPIX先物の取引単位は、東証株価指数の1,000倍である。

□□□ 21 日経225先物の取引単位は、日経平均株価の数値に10,000を乗じて得た額である。

□□□ 22 日経225先物には、制限値幅は定められていない。

□□□ 23 サーキット・ブレーカー制度とは、相場過熱時に投資家に冷静な投資判断を促し、相場の乱高下を防止するため、各先物取引の中心限月取引の価格が取引所の定める変動幅（制限値幅）に達するなどした場合に、他の限月取引を含むすべての限月取引において取引の一時中断措置が実施される制度のことである。

□□□ 24 TOPIX先物の売買は、個別競争取引により行われている。

□□□ 25 日経225先物及びTOPIX先物は立会外取引を行うことはできない。

□□□ 26 マーケットメイカー制度とは、取引所が指定するマーケットメイカーが、特定の銘柄に対して一定の条件で継続的に売呼値及び買呼値を提示することにより、投資家がいつでも取引できる環境を整える制度である。

18 ⭕ 呼値の単位（値段の付く単位）は、「日経225先物」が10円、「日経225mini」が5円、「TOPIX先物」が0.5ポイント、「ミニTOPIX先物」が0.25ポイント。 難易度 B

19 ❌ 10円単位です。 難易度 B

20 ⭕ 「日経225先物」は日経平均株価の1,000倍、「日経225mini」は日経平均株価の100倍、「TOPIX先物」は東証株価指数の10,000倍、「ミニTOPIX先物」は東証株価指数の1,000倍。 難易度 C

21 ❌ 日経平均株価の数値に1,000を乗じた額です。 難易度 C

22 ❌ 日経225先物には、制限値幅が定められています。 難易度 C

23 ⭕ 難易度 B

24 ⭕ 難易度 C

25 ❌ 指数先物取引は立会外取引を行うことができます。大阪取引所の立会外取引はJ-NET取引と呼ばれています。 難易度 B

26 ⭕ 難易度 B

□□□ 27 指数先物取引のカレンダー・スプレッド取引とは、一方の限月取引の売付けと他方の限月取引の買付けを同時に行おうとするときに、2つの限月間の価格差で呼値を行う取引のことである。

□□□ 28 指数先物取引のカレンダー・スプレッド取引において、期先限月取引の値段から、期近限月取引の値段を差し引いたカレンダー・スプレッドで呼値を行うため、ゼロやマイナスの値段での呼値も行える。

□□□ 29 指数先物取引のカレンダー・スプレッド取引のスプレッド買呼値とは、期近の限月取引の売付けと期先限月の買付けに係る呼値である。

□□□ 30 先物取引が一時中断される場合には、先物取引の各限月を含むスプレッド取引も一時中断される。

テキスト P370 〔国債先物取引〕 -

□□□ 31 国債先物取引は、国内のすべての金融商品取引所においてその取引が行われている。

□□□ 32 長期国債先物取引の対象商品は、取引単位が額面1億円、利率年3％、償還期限5年の長期国債標準物である。

□□□ 33 標準物というのは、利率と償還期限を常に一定とする架空の債券であり、日本の国債先物取引はすべてこの標準物を対象商品としている。

□□□ 34 長期国債先物取引の限月は、3月、6月、9月及び12月であり、常時5限月が取引されている。

□□□ 35 長期国債先物取引（ミニ取引を除く）は、取引最終日までに反対売買をして差金決済することもできるし、期間満了で受渡決済することもできる。

27　◯　難易度 **C**

28　◯　難易度 **B**

29　◯　難易度 **B**

30　◯　難易度 **B**

- -

31　✕　国債先物取引が行われているのは大阪取引所のみです。難易度 **C**

32　✕　長期国債先物取引の対象商品は、利率年6％で償還期限10年の長期
　　　国債標準物です。難易度 **B**

33　◯　対象商品を個別銘柄にすると残存期間や利率が変わってしまいますが、
　　　標準物にすることで先物価格の連続性を保つことが可能になります。
　　　難易度 **C**

34　✕　長期国債先物取引の限月は、 3月、 6月、 9月、12月のうち、直近
　　　の3限月が取引されています。
　　　難易度 **B**

35　◯　難易度 **B**

□□□ 36 長期国債先物取引（ミニ取引を除く）の現渡し・現引きによる受渡決済では、適格となる銘柄を複数定めるバスケット方式によっている。

□□□ 37 長期国債先物取引について、現渡し・現引きによる受渡決済を行う場合の受渡銘柄は、買方が受渡適格銘柄の中から選択する。

□□□ 38 長期国債先物取引におけるコンバージョン・ファクターとは、取引所が受渡適格銘柄ごとに定めた交換係数のことである。

□□□ 39 長期国債先物取引（ミニ取引を除く）における取引最終日は、受渡決済期日の9営業日前の日とされている。

□□□ 40 長期国債先物取引の新限月の取引開始日は、各限月の20日である。

□□□ 41 長期国債先物取引（ミニ取引を除く）の呼値の単位は、額面100円につき5銭とされている。

□□□ 42 長期国債先物取引（ミニ取引を除く）の取引単位は、額面1億円である。

□□□ 43 長期国債先物取引は、サーキット・ブレーカー制度が採用されている。

□□□ 44 国債先物取引の注文方法は、指値注文のみであり、成行注文は一切認められていない。

36 ◯ 〔難易度 **C**〕

37 ✕ 売方が受渡適格銘柄の中から選択します。〔難易度 **B**〕

38 ◯ コンバージョン・ファクター（CF）は、標準物の価値を１とした場合の各受渡適格銘柄の決済日における価値を表します。現物国債は利率、残存期間等がまちまちに存在し、標準物との条件が異なるため、その条件が等しくなるよう価格を調整する必要があります。〔難易度 **B**〕

39 ✕ 取引最終日は、受渡決済期日の５営業日前の日です。〔難易度 **B**〕

40 ✕ 長期国債先物取引の新限月の取引開始日は、直近限月の取引最終日の翌営業日です。〔難易度 **B**〕

41 ✕ 額面100円につき、1銭とされています。〔難易度 **B**〕

42 ◯ 〔難易度 **C**〕

43 ◯ サーキット・ブレーカー制度は取引を中断する制度で、先物価格が取引所の定める変動幅（制限値幅）に達した場合、取引の一時中断措置が実施されます。〔難易度 **C**〕

44 ✕ 国債先物取引は、指値注文と成行注文の両方可能です。〔難易度 **B**〕

> 債券先物取引では、標準物、対象商品、限月、取引単位、呼値など幅広く出題されますので、テキストの制度概要の表でしっかりと勉強してください。

□□□ 45 長期国債先物取引における取引は、立会外取引を行うことができる。

□□□ 46 国債先物取引の証拠金制度には、SPANシステムが採用されている。

□□□ 47 国債先物取引が一時中断される場合でも、国債先物取引当該限月を含むスプレッド取引は中断されず続行される。

テキスト
P379 〔証拠金制度〕 -

□□□ 48 証券会社等が顧客から受け入れることができる証拠金の代用有価証券の範囲には、政府保証債券や地方債証券が含まれる。

□□□ 49 国内の金融商品取引所に上場されている外国投資証券は、証拠金としての差入れはできない。

□□□ 50 証券会社等は、顧客から受け入れる委託証拠金については、必ずその一部を現金で受け入れなければならないとされている。

□□□ 51 証拠金所要額の計算に用いるSPANとは、シカゴ・マーカンタイル取引所が開発した証拠金計算方法で、ポートフォリオ全体の建玉から将来発生するおそれのあるリスク（予想損益額）をシミュレートし、証拠金所要額を計算するものである。

□□□ 52 マーケットメイカー制度とは、注文の執行業務とポジション・証拠金の管理といった清算業務を、異なった取引参加者に依頼することができる制度である。

45 ◎ 立会外取引は、立会取引によらず、取引所の定める数量以上で同一限月取引の売付けと買付けを同時に行う取引です。 [難易度 B]

46 ◎ [難易度 C]

47 ✕ 国債先物取引が一時中断される場合には、国債先物取引当該限月を含むスプレッド取引も中断されます。 [難易度 A]

---

48 ◎ 証拠金（現金不足額以外）は主に以下の有価証券で代用できます。 [難易度 B]

> ・国債証券
> ・政府保証債券
> ・地方債証券
> ・国内の金融商品取引所に上場されている株券（外国株券を含む）、外国投資証券
> ・アメリカ合衆国財務省証券

49 ✕ 国内の金融商品取引所に上場されている外国投資証券は、証拠金として差入れ可能です。 [難易度 B]

50 ✕ 委託証拠金は全額有価証券で代用することができます。 [難易度 B]

51 ◎ [難易度 A]

52 ✕ 記述はギブアップ制度のものです。 [難易度 B]

〔商品先物取引の制度概要〕- -

□□□ 53 金標準先物の原資産は金地金である。

□□□ 54 金標準先物の限月は、2、4、6、8、10、12月限のうち、取引開始日の属する月の翌月以降における直近6限月である。

□□□ 55 金標準先物の取引単位は10kgである。

□□□ 56 商品先物取引における決済には、取引最終日前に反対売買により売値と買値の差額分の金銭の授受を行う差金決済と、取引最終日まで建玉を保有した場合の最終決済があり、最終決済には、実際に商品の受渡しを行う受渡決済と金銭の授受を行う差金決済の2通りがある。

□□□ 57 受渡決済型の商品先物取引の場合、先物の売方が商品を渡して代金の支払いを受け、買方が代金を支払うと同時にその商品を引き取るという決済である。

□□□ 58 受渡決済型の商品で、取引最終日までに反対売買によって決済されなかった場合、その建玉はすべて差金決済により決済される。

53 ○ 難易度**C**

54 ○ 難易度**B**

55 ✕ 金標準先物の取引単位は1kgです。難易度**B**

56 ○ 難易度**B**

57 ○ 難易度**B**

58 ✕ 受渡決済型の商品で、取引最終日までに反対売買によって決済されなかった場合、その建玉はすべて受渡決済により決済されます。
難易度**B**

□□□ **59** 次の文章は、先物取引に関する記述である。それぞれの（　）にあてはまる語句を記述しているものとして正しいものの番号を1つ選びなさい。

> 先物取引の持つ価格変動リスクの移転機能は、市場での取引を通じて、相互に逆方向のリスクを持つ（　イ　）の間でリスクが移転され合ったり、（　イ　）から（　ロ　）にリスクが転嫁されることにより果たされる。先物市場は、（　イ　）に対してはリスク回避の手段を、（　ロ　）に対しては投機利益獲得の機会を、（　ハ　）に対しては裁定利益獲得の機会を提供する。

1　イ）ヘッジャー、ロ）スペキュレーター、ハ）アービトラージャー

2　イ）ヘッジャー、ロ）アービトラージャー、ハ）スペキュレーター

3　イ）スペキュレーター、ロ）アービトラージャー、ハ）ヘッジャー

4　イ）スペキュレーター、ロ）ヘッジャー、ハ）アービトラージャー

5　イ）アービトラージャー、ロ）ヘッジャー、ハ）スペキュレーター

59　1　難易度 C

イ）　ヘッジャー

ロ）　スペキュレーター

ハ）　アービトラージャー

ヘッジ取引、スペキュレーション取引、裁定（アービトラージ）取引については、それぞれの意味をしっかり押さえておく必要があります。本試験では主語を替えたり、穴埋めで出題されたりします。

□□□ 60 日経平均株価が10,500円で、日経平均株価の配当利回りが2％（年率）、短期金利が1％のとき、126日後に満期の来る日経平均株価先物の先物の理論価格はいくらになるか。正しいものを1〜5より1つ選びなさい。

（注）キャリーコストは、小数点第3位以下は切り捨てること。

1　10,121.27円
2　10,252.35円
3　10,463.76円
4　10,521.27円
5　10,735.26円

先物の理論価格

　＝現物価格 ＋ 現物価格 ×（短期金利－配当利回り）

$$\times \frac{満期までの日数}{365日}$$

$$=10,500円＋10,500円×（1\%－2\%）×\frac{126日}{365日}$$

$$=10,500円＋10,500円×－0.01×\frac{126}{365}$$

$$=10,500円＋（－36.246…円）$$

$$=10,463.76円$$

□□□ 61 現在、日経225先物の期近物は15,300円、期先物は15,500円である。今後、金利水準の上昇が予想され、スプレッドが広がると思われるので、このスプレッド取引の買いを行った。その後、期近物は16,100円、期先物は16,400円となった。その時点で、反対売買を行った。この取引を示したのが下記の表である。

下記表中、イ〜ニにあてはまる数値の組合せとして正しいものの番号を1つ選びなさい。

(注) 委託手数料、税金は考慮しないものとする。

	期近物	期先物	スプレッド
開始時	売建て　15,300円	買建て　15,500円	（　ハ　）
終了時	買戻し　16,100円	転　売　16,400円	（　ニ　）
損　益	（　イ　）	（　ロ　）	

1　イ　▲800、　ロ　▲900、　ハ　▲200、　ニ　▲300
2　イ　▲800、　ロ　　900、　ハ　　200、　ニ　　300
3　イ　　800、　ロ　▲900、　ハ　　200、　ニ　　300
4　イ　　800、　ロ　　900、　ハ　▲200、　ニ　▲300
5　イ　　800、　ロ　　900、　ハ　▲200、　ニ　　300

イ　15,300円−16,100円＝▲800円

ロ　16,400円−15,500円＝900円

ハ　15,500円−15,300円＝200円

ニ　16,400円−16,100円＝300円

> イ、ロについては売りから買いを引き、ハ、ニは絶対値を求めるので大きいほうから小さいほうを引けばよいのです。

□□□ 62 ある顧客（居住者）が、日経225先物を20,860円で10単位売り建て、その後SQ（特別清算数値）19,220円で決済したときの顧客の受払代金として正しいものの番号を1つ選びなさい。

なお、顧客との契約により、売建時の委託手数料は80,000円、決済時の委託手数料は70,000円とする。

（注）委託手数料に関して別に消費税（10％）が加算されるものとする。又、その他の税金については考慮しないものとする。

1 13,927,831円

2 14,118,699円

3 15,217,862円

4 16,235,000円

5 17,582,746円

（売買損益）（20,860円－19,220円）×1,000（乗数）×10単位＝＋1,640万円

（委託手数料と消費税）

・売建時　80,000円×1.1＝88,000円

・決済時　70,000円×1.1＝77,000円

　　　　　計165,000円

（取引の損益）　16,400,000円－165,000円＝＋16,235,000円

□□□ 63 現在、A氏は長期国債現物を額面10億円保有している。長期国債現物の価格は107.50円であり、長期国債先物の価格は142.60円である。

1か月後に長期国債現物は値下がりして104.20円、長期国債先物は138.70円になった。しかし、2か月後には、長期国債現物は108.70円、長期国債先物は142.90円になった。この場合、A氏が結果として、最も収益を上げる投資方法を記述している番号を1つ選びなさい。

（注）手数料、税金等は考慮しないものとする。

1　そのまま長期国債現物10億円を保有し、2か月後に売却した。

2　直ちに保有する長期国債現物と同額の長期国債先物を売り、2か月後に長期国債先物を全額買い戻し、長期国債現物も全額売却した。

3　直ちに保有する長期国債現物と同額の長期国債先物を売り、1か月後に長期国債先物を全額買い戻し、長期国債現物も全額売却した。

4　1か月後に長期国債現物と同額の長期国債先物を売り、2か月後に長期国債先物を全額買い戻し、長期国債現物も全額売却した。

5　1か月後に長期国債現物と同額の長期国債先物を買い、2か月後に長期国債先物を全額売却し、長期国債現物も全額売却した。

	現物価格	先物価格
現在	107.50円	142.60円
1か月後	104.20円	138.70円
2か月後	108.70円	142.90円

1　現物の損益：$(108.70円 - 107.50円) \times \dfrac{10億円}{100円} = +1,200万円$

∴1,200万円の利益

2　現物の損益：$(108.70円 - 107.50円) \times \dfrac{10億円}{100円} = +1,200万円$

先物の損益：$(142.60円 - 142.90円) \times \dfrac{10億円}{100円} = ▲300万円$

1,200万円＋▲300万円＝900万円

∴900万円の利益

3　現物の損益：$(104.20円 - 107.50円) \times \dfrac{10億円}{100円} = ▲3,300万円$

先物の損益：$(142.60円 - 138.70円) \times \dfrac{10億円}{100円} = 3,900万円$

▲3,300万円＋3,900万円＝600万円

∴600万円の利益

4　現物の損益：$(108.70円 - 107.50円) \times \dfrac{10億円}{100円} = +1,200万円$

先物の損益：$(138.70円 - 142.90円) \times \dfrac{10億円}{100円} = ▲4,200万円$

1,200万円＋▲4,200万円＝▲3,000万円

∴3,000万円の損失

5　現物の損益：$(108.70円 - 107.50円) \times \dfrac{10億円}{100円} = +1,200万円$

先物の損益：$(142.90円 - 138.70円) \times \dfrac{10億円}{100円} = +4,200万円$

1,200万円＋4,200万円＝5,400万円

∴5,400万円の利益

16 章 先物取引

□□□ 64 長期国債先物を148円で額面金額10億円買い建てた。対応する証拠金所要額は1,000万円と計算され、全額代用有価証券で差し入れたとする。約定日翌日、長期国債先物の清算値段が146円に下落し、代用有価証券に100万円の評価損が出た場合の記述として正しいものを下から1つ選びなさい。

（注）証拠金所要額は1,000万円で変わらなかったものとする。

1 建玉の評価損、代用有価証券の評価損ともにすべて現金で差し入れる必要がある。

2 建玉の評価損は代用有価証券で差し入れる必要があるが、代用有価証券の評価損は現金の差し入れが必要である。

3 建玉の評価損は現金で差し入れる必要があるが、代用有価証券の評価損は有価証券の差し入れでよい。

4 建玉の評価損、代用有価証券の評価損ともに有価証券の差し入れでよい。

5 この場合、現金及び有価証券の差し入れは不要である。

証拠金の計算問題は以下の公式を用います。

> 証拠金余剰・不足額＝受入証拠金－証拠金所要額
> 現金余剰・不足額＝差入証拠金の現金＋計算上の損益額＋先物決済損益等

証拠金不足額の差し入れは代用有価証券でよいですが、現金不足額の差し入れは現金が必要となります。

「計算上の損益額」とは、先物取引における未決済建玉の評価損益をいいます。「先物決済損益等」とは、先物の建玉を決済したときの損益をいいます。

本問においては、建玉、代用有価証券ともに評価損が出ています。また、証拠金所要額がすべて代用有価証券で差し入れられていることから、「差入証拠金の現金」は０と考えられます。そして、決済はしていないので、「先物決済損益等」も０です。したがって、現金不足額は「計算上の損益額」である建玉の評価損と考えることができます。

以上より、建玉の評価損は現金で差し入れる必要がありますが、証拠金の不足額にあたる代用有価証券の評価損は有価証券の差し入れでよいといえます。

□□□ 65 長期国債先物を100.00円で額面10億円買い建てた。対応する証拠金所要額は3,000万円と計算され、全額代用有価証券で差し入れたとする。約定日翌日、長期国債先物の清算値段が98.50円に下落し、代用有価証券に300万円の評価損が出た場合、差し入れる証拠金の額はいくらか。正しいものの番号を1つ選びなさい。

（注）建玉残10単位に対する証拠金所要額は3,000万円で変わらなかったものとする。

1 1,600万円

2 1,700万円

3 1,800万円

4 1,900万円

5 2,000万円

証拠金所要額＝3,000万円

値洗後の差入証拠金＝現金＋代用有価証券

$$＝0＋（3,000万円－300万円）$$

$$＝2,700万円$$

計算上の損益額＝（98.50円－100.00円）$×\dfrac{1億円}{100円}×10単位$

$$＝▲1,500万円$$

先物決済損益等＝0千円

受入証拠金＝値洗後の差入証拠金＋計算上の損益額＋先物決済損益等

$$＝2,700万円＋▲1,500万円＋0$$

$$＝1,200万円$$

証拠金余剰・不足額＝受入証拠金－証拠金所要額

$$＝1,200万円－3,000万円$$

$$＝▲1,800万円$$

現金余剰・不足額＝差入証拠金の現金＋計算上の損益額＋先物決済損益等

$$＝0＋▲1,500万円＋0$$

$$＝▲1,500万円$$

証拠金不足額の発生により、1,800万円を差し入れる必要があります（うち1,500万円は現金で差し入れ）。

17章

オプション取引

16章 先物取引、17章 オプション取引、18章 特定店頭デリバティブ取引等は、試験では「デリバティブ取引」という名称で出題されます。

試 験 対 策

オプション取引の基本形であるコール・オプションの買いと売り、プット・オプションの買いと売りを理解し、オプションの投資戦略の仕組みや名称、特徴を覚えましょう。投資戦略を組んだ場合の損益計算が出題されますが、すべて基本形の組合わせですので、1つ1つを順番に計算すれば複雑なものではありません。反復練習で必ず得点できるようにしましょう。株式オプション、国債オプションの制度については、限月、取引単位、決済などが出題されます。商品ごとに正確に覚えましょう。

推定配点&出題形式

○×問題：2問　（4点）

5肢選択問題：3問（30点）

計**34**点／440点満点中

※配点・出題形式についてはフィナンシャル バンク インスティチュートの推定です。

○×問題

テキスト P388 〔オプション取引の基本〕- -

□□□ **1** オプション取引では、少ない資金で大きなリターンをあげることができる効果をキャピタル効果という。

□□□ **2** オプションの権利行使価格をプレミアムという。

□□□ **3** オプションの買方は、当初プレミアムを手に入れる代わりに、将来、権利行使があった場合に応じる義務があり、ペイオフの支払義務を、プレミアムを対価として引き受けていることになる。

□□□ **4** オプションの買方は権利行使を放棄できるが、売方は買方の権利行使に応じる義務を負っている。

□□□ **5** ヨーロピアン・タイプのオプションは、満期日のみ権利行使が可能である。

□□□ **6** オプション取引では、原資産価格と権利行使価格の関係から、買方が権利行使したときに手に入る金額がプラスである状態をアウト・オブ・ザ・マネーという。

□□□ **7** ボラティリティが年率10％というと、原資産価格が満期までの期間に現在の値段から±5％の範囲（計10％）で動く可能性があることを意味する。

□□□ **8** オプション価格（プレミアム）は本質的価値（イントリンシック・バリュー）と時間価値（タイム・バリュー）で構成されている。

1 ✗ 少ない資金で大きなリターンをあげることができる効果をレバレッジ効果といいます。 難易度 **C**

2 ✗ オプションのプレミアムとは、オプションの権利に付けられている価格（権利料）をいい、権利行使価格とは異なります。 難易度 **C**

3 ✗ 問題文はオプションの売方の説明です。 難易度 **C**

4 ◎ オプションの買方はプレミアムを支払っているので権利行使を実行する権利を持っており、売方はプレミアムを受け取っているのでそれに応じる義務があります。 難易度 **C**

5 ◎ 難易度 **B**

6 ✗ 買方が権利行使してプラスになる状態をイン・ザ・マネーといいます。 難易度 **C**

7 ✗ ボラティリティが年率10%とは、±10%の範囲（計20%）で動くことを意味します。 難易度 **C**

8 ◎ 難易度 **C**

オプション価格 ＝ 本質的価値 ＋ 時間価値
（オプション・プレミアム）（イントリンシック・バリュー）（タイム・バリュー）

□□□ 9 オプションがイン・ザ・マネーのときは、オプション・プレミアムの価値はイントリンシック・バリューのみである。

□□□ 10 そのオプションがアウト・オブ・ザ・マネーのときにオプション価格（プレミアム）があるならば、それはすべて時間価値である。

□□□ 11 時間価値は、イン・ザ・マネーで最も大きく、アウト・オブ・ザ・マネーになるにつれて小さくなる。

□□□ 12 日経平均のプット・オプションの場合、権利行使価格が18,000円、日経平均株価が17,500円のとき、プレミアムが700円であれば、そのときの時間価値は200円となる。

□□□ 13 コール・オプション及びプット・オプション双方とも、原資産価格が上昇するとプレミアムは下落する。

□□□ 14 コール・オプションでは原資産価格に対して権利行使価格が高いものほどプレミアムは高くなり、プット・オプションでは権利行使価格が高いものほどプレミアムは低くなる。

□□□ 15 コール・オプション及びプット・オプション双方とも、残存期間が短くなるほどプレミアムも低くなる。

□□□ 16 コール・オプション及びプット・オプション双方とも、ボラティリティが上昇するとプレミアムは下落する。

□□□ 17 コール・オプションでは短期金利が上昇するとプレミアムは上昇し、プット・オプションでは短期金利が上昇するとプレミアムは下落する。

9　☒　オプションがイン・ザ・マネーのときは、オプション・プレミアムの価値はイントリンシック・バリューとタイム・バリューから成っています。〔難易度 B〕

10　◎　〔難易度 B〕

11　☒　時間価値は、アット・ザ・マネーで最も大きくなります。〔難易度 C〕

12　◎　〔難易度 B〕　（本質的価値）　18,000円－17,500円＝500円
　　　　　　　　　　　　　（時間価値）　700円－500円＝200円

13　☒　コール・オプションは、原資産価格が上昇するとプレミアムは上昇します。〔難易度 C〕

14　☒　コール・オプションは、原資産価格に対して権利行使価格が高いほどプレミアムは低くなり、プット・オプションでは、権利行使価格が高いほどプレミアムが高くなります。〔難易度 B〕

15　◎　〔難易度 C〕

16　☒　ボラティリティが上昇すると、コールもプットもプレミアムは上昇します。〔難易度 C〕

17　◎　〔難易度 A〕

□□□ 18 オプションのデルタとは、満期までの残存期間の微小変化に対する、プレミアムの変化の比を示している。

□□□ 19 デルタの値が小さいオプションほど、原資産価格の変動によってプレミアムが大きく変動する。

□□□ 20 デルタの値は、コール・オプションは0から1の範囲で、プット・オプションは−1から0の範囲で変動する。

□□□ 21 オプションのガンマとは、原資産価格の微小変化に対する、プレミアムの変化の比を示している。

□□□ 22 オプションのセータとは、満期までの残存期間の微小変化に対する、プレミアムの変化の比を示している。

□□□ 23 オプションのオメガとは、原資産価格の微小変化に対する、プレミアムの変化の比を示している。

□□□ 24 「プットの売り」は、原資産価格が緩やかに上昇する（値下がりはしない）と予想する戦略である。

□□□ 25 「ストラドルの売り」と呼ばれるポジションは、市場価格が大きく変動すると予想する場合にとる投資手法である。

□□□ 26 「ストラドルの買い」及び「ストラングルの買い」と呼ばれるポジションはともに、損益分岐点が2つある。

□□□ 27 「ストラドルの売り」はボラティリティについて弱気のストラテジーであり、利益は限定、損失は無限定となっている。

□□□ 28 「ストラングルの買い」はボラティリティについて強気のストラテジーで利益は無限定、損失は限定となっている。

18 ✕ オプションのデルタとは、原資産価格の微小変化に対するプレミアムの変化の比を示します。問題文はセータの説明です。 （難易度 A）

19 ✕ デルタの値が小さいオプションほど、原資産価格の変動によってプレミアムが小さく変動します。 （難易度 A）

20 ◯ （難易度 A）

21 ✕ オプションのガンマとは、原資産価格の微小変化に対するデルタの変化の比を示しています。問題文はデルタの説明です。 （難易度 A）

22 ◯ （難易度 A）

$$セータ = -\frac{\Delta プレミアム}{\Delta 残存期間}$$

23 ✕ オプションのオメガとは、原資産価格の変化率に対するプレミアムの変化率の割合を示しています。「変化率」であればオメガであり、「変化幅」であればデルタです。 （難易度 A）

24 ◯ （難易度 C）

25 ✕ 市場価格の変動が小さいと予測するときにとる戦略です。 （難易度 C）

26 ◯ （難易度 C）

27 ◯ （難易度 C）

> オプションの投資戦略については、①その損益図はどうなるか、②原資産価格がどうなると予想する戦略か、③利益と損失はどうなるか、④損益分岐点はどうなっているのか、が解答のポイントです。

28 ◯ （難易度 C）

□□□ 29 「バーティカル・ブル・スプレッド」と呼ばれるポジションには、損益分岐点が2つある。

□□□ 30 「バーティカル・ブル・コール・スプレッド」は、市場価格がやや上昇すると予想されるときにとる投資戦略の一つであり、権利行使価格の高いコール・オプションを売り、権利行使価格の低いコール・オプションを買う戦略である。

□□□ 31 「バーティカル・ベア・スプレッド」とは原資産価格がやや下落すると予想するときの戦略で、権利行使価格の低いオプションを売り、権利行使価格の高いオプションを買う戦略で、コールを用いる場合とプットを用いる場合の2種類ある。

□□□ 32 権利行使価格99円のコール・オプションをプレミアム1円で買い建て、権利行使価格99円のプット・オプションをプレミアム1円で買い建てた場合、原資産の市場価格が101円となったときの損益は0である。

□□□ 33 同じ行使価格、同じ限月のコールの買いとプットの売りを合わせて合成先物を作ると、先物の買いと同じポジションを作ることができる。

□□□ 34 プロテクティブ・プットは、「原資産の買持ち＋プットの売り」で作るポジションで、原資産価格が値上がりすれば、値上がり幅は原資産のみのときより小さくなるが、原資産が下落しても、トータルの損失は限定される戦略である。

29 ☒ 損益分岐点は1つです。 （難易度 C）

30 ◯ （難易度 B）

31 ◯ コールを用いてもプットを用いても、基本的に損益図は同じ形となります。（難易度 B）

32 ◯ （難易度 B）
このポジションは同じ権利行使価格のプットとコールを買っているのでストラドルの買いです。損益図は以下のとおりで原資産の市場価格が101円なら損益は0となります。

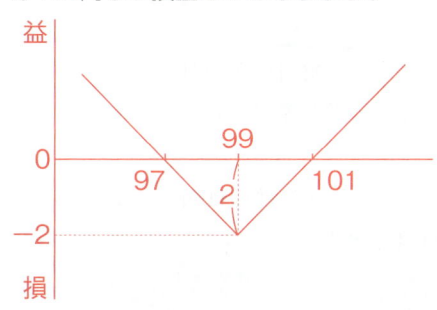

33 ◯ 合成先物の買いは先物の買いと同じで、先行き強気の場合に用いられます。「合成先物の買い」と「合成先物の売り」の違いをおさえておきましょう。（難易度 B）

34 ☒ プロテクティブ・プットは「原資産の買持ち＋プットの買い」で作るポジションです。（難易度 B）

〔株式関連オプション〕--

□□□ 35 日経225オプション、TOPIXオプションともに取引は相対で行われており、オーダーメイド型である。

□□□ 36 有価証券オプション取引の投資対象は、全国証券取引所上場有価証券のうち、投資家が選定する銘柄である。

□□□ 37 日経225オプションは、6月と12月限の直近16限月と、3月と9月限の直近3限月に加え、その他の直近6限月の各限月の第2金曜日の前営業日に終了する取引日を取引最終日とする。

□□□ 38 TOPIXオプションは、直近の2限月及び当該月以外の3、6、9、12月のうち直近2限月の各限月の第2金曜日の前営業日に終了する取引日を取引最終日とする。

□□□ 39 有価証券オプション取引について、取引対象である限月は、期近の連続する4か月であり、常時4限月が取引されている。

□□□ 40 指数オプション取引の取引最終日は各限月の第2金曜日（休日にあたるときは順次繰上げ）の前営業日に終了する取引日である。

□□□ 41 取引単位は、日経225オプションは10,000倍、TOPIXオプションはオプション価格の1,000倍となっている。

□□□ 42 日経225オプション、TOPIXオプション、有価証券オプションとも、満期日のみに権利行使可能なヨーロピアン・タイプである。

□□□ 43 日経225オプション及びTOPIXオプションの最終決済で、定められた期限までに権利行使されなかった場合でも、イン・ザ・マネーの銘柄については自動権利行使制度を適用することになっている。

35 ✕ 大阪取引所に上場されている取引所取引であり、相対取引でもオーダーメイド型でもありません。〔難易度 C〕

36 ✕ 「投資家」ではなく「大阪取引所（OSE）」が選定する銘柄です。〔難易度 B〕

37 ○ 〔難易度 B〕

38 ✕ 記述は有価証券オプションのものです。TOPIXオプションの限月は、6月と12月限の直近10限月と、3月と9月限の直近3限月に加え、その他の直近6限月です。〔難易度 B〕

39 ✕ 限月は直近の2限月及びそれ以外の3、6、9、12月のうち直近の2限月の4限月取引制です。〔難易度 B〕

40 ○ 〔難易度 B〕

41 ✕ 取引単位は、「日経225オプション」が1,000倍、「TOPIXオプション」が10,000倍です。「有価証券オプション」は対象株券によります。〔難易度 C〕

42 ○ 〔難易度 C〕

43 ○ 〔難易度 C〕

□□□ 44 TOPIXオプションの最終決済は、取引最終日の東証株価指数の構成銘柄の始値に基づいて算出する特別清算数値（SQ）と権利行使価格の差額で決済される。

□□□ 45 指数オプション取引と有価証券オプション取引は両方とも最終決済は反対売買による決済しかない。

□□□ 46 有価証券オプション取引の最終決済は、権利行使によりオプション対象証券の受渡しを行う受渡決済により決済される。

□□□ 47 指数オプション取引の委託手数料は、オプションの買い、売り、買手の権利行使、権利行使を割り当てられた売方にかかる。

テキスト P428 〔債券オプション〕 -

□□□ 48 国債先物オプション取引において、権利行使は、取引最終日のみ可能なヨーロピアン・タイプである。

□□□ 49 長期国債先物オプションの限月は、3月、6月、9月及び12月限であり、常時5限月が取引されている。

□□□ 50 国債先物オプション取引において、取引単位は、原資産である国債先物1枚の売買に関する権利の取引が最低単位となるため、先物額面1億円分がオプションの売買単位となる。

□□□ 51 国債先物オプション取引において、権利行使を行うと、現物の債券の授受が行われる。

□□□ 52 長期国債先物オプション取引の最終決済（権利行使）では、権利行使日の取引終了時刻に長期国債先物取引が成立する。

44 ✕ 取引最終日の翌営業日の東証株価指数の構成銘柄の始値に基づいて算出する特別清算数値（SQ）と権利行使価格との差額で決済されます。
（難易度 **B**）

45 ✕ 最終決済は、指数オプション取引と有価証券オプション取引で異なります。指数オプション取引はSQと権利行使価格の差額で決済されますが、有価証券オプション取引はオプション対象証券の受渡しを行います。（難易度 **B**）

46 ◯ （難易度 **B**）

47 ◯ （難易度 **A**）

- -

48 ✕ 権利行使はいつでも可能なアメリカン・タイプです。（難易度 **C**）

49 ✕ 長期国債先物オプションの限月は、3、6、9、12月限は直近の2限月で、加えてその他の限月は最大で直近の2限月とされています。
（難易度 **A**）

50 ◯ （難易度 **B**）

51 ✕ 権利行使を行うと国債先物取引の建玉が発生します。（難易度 **B**）

52 ◯ （難易度 **B**）

□□□ 53 国債先物オプション取引において、定められた期限までに行使され
なかった場合は、その権利は消滅するが、イン・ザ・マネーの銘柄
については自動権利行使制度が適用される。

□□□ 54 国債先物オプション取引において、証拠金制度はSPAN（スパン）
システムが採用されている。

□□□ 55 債券店頭オプション取引の特徴は、①オーダーメイドでオプション
が作れる、②現物の受渡しを伴わないという2つの点である。

□□□ 56 選択権付債券売買取引（債券店頭オプション取引）において、新株
予約権付社債券は債券店頭オプションの対象商品である。

□□□ 57 選択権付債券売買取引（債券店頭オプション取引）において、契約
日から対象債券の受渡日までの期間は、6か月以内とされている。

□□□ 58 選択権付債券売買取引（債券店頭オプション取引）において、売買
対象証券である債券の額面5億円（外貨建債券の場合には、5億円
相当額）が、取引の最低売買額面金額となっている。

□□□ 59 選択権付債券売買取引（債券店頭オプション取引）において、権利
行使については、定められた期限までに行使されなかった場合は、
その権利は消滅する。

□□□ 60 選択権付債券売買取引（債券店頭オプション取引）において、特定
投資家以外の投資家が選択権付与者になる場合には、証拠金が必要
となる。

53 ◎ 難易度 B

54 ◎ SPANとは、シカゴ・マーカンタイル取引所が開発した証拠金の計算方法で、保有する先物やオプションの建玉の全体（ポートフォリオ）から生じるリスクを計算し、そのリスクに応じて証拠金を算出する方法です。難易度 B

55 ✕ 選択権付債券売買取引（債券店頭オプション取引）は現物の受渡しを伴うことに特徴があります。難易度 B

56 ✕ 新株予約権付社債券は債券店頭オプションの対象外です。難易度 B

57 ✕ 選択権付債券売買取引（債券店頭オプション取引）の期間は1年3か月以内です。難易度 B

58 ✕ 額面1億円（外貨建債券の場合には1億円相当額）が取引の最低売買額面金額となっています。難易度 C

59 ◎ イン・ザ・マネーの場合でも自動権利行使はありません。難易度 B

60 ◎ 証拠金額は「選択権料＋対象債券の額面の5％」以上で、全額有価証券で代用可能です。難易度 B

〔商品先物オプション取引の制度概要〕 -

□□□ 61 金先物オプション取引の原資産は、金標準先物である。

□□□ 62 金先物オプションの限月は、2、4、6、8、10、12月限のうち、取引開始日の属する月の翌月以降における直近6限月である。

□□□ 63 金先物オプション取引の権利行使のタイプは、満期日以前にいつでも権利行使可能なアメリカン・タイプである。

□□□ 64 金先物オプション取引における決済には、取引最終日前の反対売買と最終決済（権利行使）の2通りの方法がある。

□□□ 65 取引最終日までに反対売買によって決済されなかったイン・ザ・マネーの未決済建玉については、権利を放棄しない限り自動的に権利行使される。

61 ◯ (難易度 **C**)

62 ◯ (難易度 **B**)

63 ✕ 金先物オプション取引の権利行使のタイプは、満期日のみ権利行使可能な ヨーロピアン・タイプ です。(難易度 **B**)

64 ◯ (難易度 **B**)

65 ◯ (難易度 **B**)

□□□ 66 コール・オプション、プット・オプションがそれぞれ以下の表に示
したような状態になったとき、①〜④に入れる＞、＜を正しく記入
しているものの番号を１つ選びなさい。

	コール・オプション	プット・オプション
イン・ザ・マネー	原資産価格（ ① ）権利行使価格	原資産価格（ ② ）権利行使価格
アット・ザ・マネー	原資産価格＝権利行使価格	原資産価格＝権利行使価格
アウト・オブ・ザ・マネー	原資産価格（ ③ ）権利行使価格	原資産価格（ ④ ）権利行使価格

1　①＞　②＞　③＜　④＜

2　①＞　②＜　③＜　④＞

3　①＞　②＜　③＞　④＜

4　①＜　②＞　③＜　④＞

5　①＜　②＜　③＞　④＜

66　2　（難易度 **B**）

コール・オプションとプット・オプションの権利行使価格と原資産価格の関係は以下のとおりです。

	コール・オプション	プット・オプション
ITM	原資産価格＞権利行使価格	原資産価格＜権利行使価格
ATM	原資産価格＝権利行使価格	原資産価格＝権利行使価格
OTM	原資産価格＜権利行使価格	原資産価格＞権利行使価格

□□□ 67 次のA、Bに該当するものをそれぞれイ～ニよりすべて選びなさい。

A.「コール・オプション」のプレミアムの特性
B.「プット・オプション」のプレミアムの特性

イ．残存期間が長いものほど、プレミアムは高い。
ロ．原資産価格が上昇すると、プレミアムは低下する。
ハ．ボラティリティが上昇すると、プレミアムは上昇する。
ニ．権利行使価格が高いものほど、プレミアムは低い。

A：イ、ハ、ニ （難易度 **B**）
B：イ、ロ、ハ

要　因	要因の変化	コール・プレミアム	プット・プレミアム
原資産価格	上昇	＋（上昇）	－（下落）
	下落	－（下落）	＋（上昇）
権利行使価格	高い	－（低い）	＋（高い）
	低い	＋（高い）	－（低い）
残存期間	長い	＋（高い）	＋（高い）
	短い	－（低い）	－（低い）
ボラティリティ	上昇	＋（上昇）	＋（上昇）
	下落	－（下落）	－（下落）
短期金利※	上昇	＋（上昇）	－（下落）
	下落	－（下落）	＋（上昇）

※短期金利は株価指数オプションのみを対象

17章

オプション取引

□□□ 68 ある顧客が、権利行使価格22,000円の日経225コール・オプション
をプレミアム400円で1単位買い建てるとともに、同プット・オプ
ションをプレミアム500円で1単位買い建てた。この取引に関する
記述として誤っているものの番号を2つ選びなさい。
（注）委託手数料、税金は考慮しないものとする。

1　このポジションは、ストラングルの買いと呼ばれている。
2　このポジションは、市場価格がやや上昇すると予想しているも
　　のの、上値を大きく追わずに損失を限定させるための戦略であ
　　る。
3　損益分岐点は、21,100円と22,900円である。
4　最大利益は、無限定である。
5　最大損失は、プレミアム分に限定される。

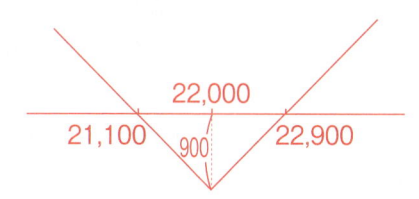

1　☒　同じ権利行使価格のプットとコールを買っているので、ストラドルの買いです。

2　☒　市場価格が大きく変動すると予想する戦略です。

3　◎　損益分岐点は、21,100円（22,000円−900円）と22,900円（22,000円＋900円）です。

4　◎

5　◎　最大損失は、22,000円のときプレミアム分900円なので▲900円×1,000（乗数）×1単位＝▲90万円となります。

17章 ｜ オプション取引

□□□ 69 ある顧客が、権利行使価格1,000ポイントのTOPIXプット・オプションをプレミアム30ポイントで10単位買い建てるとともに、権利行使価格900ポイントのTOPIXプット・オプションをプレミアム10ポイントで10単位売り建てた。

その後、転売は行わず最終決済期日を迎え、SQ（特別清算指数）が800ポイントとなった場合及び1,050ポイントとなった場合のそれぞれにおける取引全体での損益として正しいものの番号を1〜5より1つ選びなさい。

　　（注）委託手数料、税金は考慮しないものとする。

	SQが800ポイントになった場合	SQが1,050ポイントになった場合
1	800万円の利益	200万円の損失
2	400万円の利益	300万円の損失
3	100万円の損失	400万円の利益
4	200万円の損失	400万円の利益
5	400万円の損失	1,400万円の利益

損益図で判断します。

●プットの買い：10単位

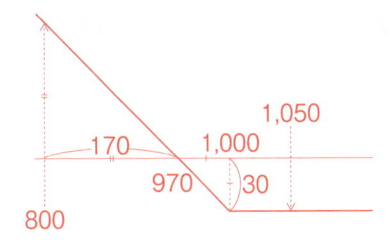

・SQ値800ポイントのとき
　170×10,000×10単位＝1,700万円
・SQ値1,050ポイントのとき
　▲30×10,000×10単位＝▲300万円

●プットの売り：10単位

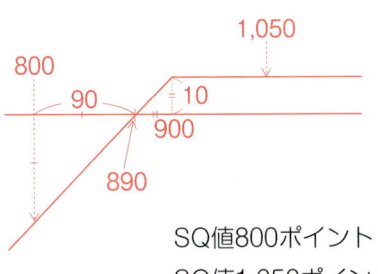

・SQ値800ポイントのとき
　▲90×10,000×10単位＝▲900万円
・SQ値1,050ポイントのとき
　10×10,000×10単位＝100万円

SQ値800ポイント　　1,700万円＋▲900万円＝　800万円
SQ値1,050ポイント　▲300万円＋100万円＝▲200万円

ある顧客が、権利行使価格19,500円の日経225コール・オプションをプレミアム600円で10単位買い建てるとともに、権利行使価格20,000円の日経225コール・オプションをプレミアム300円で10単位売り建てた。

その後、転売は行わず最終決済期日を迎え、SQ（特別清算指数）が19,000円となった場合及び21,000円となった場合のそれぞれにおける取引全体での損益として正しいものの番号を1つ選びなさい。

（注）委託手数料、税金は考慮しないものとする。

	SQが19,000円になった場合	SQが21,000円になった場合
1	3,000,000円の利益	8,000,000円の損失
2	2,000,000円の利益	3,000,000円の損失
3	3,000,000円の損失	2,000,000円の利益
4	2,000,000円の損失	5,000,000円の利益
5	3,000,000円の損失	7,000,000円の利益

損益図で判断します。

●コールの買い：10単位

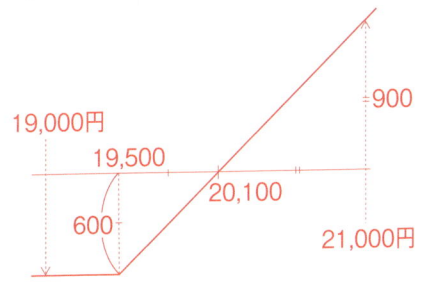

・SQが19,000円の場合
▲600円×1,000×10単位
＝▲600万円

・SQが21,000円の場合
900円×1,000×10単位＝900万円

●コールの売り：10単位

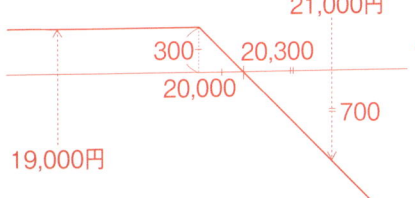

・SQが19,000円の場合
300円×1,000×10単位＝300万円

・SQが21,000円の場合
▲700円×1,000×10単位＝▲700万円

SQが19,000円　　▲600万円＋300万円＝▲300万円　∴300万円の損失
SQが21,000円　　900万円＋▲700万円＝　200万円　∴200万円の利益

18章

特定店頭デリバティブ取引等

16章 先物取引、17章 オプション取引、18章 特定店頭デリバティブ取引等は、試験では「デリバティブ取引」という名称で出題されます。

試 験 対 策

デリバティブ取引のリスクについての理解が重要です。また、スワップ取引の定義やベンチマークとして用いられる金利が問われ、受払金額の計算が出題されます。店頭デリバティブ取引においては、主語と述語を入れ替えた出題が多く、正確に覚えておく必要があります。クレジット・デフォルト・スワップは特に狙われやすく、穴埋めや設例を用いて出題されています。

推定配点&出題形式

○×問題：5問（10点）

5肢選択問題：2問（20点）

計**30**点／440点満点中

※配点・出題形式についてはフィナンシャル バンク インスティチュートの推定です。

○×問題

〔デリバティブ取引の基礎〕 -

□□□ 1 デリバティブ取引の具体的な内容は、金融商品・金融指標に基づく先物取引、オプション取引、スワップ取引及びクレジット・デリバティブ取引等で、その対象には有価証券関連以外の金利、通貨（外国為替）、クレジット、天候等が含まれる。

□□□ 2 デリバティブのマーケット（市場）リスクとは、市場価格やファクター（金利、為替レート等）の変動から生じるリスクである。

□□□ 3 カウンターパーティ・リスクとは、取引相手の流動性リスクであるといえる。

□□□ 4 一般に、デリバティブの市場流動性は、市場デリバティブより店頭デリバティブのほうが高いと考えられている。

□□□ 5 オペレーショナル・リスクとは、業務活動に係る包括的なリスク、すなわち、内部プロセス、人、システムが不適切であることや機能不全、又は外生的事象に起因する損失にかかわるリスクである。

□□□ 6 スワップ取引とは、契約の当事者である二者間で、スタート日付から満期までの一定間隔の支払日（ペイメント日）にキャッシュ・フロー（変動金利と固定金利など）を交換する取引で、店頭デリバティブの中で最も一般的に扱われている。

□□□ 7 デリバティブの参照金利には、旧公定歩合や国債の金利が用いられることがほとんどであり、LIBORやスワップレートが用いられることはまれである。

□□□ 8 LIBOR（London Inter-bank Offered Rate）とは、ロンドンにおける銀行間貸出金利のことである。

解 答 ・ 解 説

----

1 ◯ 〔難易度 **C**〕

2 ◯ 〔難易度 **B**〕

3 ✕ カウンターパーティ・リスクとは、取引相手の信用リスクです。
〔難易度 **C**〕

4 ✕ デリバティブの市場流動性は、市場デリバティブが店頭デリバティブ
より高いと考えられています。〔難易度 **C**〕

5 ◯ 〔難易度 **B**〕

6 ◯ 〔難易度 **B**〕

7 ✕ デリバティブの参照金利には、LIBORやスワップ金利が用いられる
ことがほとんどです。〔難易度 **C**〕

8 ◯ 〔難易度 **C**〕

テキスト
P438 〔デリバティブ取引の規制〕------------------------------

□□□ 9 経済統計（GDP、CPI）などは金融指標の範疇に入るが、商品指数、地震、排出権、不動産などは必ずしも金融指標に属さない。

□□□ 10 特定有価証券等の取引の他に、当該上場企業に関わるデリバティブ取引（CDS等のクレジット・デリバティブ）がインサイダー規制の対象となる。

□□□ 11 いわゆる店頭金融先物取引等についても、日本証券業協会の自主規制の対象となる。

テキスト
P439 〔店頭デリバティブ取引〕------------------------------

□□□ 12 エクイティ・デリバティブとは、個別株式の株価や株価指数のリスクを内包したデリバティブの総称である。

□□□ 13 バリアンス・スワップとは、投資家と証券会社が、日経平均株価等の株価指数（又は個別株価）の価格変動性の実現値と固定価格を交換するスワップ取引（フォワード取引ともいう）である。

□□□ 14 金利スワップにおいて、元本を交換することはない。

□□□ 15 金利スワップにおいて、変動金利と異種の変動金利を交換することがある。

□□□ 16 金利スワップにおいて、同一通貨の固定金利同士を交換する取引がある。

□□□ 17 金利スワップの取引の主流は、固定金利とLIBORのスワップであるが、交換される変動金利はLIBORの他にTIBOR、長期プライムレート、短期プライムレート等がある。

9 ⭕ 難易度 **B**

10 ⭕ 難易度 **B**

11 ❌ いわゆる店頭金融先物取引等については協会の自主規制の対象とはなりません。難易度 **B**

12 ⭕ 難易度 **B**

13 ⭕ 難易度 **A**

14 ⭕ 金利スワップとは、取引者Aと取引者Bが、同一通貨間で変動金利と固定金利、変動金利と異種の変動金利、固定金利もしくは変動金利と一定のインデックス（参照指標）を交換する取引です。難易度 **B**

15 ⭕ 難易度 **B**

16 ❌ 金利スワップにおいて、同一通貨の固定金利同士を交換する取引はありません。難易度 **B**

17 ⭕ 難易度 **B**

□□□ 18 フロアは将来の市場金利上昇に備えるヘッジ取引であるが、それに対してキャップは、将来の市場金利低下による保有金利資産の受取金利収入の減少に備えるヘッジ取引である。

□□□ 19 スワップションの種類として、対象となるスワップは、固定受け・変動払いのタイプ（レシーバーズ・スワップション）と、固定払い・変動受けのタイプ（ペイヤーズ・スワップション）の2種類がある。

□□□ 20 通貨スワップとは、同一通貨のキャッシュ・フローをあらかじめ合意したレートで交換する取引である。

□□□ 21 通貨スワップにおいては元本交換が行われないため、カウンターパーティ・リスクを考慮する必要はほとんどない。

□□□ 22 クーポンスワップは、元本交換のない通貨スワップである。

□□□ 23 トータル・リターン・スワップ（TRS）は、プロテクションの買い手が、取引期間中、プロテクションの売り手に社債等の参照資産から生ずるクーポン及び値上がり益を支払い、代わりに値下がり分及び想定元本に対して計算される短期金利を受け取るスワップ取引である。

□□□ 24 トータル・リターン・スワップ（TRS）は、プロテクションの売り手からみると社債等を保有した場合と同様の経済効果が得られる。

□□□ 25 クレジット・デフォルト・スワップ（CDS）取引において、信用事由が発生しなかった場合はそのまま取引が終了するが、支払われたプレミアムは掛捨てとはならない。

18 ❌ 問題文は、「キャップ」と「フロア」の説明が逆です。（難易度 C）

19 ⭕ （難易度 A）

20 ❌ 通貨スワップとは、異なる通貨のキャッシュ・フロー（元本及び金利）を、あらかじめ合意した為替レートで交換する取引です。（難易度 B）

21 ❌ 通貨スワップにおいては、元本及び金利の交換が行われるのでカウンターパーティ・リスクを考慮する必要があります。（難易度 B）

22 ⭕ （難易度 B）

23 ⭕ （難易度 B）

24 ⭕ （難易度 B）

25 ❌ CDS取引において信用事由が発生しなかった場合はそのまま取引が終了し、支払われたプレミアムは掛捨てとなります。（難易度 B）

□□□ 26 CATボンドは、ローン債権や債券（社債）、あるいはCDSを多数集めてプールし、これを裏付けに（担保資産として）発行される証券のことである。

□□□ 27 CDOとは、クレジット・イベント（信用事由）が発生した際にペイオフ（補償）が発生するクレジット・デリバティブである。

□□□ 28 天候デリバティブや災害デリバティブといった保険デリバティブは、プレミアムを保険料とみなすことで、保険に近い経済効果を得られるが、保険と異なり、実損填補を目的としていないため、一定の条件が満たされれば、実際に損害が発生しなくても損害保険会社から決済金が支払われる。

□□□ 29 天候デリバティブは、異常気象等と損害の因果関係や損害金額に関する調査が不要である。

□□□ 30 世界における天候デリバティブは、上場物と相対取引の両方が行われている。

□□□ 31 地震オプションは、実損填補を目的としており、実際に損害が発生しなければ決済金は支払われない。

□□□ 32 地震オプションとは、オプションの買い手から見て、異常気象や天候不順などを原因とする利益の減少リスクをヘッジするためのリスクヘッジ商品であるといえる。

□□□ 33 地震オプションにおいては、オプションの買い手である顧客にとってのリスクは「決済金では実際の損害金額をカバーできないリスク」のみである。

26 ✕ 記述はCDOのものです。(難易度 B)

27 ✕ 記述はCDSについてのものです。CDOは、ローン債権や債券（社債）あるいはCDSを多数集めてプールし、これを裏付けに（担保資産として）発行される証券のことです。(難易度 B)

28 ◎ (難易度 B)

29 ◎ (難易度 B)

30 ◎ (難易度 A)

31 ✕ 地震オプションは、保険と異なり、実損填補を目的としないため、損害が発生していなくても決済金が支払われます。(難易度 B)

32 ✕ 記述は天候デリバティブのものです。地震オプションは、地震による売上の減少や損害の発生に対するリスクヘッジ商品です。(難易度 C)

33 ✕ 地震オプションにおいて、オプションの買い手である顧客にとっては、「決済金では実際の損害金額をカバーできないリスク」のほか、「取引相手である損保の信用リスク」（損保の信用状態の悪化等によって顧客の権利行使に応じられなくなるリスク）が存在します。(難易度 B)

5肢選択問題

□□□ **34** 次の文章の①、②、③にあてはまる語句の組合せとして正しいものの番号を1つ選びなさい。

> 店頭デリバティブ取引のうち、（　①　）とは、市場価格や金利や為替レートなどが予見不能な、あるいは、確率的に変動するリスクをいう。（　②　）とは、信用力の予期しない変化に関連して、価格が確率的に変化するリスクをいう。（　③　）とは、ポジションを解消する際、十分な出来高がなく取引できないリスクをいう。

1　①市場リスク　②システミック・リスク　③流動性リスク
2　①市場リスク　②信用リスク　　　　　　③オペレーショナル・リスク
3　①市場リスク　②信用リスク　　　　　　③流動性リスク
4　①為替リスク　②信用リスク　　　　　　③スプレッドリスク
5　①為替リスク　②システミック・リスク　③流動性リスク

34　3　（難易度 **B**）

> 店頭デリバティブのリスクを分類すると、以下のようになります。
>
> | | |
> |---|---|
> | **市場リスク** | 市場価格、金利、為替レートといった、予見不能あるいは、確率的に変動するリスク |
> | **信用リスク** | 取引相手が倒産するなど信用力の予期しない変化に関連して、価格が確率的に変化するリスク |
> | **流動性リスク** | ポジションを解消する際、十分な出来高がなく取引できないリスクあるいは潜在的にかかるアンワインド・コスト（反対売買を行う時にかかるコスト）など |
> | **オペレーショナル・リスク** | 犯罪、システムトラブル、トレーディングミスなどのリスク |
> | **システミック・リスク** | マーケット全体の流動性の崩壊や、金融機関の連鎖倒産などのリスク |
> | **複雑性リスク** | 時価評価でのモデル・リスク、パラメータ・リスク、規制や制度変更対応のリスク |

確認POINT

18
章

特定店頭デリバティブ取引等

□□□ 35 前回リセットされたユーロ円 6 M LIBOR（6 か月LIBOR）が1.4％（Act/360）であり、前回から次の支払日までの実日数が216日（利払間隔は半年間）であったとする。このとき、借入金が 1 億円であったとすると、受払金額はいくらになるか。正しいものの番号を 1 つ選びなさい。

　　（注）　1 円未満の計算結果については、切り捨てること。

1　840,000円
2　850,000円
3　860,000円
4　870,000円
5　880,000円

受払金額＝ 1 億円 × 1.4% × $\dfrac{216日}{360日}$ ＝ 840,000円

□□□ 36 次の文章の①、②、③にあてはまる語句の組合せとして正しいもの
の番号を1つ選びなさい。

「金利スワップ」とは、取引者Aと取引者Bが、（　①　）で変動
金利と固定金利、変動金利と異種の変動金利、固定金利若しく
は変動金利と一定のインデックス（参照指標）を交換する取引
であり、元本の交換は（　②　）。取引の主流は、固定金利とロ
ンドンにおける銀行間貸出金利である（　③　）のスワップと
なっている。

1　①同一通貨間　　②行われない　③LIBOR
2　①異なる通貨間　②行われない　③スワップレート
3　①異なる通貨間　②行われない　③LIBOR
4　①同一通貨間　　②行われる　　③LIBOR
5　①同一通貨間　　②行われない　③スワップレート

「金利スワップ」とは、取引者Aと取引者Bが、同一通貨間で変動金利と固定金利、変動金利と異種の変動金利、固定金利もしくは変動金利と一定のインデックス（参照指標）を交換する取引です。元本の交換は行われません。取引の主流は、固定金利とLIBORのスワップですが、交換される変動金利は、LIBORの他に、TIBOR、長期プライムレート、短期プライムレート等があります。

> クレジット・デフォルト・スワップとは、（　①　）が発生した
> とき、ペイオフが発生するデリバティブをいう。つまり、プロ
> テクション・バイヤー（信用リスクを（　②　））がプロテク
> ション・セラーに固定金利（「プレミアム」又は「保険料」とも
> いう）を支払い、その見返りとして、契約期間中に参照企業に
> （　①　）が発生した場合に、損失に相当する金額を、売り手か
> ら受け取る取引のことである。個別の債券がデフォルトしたと
> き、その債券が売り手に引き渡されるか、あるいは（　③　）
> が行われる。

1　①プロテクション　　　　②ヘッジする側　　③現物決済
2　①クレジット・イベント　②ヘッジする側　　③差金決済
3　①クレジット・イベント　②取る側　　　　　③現物決済
4　①クレジット・イベント　②取る側　　　　　③差金決済
5　①プロテクション　　　　②ヘッジする側　　③差金決済

クレジット・デフォルト・スワップ（CDS：Credit Default Swap)は、信用事由（端的にいえばデフォルト）が発生したとき、ペイオフが発生するデリバティブです。プロテクションの買い手（プロテクション・バイヤー：信用リスクをヘッジする側）が売り手（プロテクション・セラー：信用リスクを取る側）に対して定期的に固定金利（プレミアム又は保険料ともいう）を支払います。その見返りとして、契約期間中（通常5年）に参照企業に信用事由が発生した場合に、買い手は損失に相当する金額を、売り手から受け取ることができるという取引です。個別の債券がデフォルトしたときの決済方法はその債券が売り手に引き渡されるか（現物決済）又は差金決済です。信用事由が発生しなかった場合はそのまま取引が終了し、支払われたプレミアムは掛捨てになります。

CDSは、経済的にいえば、プレミアム（保険料）の見返りとして、損失が発生した場合にはそれに相当する金額を受け取るという意味で、保険の一種であるといえます。

💡確認POINT

18
章

特定店頭デリバティブ取引等

□□□ 38 事業会社A社はB社債券を保有しており、その信用リスクを担保するためにX銀行とクレジット・デフォルト・スワップ（CDS）取引を行った。この取引について説明するものとして誤っているものの番号を2つ選びなさい。

1 プロテクションのセラーはA社で、プロテクションのバイヤーはX銀行である。

2 A社はB社債券がデフォルトした場合に備えた保険をX銀行より買ったことになる。

3 A社はX銀行にプレミアムを支払うことによりB社債券のデフォルトリスクをヘッジしている。

4 B社債券に信用事由が発生しなかった場合、A社はX銀行から「プレミアム－金利」を受け取ることになる。

5 B社債券に信用事由が発生した場合、A社はX銀行にB社債券を引き渡すことになる。

本問の場合、プロテクションのバイヤーはA社であり、プロテクションのセラーはX銀行です。

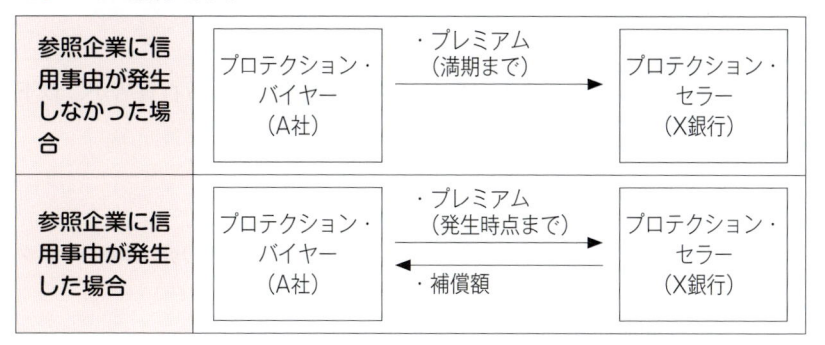

参照企業に信用事由が発生しなかった場合	プロテクション・バイヤー（A社）	・プレミアム（満期まで） →	プロテクション・セラー（X銀行）
参照企業に信用事由が発生した場合	プロテクション・バイヤー（A社）	・プレミアム（発生時点まで） →　← ・補償額	プロテクション・セラー（X銀行）

1　✕　プロテクションのセラーはX銀行で、プロテクションのバイヤーはA社です。

2　◎

3　◎

4　✕　B社社債による信用事由が発生しなかった場合はそのまま取引は終了し、A社がX銀行に支払ったプレミアムは掛捨てとなります。

5　◎

□□□ 39 次の文章について、①降雪日数が４日の場合、②降雪日数が25日の場合の、それぞれの補償金受取総額が正しいものの組合せの番号を１つ選びなさい。

降雪によって来客数が減少するおそれのある百貨店が、以下のような条件の契約を結んだ。

［契約内容］
契約目的：降雪日数が平年に比べ多い場合の売上減少リスクのヘッジ
観測期間：12月１日〜２月28日（３か月）
観測対象日：観測期間中の土曜日、日曜日、祝日（合計33日）
観測指標：降雪量（対象日のうち、5cm以上の降雪があった日数。以下、降雪日数）
ストライク値：10日
補償金額：１日当たり100万円
補償金受取総額上限：1,000万円
ペイオフ：降雪日数がストライク値を上回る場合に、「（降雪日数－ストライク値）×補償金額」を、補償金受取総額上限を限度に支払う。降雪日数がストライク値に等しいか、それを下回る場合には支払金額は０である。

1	①０円	②2,500万円
2	①０円	②1,000万円
3	①400万円	②2,500万円
4	①０円	②1,500万円
5	①400万円	②1,000万円

① （4日－10日）×100万円＝－600万円

⇨マイナスのときは0円

② （25日－10日）×100万円＝1,500万円

⇨補償金受取総額上限1,000万円を上回るので上限の1,000万円

---

①については降雪日数（4日）がストライク値（10日）を下回っているので補償金は出ません。

②については降雪日数（25日）がストライク値（10日）を上回っているので補償金は出ます。そのまま計算すると1,500万円となりますが、上限を1,000万円としているため、補償金額は1,000万円です。

 確認POINT

第2部

模擬試験

＜試験時間＞

試験時間は160分です。

模擬試験　解答用紙

問1		問26		問51		問76	
問2		問27		問52		問77	
問3		問28		問53		問78	
問4		問29		問54		問79	
問5		問30		問55		問80	
問6		問31		問56		問81	
問7		問32		問57		問82	
問8		問33		問58		問83	
問9		問34		問59		問84	
問10		問35		問60		問85	
問11		問36		問61		問86	
問12		問37		問62		問87	
問13		問38		問63		問88	
問14		問39		問64		問89	
問15		問40		問65		問90	
問16		問41		問66		問91	
問17		問42		問67		問92	
問18		問43		問68		問93	
問19		問44		問69		問94	
問20		問45		問70		問95	
問21		問46		問71		問96	
問22		問47		問72		問97	
問23		問48		問73		問98	
問24		問49		問74		問99	
問25		問50		問75		問100	

解答用紙はホームページからもダウンロードできます。

> Ⅰ．次の文章について、正しい場合は○を、正しくない場合は×をつけなさい。

〔金融商品取引法〕

問1 有価証券の元引受け業者は、内閣総理大臣の登録が必要である。

問2 有価証券報告書の提出後、記載すべき重要事項について変更等がある場合には、発行会社は、臨時報告書を内閣総理大臣に提出しなければならない。

問3 有価証券の引受人となった金融商品取引業者は、その有価証券を売却する場合において、引受人となった日から3か月を経過する日までは、その買主に対し買入代金を貸し付けてはならないものとされている。

問4 金融商品取引業者又はその役職員が、特定少数の銘柄の有価証券を不特定多数の顧客に対し、その買付けを一定期間継続して一斉かつ過度に勧誘し、公正な価格形成を損なうおそれがある行為をすることは、その銘柄が現にその金融商品取引業者が保有している有価証券である場合を除き、禁止されている。

問5 社債管理者になることができるのは、有価証券関連業務を行う金融商品取引業者のみである。

問6 金融商品取引業者は、顧客が信用取引の買付委託をしたときに、自己の信用売りを対当させることができる。

〔金融商品の勧誘・販売に関係する法律〕

問7 「金融商品の販売等に関する法律」では、金融商品販売業者等は、金融商品の販売等を業として行おうとするときは、金融商品の販売が行われるまでの間に、顧客に対して重要事項を口頭で説明すればよいものとされている。

問8 「金融商品の販売等に関する法律」では、金融商品の販売等に際して、金融商品取引業者等が過失により一定の重要事項の説明を行わなかった場合は損害賠償責任は問われない。

問9 「個人情報の保護に関する法律」において、情報それ自体からは特定の個人を識別できなくても、ある情報と他の情報を照合することで容易に識別することができる場合にも、その情報は個人情報に該当する。

問10　協会員は、外国投資信託証券を販売した顧客に対しては、その外国投資信託証券に関する決算報告書その他の書類を送付しなければならない。

問11　保護預り証券は、原則として会員が保管する。

問12　協会員は、外務員の登録を受けている者については、原則として5年目ごとに、協会の資格更新研修を受講させなければならない。

問13　法人関係情報を取得した役職員は、当該情報を営業部門に報告し、情報を共有しなくてはならない。

問14　協会員は、顧客に販売した外国投資信託証券が当該証券について規定された選別基準に適合しないこととなったときは、遅滞なくその旨を当該顧客に通知しなければならないが、その場合、当該顧客から買戻しの取次ぎ又は解約の取次ぎの注文があったとしてもこれに応ずる必要はない。

問15　会員は、抽選償還が行われることのある債券について顧客から混蔵寄託契約により寄託を受ける場合は、その取扱方法についての社内規程を設け、事前にその社内規程について顧客の了承を得なければならない。

問16　照合通知書は、会員の検査、監査又は管理の担当部門で作成することとされており、顧客には、原則として店頭で直接交付することとされている。

問17　協会員は、特定投資家以外の顧客に対して行う上場CFD取引の勧誘に関して、勧誘受諾意思の確認義務と再勧誘の禁止が適用される。

〔取引所定款・諸規則〕

問18　市場第一部銘柄が、第二部指定替え基準のうちの1項目に該当することとなった場合には、市場第二部へ指定替えされることとなるが、この項目には、株主数及び流通株式は含まれ、売買高は含まれない。

問19　国債証券の上場は、財務省からの上場申請のあったものに限り取引所が上場審査を行い、上場を決定している。

問20　有価証券の売買に係る顧客と取引参加者との間の金銭の授受は、いかなる場合においてもすべて円貨で行わなければならない。

問21　金融商品取引所は、過誤のある注文により売買が成立した場合において、その決済が困難であり、取引所市場が混乱するおそれがあると認めたときは、一度成立した売買を取り消すことができる。

問22　ザラ場とは、売買立会の始値の決定方法のことをいう。

問23 東京証券取引所の取引参加者は、有価証券の売買を行うことができる総合取引参加者の1種類である。

〔株式業務〕

問24 元引受けを行う金融商品取引業者は、安定操作期間中、当該銘柄の株券等に関し、株式ミニ投資を含めて自己の計算による買付けが禁止されている。

問25 資金と証券の同時又は同日中の引渡しを行う決済のことをDVP決済といい、取引相手の決済不履行から生じる元本リスク（資金又は証券を交付した後その対価を受け取れないリスク）を排除することができる。

問26 外国取引において、金融商品取引業者が顧客に対し、勧誘を行うことができる銘柄は、海外市場で取引が行われている外国証券で一定の要件を満たすものとされている。

問27 顧客から株式の売買注文を受託した場合に、金融商品取引業者は、当該注文に係る売買が成立したか否かにかかわらず、当該顧客に契約締結時交付書面を交付しなければならない。

問28 株式ミニ投資における取引単位は、金融商品取引所の定める1売買単位の10分の1単位の株式の持分であるとされている。

問29 金融商品取引業者は、上場株券の自己の計算による空売りについて、その売付けが空売りに該当し直近の取引所の公表する価格を下回っていないときは、その売付けについて取引所に報告する必要はない。

〔債券業務〕

問30 全国型市場公募地方債を発行できるのは、すべての都道府県と一部の政令指定都市に限定されている。

問31 国庫短期証券は、割引方式で発行される。

問32 一般に、利回りと期間が同じ数銘柄の利付債券があれば、利率の低い銘柄ほど債券価格は高く、利率の高い銘柄ほど債券価格は低い。

問33 ラダー型のポートフォリオとは、短期から長期までの債券を各年度ごとに均等に保有し、毎期、同じ満期構成を維持するポートフォリオである。

問34 債券の現先取引の取引対象債券の範囲には、国債、普通社債は含まれるが、外貨建債は含まれない。

問35 委託者指図型投資信託において、信託財産に組み入れた有価証券に係る議決権の行使は受託会社が行うが、その指図は投資者である受益者が行う。

問36 投資法人の成立時の出資総額は、設立の際に発行する投資口の払込価額の総額であり、1億円以上と定められている。

問37 株式の組入比率が30%未満である証券投資信託は、すべて公社債投資信託に分類される。

問38 外国投資信託には、円建ての投資信託はない。

問39 単位型株式投資信託の募集（販売）手数料は販売会社により異なる。

問40 証券投資信託において、目論見書の作成及び運用報告書の作成は受託会社の業務である。

問41 トップダウン・アプローチとは、個別企業に対する調査・分析に基づいて、個別銘柄の積み重ねでポートフォリオを組成していく手法である。

〔株式会社法概論〕

問42 株式会社に出資した株主は、会社がさらに資金を必要とした場合でも追加出資の義務はなく、又、会社が債務を支払えなくなったとしても、株主が会社債権者に対し弁済の責任を負うことはない。

問43 公開会社においては、議決権制限株式を発行済株式総数の4分の1までしか発行することができない。

問44 単元未満株式には、残余財産の分配を受ける権利などの自益権はあるが、議決権などの共益権はない。

問45 株主総会には定時総会と臨時総会があり、このうち定時総会とは、毎決算期に1回、その年度の会社の成果を確認するために開催されるものをいう。

問46 取締役会設置会社において、代表取締役の選定及び監査役の解任は、ともに株主総会の特別決議事項である。

〔財務諸表と企業分析〕

問47 貸借対照表は一定期間における企業の経営成績を明らかにする報告書であり、損益計算書は一定時点における企業の財政状態の一覧表である。

問48 損益計算書において、経常利益とは、営業利益に営業外費用を加えた利

益をいう。

問49 一般に当座比率は100%以下が望ましい。

問50 配当性向は、当期（純）利益に対する配当金の割合を示すものであって、配当性向が低いということは、内部留保率が低いことを意味する。

問51 総資本回転率が0.96回（1年決算）の場合の総資本回転期間は、12.5か月である。

〔証券税制〕

問52 株式投資信託の収益の分配に係る所得は、上場株式等の譲渡損失と損益通算することができる。

問53 居住者の所得に対する所得税に関して、株式等の譲渡による所得は、譲渡所得に分類されるので、事業所得又は雑所得として分類されることはない。

問54 居住者が支払いを受ける証券投資信託の収益の分配について配当控除を受けるには総合課税として確定申告をしなければならない。

問55 特定口座に入れられる上場株式等には、「特定口座開設届出書の提出後に、当該金融商品取引業者等への買付けの委託により取得をした上場株式等又は当該金融商品取引業者等から取得をした上場株式等で、その取得後直ちに当該口座に受け入れるもの」が含まれる。

問56 ストック・オプション制度に係る課税の特例に関して、いわゆる株価とストック・オプションによる権利行使価格との差額については、一定の要件の下で所得税を課さないこととされている。

問57 信用取引で12月に売建てし、翌年2月に反対売買により決済した場合の所得は、売建てした日の属する年の所得とされる。

問58 協会員が保有すべき倫理コードに関して、協会員は、業務に関し生ずる利益相反を適切に管理しなければならない。又、地位や権限、業務を通じて知り得た情報等を用いて、不正な利益を得ることはしない。

問59 協会員が保有すべき倫理コードに関して、投資者が投資目的や資金量にふさわしくない投資を行おうとしている場合、協会員は、会社での権限や立場、利用可能な比較優位情報を利用しながら投資者に代わってその投資の決定を行う。

問60 協会員が保有すべき倫理コードに関して、協会員は、仲介者として、常に顧客のニーズや利益を重視し、顧客の立場に立って誠実かつ公正に業務を遂行する。

問61 協会員が保有すべき倫理コードに関して、協会員は、法律や規則等に定めのないものであっても、社会通念や市場仲介者として求められるものに照らして疑義を生じる可能性のある行為については、自社の倫理コードと照らし、その是非について判断する。

問62 協会員が保有すべき倫理コードに関して、協会員は、資本市場に関する公正性及び健全性について正しく理解し、資本市場の健全な発展を妨げる行為をしない。又、資本市場の健全性維持を通して、果たすべき社会的使命を自覚して行動する。

〔デリバティブ取引〕

問63 長期国債先物取引の対象商品は、利率年6％、償還期限20年の長期国債標準物である。

問64 コール・オプションでは、原証券価格が下落するとプレミアムは上昇し、プット・オプションでは、原証券価格が下落するとプレミアムは下落する。

問65 バーティカル・ベア・コール・スプレッドは市場価格について、強気のストラテジーであり、利益も損失も限定されている。

問66 市場取引においては証拠金制度があるため、カウンターパーティ・リスクを考慮する必要はほとんどないといえる。

問67 経済統計（GDP、CPI）などは金融指標の範疇に入るが、商品指数、地震、排出権、不動産などは必ずしも金融指標に属さない。

問68 金利スワップにおいて、同一通貨の固定金利同士を交換する取引がある。

問69 デリバティブの参照金利には、旧公定歩合や国債の金利が用いられることがほとんどであり、LIBORやスワップレートが用いられることはまれである。

問70 地震オプションとは、オプションの買い手から見て、異常気象や天候不順などを原因とする利益の減少リスクをヘッジするためのリスクヘッジ商品であるといえる。

〔金融商品取引法〕

問71　次の文章のうち、誤っているものの番号を2つ選びなさい。

1. 有価証券の売買の取次ぎとは、自己の計算で委託者の名をもって有価証券を買い入れ又は売却すること等を引き受けることをいう。
2. 金融商品取引業者等は、有価証券の募集又は売出しに際して、適格機関投資家に取得させ、又は売り付ける場合は、目論見書を交付しなくてもよいとされている。
3. 投資者保護基金の会員となる者は金融商品取引業者に限定されるが、第一種金融商品取引業者は必ず基金に加入しなければならない。
4. 証券金融会社が行う一般貸付けとは、金融商品取引業者又はその顧客に対し、有価証券又は金銭を担保として金銭又は有価証券を貸し付けることをいう。
5. 仮装取引とは、自己が行う売付け若しくは買付け又はデリバティブ取引の申込みと同時期に、それと同価格で他人がその金融商品の買付け若しくは売付け又はデリバティブ取引の申込みを行うことを、あらかじめその者と通謀して、その売付け若しくは買付け又はデリバティブ取引の申込みを行うことをいう。

問72 次の文章のうち、「株券等の大量保有の状況に関する開示制度（いわゆる５％ルール）」に関する記述として正しいものの番号を１つ選びなさい。

1. 報告対象となる株券等の範囲には、新株予約権付社債券は含まれない。

2. 大量保有報告書の提出期限は、株券等の実質的な保有者がこの大量保有者に該当することとなった日から起算して５日（日曜日その他政令で定める休日の日数は算入しない）以内とされている。

3. 株券等の大量保有の状況に関する開示制度において、大量保有報告書を提出すべき者は、一度、大量保有報告書を提出すれば、その後の株券等保有割合に変化が生じた場合でも、その異動状況等に関する報告を行う必要は一切ない。

4. いわゆる５％ルールにおける株券等保有割合は、「発行済株式総数」を「保有株券等の総数」で除して求められる。

5. 銀行、金融商品取引業者等が、上場会社の事業活動を支配することを目的とせず、当該上場会社の株券を５％超保有している場合については、大量保有報告書を提出する必要はない。

問73 次の文章のうち、誤っているものの番号を2つ選びなさい。

1. 協会員は、日本証券業協会の審査により「二級不都合行為者」とされた者については、その決定を受けた日から3年間はいかなる名称を用いているかを問わず採用してはならないこととされている。
2. 協会員は、保護預り口座を設定しない顧客については顧客カードを備え付けなくても差し支えないこととされている。
3. 金融商品仲介業務に従事している銀行の従業員が、顧客が会員に開設した取引口座に残高不足が生じた場合に、信用の供与を自動的に行い、上場株式の注文を受けることは禁止されている。
4. 協会員は、その役員又は従業員に外務員の職務を行わせる場合は、その者の氏名、生年月日その他の事項につき、協会に備える外務員登録原簿に登録を受けなければならないこととなっている。
5. 二種外務員は、所属会員の一種外務員又は信用取引外務員の同行がある場合は、信用取引に係る外務員の職務を行うことができる。

問74 次の文章のうち、誤っているものの番号を１つ選びなさい。

1. 協会員は、新規顧客、大口顧客等からの注文の受託に際しては、あらかじめ当該顧客から買付代金又は売付有価証券の全部又は一部の預託を受ける等取引の安全性の確保に努めるものとされている。

2. 協会員は、証券金融会社が貸株利用等の申込制限又は申込停止措置を行っている銘柄については、信用取引の勧誘を自粛するものとされている。

3. 協会員は、金融商品取引所又は認可会員が信用取引に係る委託保証金の率の引き上げ措置を行っている銘柄については、投資勧誘を行ってはならない。

4. 協会は、登録を受けている外務員が欠格事由に該当したとき、金融商品取引業のうち外務員の職務又はこれに付随する業務に関し法令に違反したとき、その他外務員の職務に関して著しく不適当な行為をしたと認められるときは、その登録を取り消し、又は２年以内の期間を定めて外務員の職務の停止の処分を行うことができる。

5. 協会員は、広告等の表示又は景品類の提供を行うときは、広告等の表示又は景品類の提供の審査を行う広告審査担当者を任命し、禁止行為に違反する事実がないかどうかを広告審査担当者に審査させなければならない。

〔協会定款・諸規則〕

問75 次のうち、「内部者登録カード」に記載すべき事項として誤っているものの番号を２つ選びなさい。

1. 家族構成及び続柄
2. 住所又は所在地及び連絡先
3. 本籍地
4. 氏名又は名称
5. 会社名、役職名及び所属部署

〔株式業務〕

問76 ある顧客（居住者）が、取引所取引で現物取引により、上場銘柄A社株式5,000株を成行注文で買い委託したところ、同一日に5,000株を1株900円で約定が成立した。この場合の受渡金額として正しいものの番号を1つ選びなさい。

（注）株式委託手数料は売買代金の0.5%とし、10%消費税相当額を考慮して計算すること。

1. 3,824,735円
2. 4,015,625円
3. 4,275,365円
4. 4,524,750円
5. 4,736,250円

〔株式業務〕

問77 1：1.2の株式分割を行う上場銘柄A社株式の権利付相場は1,200円であった。次の文章のうち、この場合における権利落後の値段と権利付相場について誤っているものの番号を2つ選びなさい。

1. 権利落後の値段が1,100円になった場合、権利付相場の1,200円に対して120円値上がりしたことになる。
2. 権利落後の値段が900円になった場合、権利付相場の1,200円に対して120円値下がりしたことになる。
3. 権利落後の値段が1,500円になった場合、権利付相場の1,200円に対して500円値上がりしたことになる。
4. 権利落後の値段が2,000円になった場合、権利付相場の1,200円に対して800円値上がりしたことになる。
5. 権利落後の値段が1,000円になった場合、権利付相場の1,200円に対しては、値上がりも値下がりもしていないことになる。

〔株式業務〕

問78 次の文章のうち正しいものの番号を 2 つ選びなさい。

1. 貸借銘柄とは、制度信用銘柄のうち、金融商品取引業者が証券金融会社から制度信用取引のために必要な買付資金及び売付有価証券の貸付けを受ける取引を行うことができる銘柄のことをいう。
2. 東京証券取引所の規定により、新株予約権証券についての信用取引は禁止されている。
3. 顧客による委託保証金の引出しは、制度信用取引に係る建株の相場の変動により生じた計算上の利益相当額に限られている。
4. 証券金融会社が、貸株超過銘柄の不足する株数を他から調達したときの品貸料を一般に日歩といい、金融商品取引業者は、売顧客から徴収し、買顧客に支払う。
5. 金融商品取引業者は、顧客の売建株又は買建株が未決済の状態で配当落ちとなった場合には、発行会社が支払う配当金確定後、その税引配当金相当額を配当落調整額として、買顧客から徴収し、売顧客に支払う。

〔株式業務〕

問79 ある顧客（居住者）が、時価1,600円の上場銘柄X社株式3,000株を制度信用取引で新たに買い建て、委託保証金代用有価証券として時価2,000円の上場銘柄Y社株式2,000株を差し入れた。その後、金融商品取引業者が当該顧客から追加保証金を徴収しなければならない場合として正しいものの番号を 2 つ選びなさい。

（注）委託保証金率は30％、上場株式の現金換算率（代用掛目）は80％とし、立替金は考慮しないものとする。

1. X社株式が1,250円、Y社株式が1,250円となった場合
2. X社株式が1,350円、Y社株式が1,050円となった場合
3. X社株式が1,450円、Y社株式が 910円となった場合
4. X社株式が1,500円、Y社株式が 850円となった場合
5. X社株式が1,550円、Y社株式が 750円となった場合

〔債券業務〕

問80 ある個人（居住者）が、額面100万円の長期利付国債を取引所取引により単価104円で購入したときの受渡代金として正しいものの番号を１つ選びなさい。

（注）経過利子は6,500円、委託手数料は額面100円につき30銭（消費税相当額（10%）を考慮すること）で計算すること。

1. 1,030,000円
2. 1,036,650円
3. 1,043,350円
4. 1,043,500円
5. 1,049,800円

〔債券業務〕

問81 利率年1.4%、残存期間４年、購入価格102円の利付債券の最終利回りとして正しいものの番号を１つ選びなさい。

（注）答は小数点第４位以下を切り捨てること。

1. 0.588%
2. 0.600%
3. 0.882%
4. 0.900%
5. 1.862%

〔債券業務〕

問82 次の条件の転換社債型新株予約権付社債の乖離率として正しいものの番号を1つ選びなさい。

（注）答は小数点第4位以下を切り捨てること。

> 転換価額900円、転換社債型新株予約権付社債の時価103円、
> 転換の対象となる株式の時価675円

1. ▲37.333%
2. ▲27.184%
3. 27.184%
4. 29.126%
5. 37.333%

問83 次の文中のイ〜ニの（　　）にあてはまる語句を正しく選んでいるもの
を1〜5より1つ選びなさい。

> ・（　イ　）型は、発行者が発行証券を買い戻すことができるファン
> ドであり、換金は純資産価格（基準価額）に基づいて行われる。
> ・（　ロ　）型は、解約又は買戻しとこれによる基金の減少が原則と
> して行われず、換金は市場で売却するしかない。
> ・（　ハ　）型は（　ニ　）型と比べると基金の資金量が安定している。

1. イ：オープンエンド　　　ロ：クローズドエンド
   ハ：オープンエンド　　　ニ：クローズドエンド
2. イ：オープンエンド　　　ロ：クローズドエンド
   ハ：クローズドエンド　　ニ：オープンエンド
3. イ：オープンエンド　　　ロ：クローズドエンド
   ハ：クローズドエンド　　ニ：クローズドエンド
4. イ：クローズドエンド　　ロ：オープンエンド
   ハ：オープンエンド　　　ニ：クローズドエンド
5. イ：クローズドエンド　　ロ：オープンエンド
   ハ：クローズドエンド　　ニ：オープンエンド

問84 次の文章のうち、正しいものの番号を2つ選びなさい。

1. 追加型投資信託の分配金は、普通分配金と元本払戻金（特別分配金）に分けられるが、課税対象となるのは元本払戻金（特別分配金）である。
2. あらかじめ投資家の同意を得たうえで目論見書の内容を電子メールで提供した場合には、当該目論見書を交付したものとみなされる。
3. ETF（上場投資信託）は、ほかの証券投資信託と同様、基準価額に基づく価格で購入・換金が可能である。
4. 証券投資信託の基準価額とは、投資信託財産の一口当たりの時価総額のことをいう。
5. 不動産投資法人は上場株式と同様に市場で売買され、指値・成行注文のどちらも認められている。

〔付随業務〕

問85 次の文章のうち、誤っているものの番号を2つ選びなさい。

1. キャッシング業務に係る貸付限度額は、MRFの残高に基づき計算した返還可能金額と500万円のいずれか少ない金額を基準に、各金融商品取引業者が定める金額である。
2. キャッシング業務に係る貸付利息は、解約請求日から翌営業日までのMRFの分配金手取額である。
3. ドル・コスト平均法とは、株価の動きやタイミング等に関係なく、株式を定期的に継続して一定額ずつ購入する方法である。
4. 金融商品取引業者は、顧客と株式累積投資の契約を締結するときは、あらかじめ、当該顧客に対し株式累積投資約款を交付しなければならない。
5. インサイダー情報を知った会社関係者がその情報が公表される前に株式累積投資契約に基づく買付けを行った場合、その情報を知る前に締結された契約に基づく定期的な買付けであっても、インサイダー取引規制の違反となる。

〔証券市場の基礎知識〕

問86 次の文章のうち、正しいものの番号を1つ選びなさい。

1. 証券市場のうち、株式市場は「直接金融」に分類され、債券市場は「間接金融」に分類される。
2. 既発行となった証券が、第一次投資家から、第二次、第三次投資家に転々流通する市場を「発行市場」という。
3. 流通市場は、大きく分けて、取引所金融商品市場と債券市場に分類される。
4. 日本証券業協会は、自主規制機関の一つである。
5. 証券取引等監視委員会は、証券業界の自主規制機関である。

〔株式会社法概論〕

問87 次の文章のうち、正しいものの番号を2つ選びなさい。

1. 公開会社において不正行為をした取締役の解任が否決されたとき、引き続き6か月以上、議決権又は発行済株式の3％以上を持つ少数株主は、裁判所にその取締役の解任を請求することができる。
2. 株式会社を設立するには、資本金として1,000万円以上必要である。
3. 新株予約権者が新株予約権を行使すると、会社はその者に新株を発行するか、手持ちの自己株式を移転しなければならない。
4. 新設分割を実施する場合、原則として、株主総会の普通決議でそれを承認する必要がある。
5. 会社設立時に発行する株式数は、原則として定款に定めた発行可能株式総数の10分の1以上でよいとされている。

問88 次の文章のうち、誤っているものの番号を2つ選びなさい。

1. 消費関連指標のうち「家計貯蓄率」は、家計貯蓄を財産所得で除して求められる。
2. 完全失業率は、完全失業者数を労働力人口で除して求められる。
3. 短期金融市場のうち、オープン市場への参加は金融機関に限られ、一般事業法人など非金融機関は参加できない。
4. 参議院が衆議院の可決した予算案を否決した場合は、両院協議会を開くことになっている。
5. 国及び地方公共団体の予算は、ともに一般会計予算と特別会計予算から構成されている。

〔経済・金融・財政の常識〕

問89 次の文章のうち、正しいものの番号を2つ選びなさい。

1. 有効求人倍率が1を上回るということは、「仕事を探している人の数」より「企業が募集している働く人の数」が相対的に多く、逆に1を下回るとその反対の状況であることを意味している。
2. マネーストックとは、国内の民間の非金融部門が保有する通貨及び有価証券の合計量のことをいう。
3. 公開市場操作のうち「売りオペ」とは、日本銀行が市場で債券等を売り付けて資金供給を行うことによって短期金利に影響を与える政策をいう。
4. BIS（Bank for International Settlement）とは、世界の主要国中央銀行の出資によって設立された国際決済銀行のことであり、中央銀行間の決済や国際金融問題に関する協議・調査を行っている。
5. 国民負担率とは、国民所得に対する租税負担の比率である。

問90 貸借対照表及び損益計算書より抜粋した金額（単位百万円）が、次のとおりである会社に関する記述として正しいものの番号を2つ選びなさい。

（注）答は小数第3位以下は切り捨てること。

（貸借対照表より）

	前期	当期
流動資産	12,300	12,000
固定資産	12,500	13,500
流動負債	7,300	7,500
固定負債	9,500	9,750
純資産	8,000	8,250

（損益計算書より）

	当期
売上高	34,000
売上原価	18,000
販売費及び一般管理費	15,000
営業外損益	200
特別損益	▲300
法人税及び住民税	500

1. 当期の総資本（純）利益率は、1.68%である。
2. 当期の自己資本利益率は、4.92%である。
3. 当期の流動比率は、62.50%である。
4. 当期の固定長期適合率は、75.00%である。
5. 当期の総資本回転率は、1.15回である。

〔証券税制〕

問91 ある個人（居住者）が、上場銘柄A社株式を金融商品取引業者に委託して、現金取引により、下表のとおり、本年6月から同年8月までの間に10,000株を新たに買い付け、同年9月にすべて売却した。この売却による所得に対する所得税・復興特別所得税及び住民税の課税額として、正しいものの番号を1つ選びなさい。

（注）本年中は、他の有価証券の売買はなかったものとする。又、売買に伴う手数料その他の諸費用等及び住民税における基礎控除等については考慮しないものとする。なお、取得価額の計算において、1株当たりの金額に1円未満の端数が出た場合には、その端数を切り上げるものとする。

年月	売買の別	単価	株数
本年6月	買い	610円	4,000株
同年7月	買い	570円	3,000株
同年8月	買い	600円	3,000株
同年9月	売り	650円	10,000株

1. 108,625円
2. 111,732円
3. 113,426円
4. 121,344円
5. 133,527円

〔デリバティブ取引〕

問92 次の文章は、先物取引に関する記述である。それぞれの（　　　）にあてはまる語句の組合せとして正しいものの番号を1つ選びなさい。

　　　先物取引の持つ価格変動リスクの移転機能は、市場での取引を通じて、相互に逆方向のリスクを持つ（　①　）の間でリスクが移転されあったり、（　①　）から（　②　）にリスクが転嫁されることにより果たされる。

　　　先物市場は、（　①　）に対してはリスク回避の手段を、（　②　）に対しては投機利益獲得の機会を、（　③　）に対しては裁定利益獲得の機会を提供する。

1. ①はアービトラージャー、　②はスペキュレーター、　③はヘッジャー
2. ①はヘッジャー、　②はアービトラージャー、　③はスペキュレーター
3. ①はヘッジャー、　②はスペキュレーター、　③はアービトラージャー
4. ①はスペキュレーター、　②はアービトラージャー、　③はヘッジャー
5. ①はスペキュレーター、　②はヘッジャー、　③はアービトラージャー

〔デリバティブ取引〕

問93 次の文章のうち、正しいものの番号を2つ選びなさい。

1. 日経225先物には、制限値幅は定められていない。
2. 日経225先物の最終決済は、取引最終日から起算して3営業日目の日に行うこととされている。
3. TOPIX先物の呼値の単位は、0.5ポイントである。
4. TOPIX先物の取引単位は、東証株価指数の1,000倍である。
5. TOPIX先物の取引最終日は、各限月の第2金曜日の翌営業日である。

〔デリバティブ取引〕

問94 次の文章のうち、正しいものの番号を2つ選びなさい。

1. 国債先物取引は、国内のすべての金融商品取引所においてその取引が行われている。
2. 中期国債先物取引の標準物の利率は、年3％である。
3. 長期国債先物取引の新限月の取引開始日は、各限月の20日である。
4. 国債先物取引について、期限満了に伴う受渡決済を行う場合の受渡銘柄は、売方が受渡適格銘柄の中から選択する。
5. 国債先物取引の注文方法は、指値注文のみであり、成行注文は一切認められていない。

問95 現在、日経225先物の期近物は10,500円、期先物は10,700円である。今後、金利水準の低下が予想され、スプレッドが縮まると思われるので、このスプレッド取引の売りを行った。その後、期近物は9,500円、期先物は9,600円となった。その時点で、反対売買を行った。この取引を示したのが下記の表である。

	期近物	期先物	スプレッド
開始時	買建て 10,500円	売建て 10,700円	（ ハ ）
終了時	転 売 9,500円	買戻し 9,600円	（ ニ ）
損 益	（ イ ）	（ ロ ）	

上記表中、イ〜ニにあてはまる数値を求め、その組合せとして正しいものの番号を1つ選びなさい。

(注) 委託手数料、税金は考慮しないものとする。

1. イ － ▲1,000　　ロ － ▲1,100　　ハ － ▲200　　ニ － 100
2. イ － 1,000　　ロ － ▲1,100　　ハ － 200　　ニ － 100
3. イ － 1,000　　ロ － ▲1,100　　ハ － ▲200　　ニ － 100
4. イ － ▲1,000　　ロ － 1,100　　ハ － 200　　ニ － 100
5. イ － ▲1,000　　ロ － 1,100　　ハ － 200　　ニ － ▲100

〔デリバティブ取引〕

問96 コール・オプション、プット・オプションがそれぞれ以下の表に示したような状態になったとき、①〜④に入れるべきものを正しく示しているものの番号を１つ選びなさい。

	コール・オプション	プット・オプション
イン・ザ・マネー	原証券価格（①）行使価格	原証券価格（②）行使価格
アット・ザ・マネー	原証券価格　＝　行使価格	原証券価格　＝　行使価格
アウト・オブ・ザ・マネー	原証券価格（③）行使価格	原証券価格（④）行使価格

1. ① ＞ 、 ② ＞ 、 ③ ＜ 、 ④ ＜
2. ① ＞ 、 ② ＜ 、 ③ ＜ 、 ④ ＞
3. ① ＜ 、 ② ＞ 、 ③ ＞ 、 ④ ＜
4. ① ＜ 、 ② ＜ 、 ③ ＜ 、 ④ ＞
5. ① ＜ 、 ② ＞ 、 ③ ＜ 、 ④ ＜

問97 次の文章のうち、正しいものの番号を1つ選びなさい。

1. TOPIXオプションの最終決済は、取引最終日の東証株価指数の構成銘柄の始値に基づいて算出する特別清算数値（SQ）と権利行使価格の差額で決済される。

2. 日経225オプションの取引の売買単位は、日経平均株価の数値に10,000を乗じて得た額である。

3. TOPIXオプションは、直近の2限月及び当該月以外の3、6、9、12月のうち直近2限月の各限月の第2金曜日の前営業日に終了する取引日を取引最終日とする。

4. 日経225オプション、TOPIXオプションの証拠金は原則、総額の不足額又は現金不足額が生じた日の翌営業日までの取引参加者等が指定する日時までに差し入れなければならない。

5. 日経225オプションの最終決済で、イン・ザ・マネーであっても定められた期限までに権利行使されなかった場合は、原則、その権利は消滅する。

問98 ある顧客が、権利行使価格18,000円の日経225コール・オプションをプレミアム300円で10単位買い建てるとともに、権利行使価格18,500円の日経225コール・オプションをプレミアム100円で10単位売り建てた。
その後、転売は行わず最終決済期日を迎え、SQ（特別清算数値）が17,000円となった場合及び19,000円となった場合のそれぞれの場合における取引全体での損益として正しいものの番号を1つ選びなさい。
（注）委託手数料、税金は考慮しないものとする。

	SQが17,000円になった場合	SQが19,000円になった場合
1	2,000,000円の損失	8,000,000円の損失
2	2,000,000円の損失	3,000,000円の利益
3	3,000,000円の利益	8,000,000円の利益
4	2,000,000円の利益	5,000,000円の利益
5	3,000,000円の損失	5,000,000円の利益

〔デリバティブ取引〕

問99 次の文章のうち、正しくないものを２つ選びなさい。

1. スワップ取引とは、契約の当事者である二者間で、スタート日付から満期までの一定間隔の支払日（ペイメント日）にキャッシュ・フロー（変動金利と固定金利など）を交換する取引で、店頭デリバティブの中で最も一般的に扱われている。
2. クーポンスワップは、元本交換のない通貨スワップである。
3. CDOとは、クレジット・イベント（信用事由）が発生した際にペイオフ（補償）が発生するクレジット・デリバティブである。
4. 世界における天候デリバティブは、上場物と相対取引の両方が行われている。
5. 地震オプションにおいては、オプションの買い手である顧客にとってのリスクは「決済金では実際の損害金額をカバーできないリスク」のみである。

〔デリバティブ取引〕

問100 前回リセットされたユーロ円6M LIBOR（６か月LIBOR）が2.0%（Act／360）であり、前回から次の支払日までの実日数が135日（利払間隔は半年間）であったとする。このとき、借入金額が１億円であったとすると、受払金額として正しいものの番号を１つ選びなさい。
（注）１円未満の計算結果については、切り捨てること。

1. 550,000円
2. 600,000円
3. 650,000円
4. 700,000円
5. 750,000円

模擬試験　解答・解説

➡マークに続く数字は、『うかる！　証券外務員一種　必修テキスト　2021-2022年版』の参照先です（「➡6-2」なら「6章2節」を指します）。

〔金融商品取引法〕

問1　○　➡6-2

問2　×　臨時報告書ではなく、訂正報告書を内閣総理大臣に提出しなければなりません。➡6-6

問3　×　有価証券の引受人となった金融商品取引業者は、引受人となった日から6か月を経過するまでは、当該有価証券を売却する場合において、その買主に対し買付代金を貸し付けてはならないとされています。➡6-3

問4　×　その銘柄が現にその金融商品取引業者が保有している有価証券である場合は特に厳しく禁止されています。➡6-3

問5　×　有価証券関連業務を行う金融商品取引業者は社債管理者になることはできません。➡6-3、9-2

問6　×　信用取引の自己向かいは禁止されています。➡6-3

〔金融商品の勧誘・販売に関係する法律〕

問7　×　重要事項の説明は単に口頭で説明するのではなく、顧客の知識、経験、財産の状況及び当該金融商品の販売に係る契約を締結する目的に照らして、その顧客に理解されるために必要な方法及び程度によるものでなければなりません。➡7-1

問8　×　重要事項の説明義務違反については、故意又は過失の有無を問わず損害賠償の責任を負います。➡7-1

問9　○　➡7-1

〔協会定款・諸規則〕

問10　○　➡5-9

問11　○　➡5-5

問12　○　➡5-4

問13 ×　協会員は、法人関係情報を取得した役職員に対し、当該取得した法人関係情報を直ちに管理部門に報告するなど法人関係情報を取得した際の管理のために必要な手続きを定めなければなりません。
➡5-10

問14 ×　この場合、顧客から買戻しの取次ぎ又は解約取次ぎの注文があったときは、これに応じなければなりません。➡5-9

問15 ○　➡5-5

問16 ×　照合通知書を交付するときには、顧客との連絡を確保する趣旨から、住所・事務所の所在地又は顧客の指定した場所に、原則として、郵送しなければなりません。➡5-5

問17 ○　➡5-10

〔取引所定款・諸規則〕

問18 ×　売買高も含まれます。➡4-2

問19 ×　国債証券については財務省（発行者）からの上場申請がなくても上場できます。➡4-2

問20 ×　受託取引参加者が同意した場合は、顧客の指定する外貨により行うことができます。➡4-4

問21 ○　➡4-3

問22 ×　ザラ場とは、始値と終値との間に行われる継続売買のことです。売買立会の始値の決定方法を板寄せといい、始値決定後の値段の決定方法のことをザラ場方式といいます。➡4-3

問23 ○　➡4-1

〔株式業務〕

問24 ×　例外として、株式累積投資及び株式ミニ投資に伴う買付けがあります。➡3-3

問25 ○　➡3-4

問26 ○　➡3-7

問27 ×　金融商品取引業者は、顧客からの売買注文が成立した場合にのみ、遅滞なく、契約締結時交付書面を顧客に交付するものとされています。➡3-3

問28 ○　➡3-8

問29 × 金融商品取引業者は取引所において、自己の計算による売付け及び顧客から受託する売付けが空売りに該当する場合、取引所に報告しなければなりません。➡3-3

〔債券業務〕

問30 × 全国型市場公募地方債を発行できるのは、一部の都道府県と、すべての政令指定都市です。➡9-1

問31 ○ ➡9-1

問32 × 一般に、利回りと期間が同じである数銘柄の利付債券があれば、利率の低い銘柄ほど債券価格も低く、利率の高い銘柄ほど債券価格も高くなっています。➡9-1

問33 ○ ➡9-4

問34 × 外貨建債も現先取引の対象となります。➡9-4

〔投資信託及び投資法人に関する業務〕

問35 × 委託者指図型投資信託において、信託財産に組み入れた有価証券に係る議決権の行使は、受託会社が行い、その指図は委託会社が行います。➡10-3

問36 ○ ➡10-9

問37 × 株式の組入が少しでもあれば株式投資信託に分類されます。➡10-2

問38 × 外国投資信託は、多くが外貨建てですが、円建ての外国投資信託も存在します。➡10-2

問39 ○ ➡10-5

問40 × 目論見書及び運用報告書の作成は委託会社の業務です。➡10-3

問41 × トップダウン・アプローチとは、マクロ経済に対する調査・分析に基づいてポートフォリオを組成する方法です。問題文はボトムアップ・アプローチのことです。➡10-4

〔株式会社法概論〕

問42 ○ ➡1-2

問43 × 公開会社においては、議決権制限株式を発行済株式総数の2分の1まで発行することができます。➡1-2、3

問44 ○ ➡1-3

問45 ○ ➡1-6

問46 × 代表取締役の選定は取締役会の決議事項です。➡1-6

〔財務諸表と企業分析〕

問47 × 貸借対照表は一定時点における企業の財政状態の一覧表であり、損益計算書は一定期間における企業の経営成績を明らかにする報告書です。➡2-1

問48 × 経常利益は、営業利益に営業外収益を加え営業外費用を引いて求めます。➡2-1

問49 × 当座比率は100％以上が望ましいとされています。➡2-4

問50 × 配当性向が低いということは、内部留保率が高いことを意味します。➡2-3

問51 ○ ➡2-4

$$回転期間 = \frac{12}{回転率} = \frac{12}{0.96} = 12.5（月）$$

〔証券税制〕

問52 ○ ➡11-3

問53 × 居住者等の株式等の譲渡による所得は、取引規模の態様などにより、譲渡所得、事業所得又は雑所得に区分されます。➡11-4

問54 ○ ➡11-3

問55 ○ ➡11-5

問56 ○ ➡11-7

問57 × 反対売買（売建てを買埋め）して決済した日の属する年の所得とされます。➡11-4

〔セールス業務〕

問58 ○ ➡14-2

問59 × あくまで投資の決定を行うのはその投資者自身です。➡14-2

問60 ○ ➡14-2

問61 ○ ➡14-2

問62 ○ ➡14-2

〔デリバティブ取引〕

問63 × 償還期限10年の長期国債標準物です。➡16-3

問64 × コール・オプションでは、原証券価格が下落するとプレミアムは下落し、プット・オプションでは、原証券価格が下落するとプレミアムは上昇します。➡17-1

問65 × 弱気のストラテジーです。➡17-1

問66 ○ ➡18-1

問67 ○ ➡18-1

問68 × 金利スワップにおいて同一通貨の固定金利同士を交換する取引はありません。➡18-3

問69 × デリバティブの参照金利には、ユーロ円やユーロドルのLIBORやスワップ金利が用いられることがほとんどです。➡18-1

問70 × 記述は地震オプションではなく、天候デリバティブのものです。➡18-2

〔金融商品取引法〕

問71 1番、5番

　1.　× 有価証券の売買の取次ぎとは、委託者の計算で自己の名をもって有価証券を買入れまたは売却すること等を引き受ける行為のことです。➡6-2

　2.　○ ➡6-6

　3.　○ ➡6-4

　4.　○ ➡6-4

　5.　× 問題文は、馴合取引の説明です。➡6-5

〔金融商品取引法〕

問72 2番 ➡6-7

　1.　× 新株予約権付社債券も含まれます。

　2.　○

　3.　× 株券等保有割合が1％以上増減した場合には、その日から5日以内に変更報告書を提出する必要があります。

　4.　× 「保有株券等の総数」を「発行済株式総数」で除して求められます。

5. × 銀行、金融商品取引業者等が、上場会社の事業活動を支配することを目的としなくても、当該上場会社の株券を5％超保有している場合は、大量保有報告書を提出しなければなりません。

〔協会定款・諸規則〕

問73 1番、2番

1. × 「二級不都合行為者」とされた者については、5年間採用してはならないこととされています。➡5-3
2. × 顧客カードは有価証券取引等を行うすべての顧客（特定投資家を除く）について備え付けなければなりません。➡5-2
3. ○ ➡5-2
4. ○ ➡5-4
5. ○ ➡5-4

〔協会定款・諸規則〕

問74 3番

1. ○ ➡5-2
2. ○ ➡15-2
3. × 金融商品取引所又は認可会員が信用取引に係る委託保証金の率の引き上げ措置を行っている銘柄については、これらの措置が行われている旨及びその内容を説明すれば投資勧誘を行うことは可能です。➡15-2
4. ○ ➡5-4
5. ○ ➡5-6

〔協会定款・諸規則〕

問75 1番、3番 ➡5-2

〔株式業務〕

問76 4番 ➡3-9

受渡金額＝約定代金＋委託手数料
＝900円×5,000株+900円×5,000株×0.5％×1.1＝4,524,750円

問77 3番、4番 ➡3-9

1. ○ 権利付相場＝権利落相場×分割比率
   ＝1,100円×1.2＝1,320円　　1,320円－1,200円＝120円
2. ○ 権利付相場＝900円×1.2＝1,080円　　1,080円－1,200円＝▲120円
3. × 権利付相場＝1,500円×1.2＝1,800円　　1,800円－1,200円＝600円
4. × 権利付相場＝2,000円×1.2＝2,400円　　2,400円－1,200円＝1,200円
5. ○ 権利付相場＝1,000円×1.2＝1,200円　　1,200円－1,200円＝0円

〔株式業務〕

問78 1番、2番

1. ○ ➡15-1
2. ○ ➡4-3、15-2
3. × 相場の変動で発生した建玉の計算上の利益相当額については、金銭や有価証券を引き出したり、他の建株の保証金として充当することはできません。➡15-2
4. × 逆日歩といいます。➡15-2
5. × 売顧客から徴収し、買顧客に支払います。➡15-2

〔株式業務〕

問79 1番、2番 ➡15-3

維持率20％の場合の委託保証金(B)＝約定金額×委託保証金の維持率20％
＝1,600円×3,000株×20％＝96万円

追加保証金が必要となるのは、受入委託保証金の残額(A)が96万円を下回った場合（96万円まで委託保証金額を戻さなければなりません）なので、以下1〜5の選択肢を検証していきます。➡15-3

1. X社株式が1,250円、Y社株式が1,250円となった場合
   ・受入委託保証金(現在の評価額)＝1,250円×2,000株×80％＝200万円
   ・建株の評価損＝(1,250円－1,600円)×3,000株＝▲105万円
   ・受入委託保証金の残高(A)＝200万円－105万円＝95万円
   ゆえに、95万円(A)＜96万円(B)
   したがって、1万円以上の追加保証金が必要。

2.　X社株式が1,350円、Y社株式が1,050円となった場合
　・受入委託保証金(現在の評価額)＝1,050円×2,000株×80％＝168万円
　・建株の評価損＝(1,350円－1,600円)×3,000株＝▲75万円
　・受入委託保証金の残高(A)＝168万円－75万円＝93万円
　ゆえに、93万円(A)＜96万円(B)
　したがって、3万円以上の追加保証金が必要。
3.　X社株式が1,450円、Y社株式が910円となった場合
　・受入委託保証金(現在の評価額)＝910円×2,000株×80％＝145万6,000円
　・建株の評価損＝(1,450円－1,600円)×3,000株＝▲45万円
　・受入委託保証金の残高(A)＝145万6,000円－45万円＝100万6,000円
　ゆえに、100万6,000円(A)＞96万円(B)
　したがって、追加保証金は不要。
4.　X社株式が1,500円、Y社株式が850円となった場合
　・受入委託保証金(現在の評価額)＝850円×2,000株×80％＝136万円
　・建株の評価損＝(1,500円－1,600円)×3,000株＝▲30万円
　・受入委託保証金の残高(A)＝136万円－30万円＝106万円
　ゆえに、106万円(A)＞96万円(B)
　したがって、追加保証金は不要。
5.　X社株式が1,550円、Y社株式が750円となった場合
　・受入委託保証金(現在の評価額)＝750円×2,000株×80％＝120万円
　・建株の評価損＝(1,550円－1,600円)×3,000株＝▲15万円
　・受入委託保証金の残高(A)＝120万円－15万円＝105万円
　ゆえに、105万円(A)＞96万円(B)
　したがって、追加保証金は不要。

〔債券業務〕
問80　5番　➡9-6

$$受渡代金＝1,000,000円×\frac{104円}{100円}＋6,500円＋\left(1,000,000円×\frac{0.3}{100}×1.1\right)$$

$$＝1,040,000円＋6,500円＋3,300円＝1,049,800円$$

〔債券業務〕

問81　3番　➡9-6

$$最終利回り = \frac{1.4 + \dfrac{100 - 102}{4}}{102} \times 100 ≒ 0.882\%$$

〔債券業務〕

問82　5番　➡9-5

$$パリティ価格 = \frac{675円}{900円} \times 100 = 75円$$

$$乖離率 = \frac{103円 - 75円}{75円} \times 100 ≒ 37.333\%$$

〔投資信託及び投資法人に関する業務〕

問83　2番　➡10-2

〔投資信託及び投資法人に関する業務〕

問84　2番、5番

1. ×　課税対象となるのは普通分配金です。➡10-8
2. ○　➡10-5
3. ×　ETFは、ほかの証券投資信託と異なり基準価額に基づく価格で購入・換金されるのではなく、市場価格で売買される点に特色があります。➡10-10
4. ×　基準価額とは、投資信託財産の一口当たりの純資産価額のことをいいます。➡10-5
5. ○　➡10-9

〔付随業務〕

問85　2番、5番　➡8-1

1. ○
2. ×　キャッシング業務に係る貸付利息は、解約請求日から翌営業日前日までのMRFの分配金手取額です。
3. ○
4. ○
5. ×　問題文の場合は、インサイダー取引規制の適用除外となります。

〔証券市場の基礎知識〕

問86　4番

1. ×　株式市場、債券市場ともに「直接金融」に分類されます。➡13-1
2. ×　「発行市場」ではなく「流通市場」です。➡13-2
3. ×　流通市場は、大きく分けて、取引所金融商品市場と店頭市場に分類されます。➡13-2
4. ○　➡13-2
5. ×　証券業界の監督官庁で、自主規制機関ではありません。➡13-2

〔株式会社法概論〕

問87　1番、3番

1. ○　➡1-6
2. ×　最低資本金制度は廃止されたので、資本金1円の株式会社の設立も可能です。➡1-2
3. ○　➡1-8
4. ×　新設分割を実施する場合、株主総会の特別決議でそれを承認する必要があります。➡1-9
5. ×　会社設立時に発行する株式数は、原則として定款に定めた発行可能株式総数の4分の1以上でよいとされています。なお、株式譲渡を制限する会社では、発行可能株式総数が発行済株式数の4倍を超えていてもよく、一度に多額の増資を行うことができます。➡1-8

〔経済・金融・財政の常識〕

問88　1番、3番

1. ×　「家計貯蓄率」は、家計貯蓄を可処分所得で除して求めます。➡12-1
2. ○　➡12-1
3. ×　記述はインターバンク市場のものです。オープン市場は一般事業法人など非金融機関も参加できる市場です。➡12-2
4. ○　➡12-3
5. ○　➡12-3

問89　1番、4番

1. ○　➡12−1
2. ×　マネーストックとは、国内の民間非金融機関が保有する通貨量のことです。➡12−2
3. ×　日本銀行が債券等を売り付けることは、資金を吸い上げることになります。➡12−2
4. ○　➡12−2
5. ×　国民負担率とは、国民所得に対する租税及び社会保障負担のことをいいます。➡12−3

〔財務諸表と企業分析〕

問90　2番、4番　➡2−4

$$当期（純）利益 = 34{,}000 - 18{,}000 - 15{,}000 + 200 - 300 - 500$$
$$= 400$$

1. ×　$総資本（純）利益率（\%）= \dfrac{当期（純）利益}{総資本（期首・期末平均）} \times 100$

   $$= \dfrac{400}{(24{,}800+25{,}500) \div 2} \times 100 ≒ 1.59\%$$

2. ○　$自己資本利益率（\%）= \dfrac{当期（純）利益}{自己資本（期首・期末平均）} \times 100$

   $$= \dfrac{400}{(8{,}000+8{,}250) \div 2} \times 100 ≒ 4.92\%$$

3. ×　$流動比率（\%）= \dfrac{流動資産}{流動負債} \times 100$

   $$= \dfrac{12{,}000}{7{,}500} \times 100 = 160\%$$

4. ○　$固定長期適合率（\%）= \dfrac{固定資産}{自己資本+非支配株主持分+固定負債} \times 100$

   $$= \dfrac{13{,}500}{8{,}250+0+9{,}750} \times 100 = 75\%$$

5. ×　$総資本回転率 = \dfrac{年間の（純）売上高}{総資本（期首・期末平均）}$

$$= \frac{34,000}{(24,800+25,500) \div 2} \fallingdotseq 1.35回$$

〔証券税制〕

問91 2番 ➡11−4

譲渡した株式の1株当たりの原価

$$= \frac{610円 \times 4,000株 + 570円 \times 3,000株 + 600円 \times 3,000株}{4,000株 + 3,000株 + 3,000株}$$

$$= \frac{5,950,000円}{10,000株} = 595円$$

9月に譲渡した10,000株の収入金額が6,500,000円（650円×10,000株）なので

負担税額＝｛収入金額−（取得価額+譲渡費用）｝×20.315％

$= (6,500,000円 − 595円 \times 10,000株) \times 20.315％$

$= 111,732.5円 \quad \therefore 111,732円$

〔デリバティブ取引〕

問92 3番 ➡16−1

〔デリバティブ取引〕

問93 2番、3番 ➡16−2

1. × 制限値幅が定められています。
2. ◯
3. ◯
4. × 東証株価指数の10,000倍です。
5. × 取引最終日は、各限月の第2金曜日の前営業日です。

〔デリバティブ取引〕

問94 2番、4番　➡16-3

1.　×　国債先物取引が行われる国内の金融商品取引所は大阪取引所のみです。

2.　○

3.　×　長期国債先物取引の新限月の取引開始日は、直近限月の取引最終日の翌営業日です。

4.　○

5.　×　国債先物取引は、指値注文と成行注文の両方可能です。

〔デリバティブ取引〕

問95 4番　➡16-2

（イ）　9,500円 − 10,500円 = ▲1,000円　　（ハ）　10,700円 − 10,500円 =　　200円

（ロ）　10,700円 − 9,600円 =　1,100円　　（ニ）　9,600円 − 9,500円 =　　100円

〔デリバティブ取引〕

問96 2番　➡17-1

〔デリバティブ取引〕

問97 4番　➡17-2

1.　×　取引最終日の翌営業日の東証株価指数の構成銘柄の始値に基づいて算出する特別清算数値（SQ）と権利行使価格の差額で決済されます。

2.　×　日経225オプションの売買単位は、日経平均株価の数値に1,000を乗じて得た額です。

3.　×　記述は有価証券オプションのものです。TOPIXオプションの限月は、6月と12月限の直近10限月と、3月と9月限の直近3限月に加え、その他の直近6限月です。

4.　○

5.　×　イン・ザ・マネーの銘柄については、自動権利行使制度が適用されます。

〔デリバティブ取引〕

問98 2番 ➡17-2

損益図で判断します。

●コールの買い：10単位

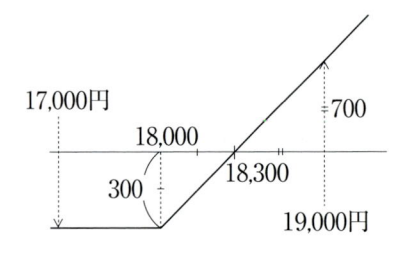

・SQが17,000円の場合
　▲300円×1,000×10単位＝▲300万円
・SQが19,000円の場合
　700円×1,000×10単位＝700万円

●コールの売り：10単位

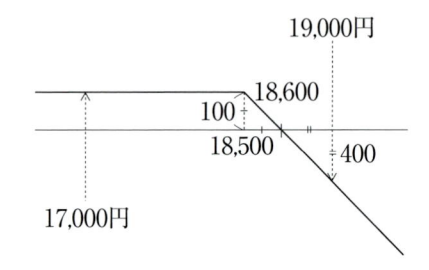

・SQが17,000円の場合
　100円×1,000×10単位＝100万円
・SQが19,000円の場合
　▲400円×1,000×10単位＝▲400万円

SQが17,000円　　▲300万円＋100万円＝▲200万円　∴200万円の損失
SQが19,000円　　700万円－400万円＝　300万円　∴300万円の利益

〔デリバティブ取引〕

問99 3番、5番

1. ○ ➡18-1
2. ○ ➡18-3
3. × 記述はCDSについてのものです。CDOは、ローン債権や債券（社債）あるいはCDSを多数集めてプールし、これを裏付けに（担保資産として）発行される証券のことです。➡18-3
4. ○ ➡18-3
5. × 地震オプションにおいて、オプションの買い手である顧客にとっては、「決済金では実際の損害金額をカバーできないリスク」のほか、「取引相手である損保の信用リスク」（損保の信用状態の悪化等によって顧客の権利行使に応じられなくなるリスク）が存在します。➡18-3

〔デリバティブ取引〕

問100 5番 ➡18-1

$$利払金額 = 1億円 \times 2.0\% \times \frac{135日}{360日} = 750,000円$$

■ 編者紹介

フィナンシャル バンク インスティチュート 株式会社

全国の証券会社・金融機関に資格取得（証券外務員・FP）の研修、金融商品の販売研修を行う、日本唯一の金融・証券関連ノウハウ・コンサルティング集団。試験の分析とポイントをついた講義に定評があり、高い合格率を誇る。「難しいことをわかりやすく、わかりやすいことをより楽しく、楽しいことをより深く伝える」ことをモットーに研修、書籍の執筆などを行っている。
http://www.f-bank.co.jp/

うかる！ 証券外務員一種 必修問題集 2021-2022年版

2021年 9月15日 1刷

編　者	フィナンシャル バンク インスティチュート株式会社
	© Financial Bank Institute, 2021
発行者	白石 賢
発　行	日経BP
	日本経済新聞出版本部
発　売	日経BP マーケティング
	〒105-8308　東京都港区虎ノ門4-3-12
装　丁	斉藤よしのぶ
イラスト	此林ミサ
ＤＴＰ	マーリンクレイン
印刷・製本	三松堂

ISBN978-4-532-41559-4